厦门市教育科研专著资助出版项目

XUEXIAO TESE FAZHANLUN
QUYU TUIJIN DE XINGDONG YANJIU

学校特色发展论

——区域推进的行动研究

郑志生 著

厦门大学出版社 国家一级出版社
XIAMEN UNIVERSITY PRESS 全国百佳图书出版单位

图书在版编目(CIP)数据

学校特色发展论:区域推进的行动研究/郑志生著.—厦门:厦门大学出版社,
2020.11

ISBN 978-7-5615-7910-7

Ⅰ.①学…　Ⅱ.①郑…　Ⅲ.①中小学—学校管理—研究　Ⅳ.①G637

中国版本图书馆 CIP 数据核字(2020)第 177872 号

出 版 人	郑文礼
责任编辑	高　健
封面设计	李嘉彬
技术编辑	朱　楷

出版发行 厦门大学出版社

社　　址	厦门市软件园二期望海路 39 号
邮政编码	361008
总　　机	0592-2181111　0592-2181406(传真)
营销中心	0592-2184458　0592-2181365
网　　址	http://www.xmupress.com
邮　　箱	xmup@xmupress.com
印　　刷	厦门集大印刷厂

开本	720 mm×1 000 mm　1/16
印张	14.25
插页	2
字数	226 千字
版次	2020 年 11 月第 1 版
印次	2020 年 11 月第 1 次印刷
定价	69.00 元

本书如有印装质量问题请直接寄承印厂调换

厦门大学出版社
微信二维码

厦门大学出版社
微博二维码

序一 理论与实践融通研究的新范式

近日,志生来电话说他的博士论文修改成书被厦门市教育局评为"2019年度厦门市教育科研专著资助出版项目",拟由厦门大学出版社出版,我真心替他高兴! 他想请我为他的专著作序,给他以鼓励,我欣然应允。

我是郑志生攻读教育博士的导师,见证了他学习、研究和成长过程,更见证了他的毅力和坚持,"天行健,君子以自强不息"可以说是他这一路走来的真实写照。

他厚植教育学术情怀。古人云"朝闻道,夕死可矣",这表达了对真理的极致追求,但事实上非意志坚定、对真理充满深沉关切的人是不能达到的。志生这本书的选题来自他十多年的研究和实践,他克服了很多常人难以想象的困难投入研究,学校特色发展、区域整体发展、校本课程建设等非学科教学本身的选题是很多基层学校老师的冷门,志生已非热血之年,却以这个选题攻读博士学位,并在日常的教育教学管理工作中开展长期的研究与实践,其精神实为难能可贵,若不是他对教育充满炙热的情感和伟岸的情怀,是不可能坚持下来的。

他秉承严谨研究作风。一般来说,基础教育实践第一线作者出版的书籍更多是经验反思型的或实践探索型的,采用严谨的科学研

1

究方法来开展相关研究相对比较少见,而这恰恰是本书最大的特点。纵览全书,可以看到志生有严谨科学的研究方法,有精深严密的理论思辨,有前测和后测、量化和质化相结合的数据分析,并建构了学校特色发展"五要素"结构模型,形成了情感与理性交融的区域推进学校特色发展动力模型,构建了基于正向发展度的学校特色发展三维评价模型等一系列研究成果。

他坚守教育研究田野。《论语·子罕》中说:"岁寒,然后知松柏之后凋也。"在研究的道路上只有持之以恒地扎根于教育实践的研究才是有生命力和学术厚度的。志生从2009年承担厦门市教育科研规划重点课题——《区域中小学学校特色发展策略研究》,到2011年承担福建省教育教学改革试点项目,再到主持思明区名师工作室,研究的都是学校特色发展这一主题,他团结了一批思明区中小学校长和骨干教师一起进行长达十余年的探索。对于当下浮躁的研究现实来说,这是非常难能可贵的。在研究过程中,志生以行动者和指导者的双重身份置身于厦门市思明区这个研究现场,凸显了研究来自实践、基于实践、为了实践、扎根实践的实践情怀,彰显了教育博士论文的价值导向,更使本书具有了理论与实践交融的魅力。

他富有开拓创新精神。"体无常轨,言无常宗,物无常用,景无常取。"学术研究的价值也正是在于对已有研究的创新突破,创新是学术研究的第一生命和灵魂。学校特色发展研究并不是一个新的领域,若要对老生常谈的问题进行研究,创新就更加困难。纵览全书,作者在以下几个方面有创新性的突破:一是研究切入点的创新。传统上,学界多以学校为单位来开展学校特色发展的研究,从区域层面整体推进学校特色发展的研究比较少见,这体现了他的学术勇气与使命担当。二是研究方法的创新。传统上,大多研究还是以经验总结和理论思辨为主的,较少使用行动研究方法,更缺少对学校特色发展成效的量化评价研究,这体现了他扎根一线的信念与优势。三是研究结论的创新。本书通过严谨的研究提出了不少极具有理论和实践双重价值的结论,如学校特色发展"五要素"结构模型,大学、教育行政部门、教研机构和中小学校"四方合作推进创建共同体",教师进修学校(区域教研机构)为主导、专家为引领、校长为主体、学校核心成员参与的"学习思考力提升共同体","种子教师"为主力、骨干教师参与的"教师行动研究共同体"以及学校特色发展的三维评价模型等。没有创新,就没有真实有效的研究。扎根于实践,所得出的研究结论不仅对学术思想发展具有重要贡献,而且对推进区域教育品质提升具有重要价值,也必将历久而弥新。

他持续深耕,不断生长。在人文社会科学研究领域,研究往往是在不断发展变化中持续迭代变迁的。一项研究成果的价值,不在于终结了这个研究问题或研究领域,而在于激发了更多的研究热情与研究拓展。正如志生在书中所言,中小学特色发展"目前依然是一个前沿性的重大实践和理论问题"。作者虽然经历了艰辛的实践性变革研究,得出了许多有意义、有价值、有成效的研究结论,但并不意味着这个研究话题的终结,恰恰相反,实则引发了更多的研究话题。譬如研究成果在不同区域的适用性问题、学校特色发展如何从理念到课程再到课堂教学的落地问题、学校特色发展评价体系建构与有效开展问题、区域局部经验的全局推广问题、不同区域发展背景下的转型发展问题等。这些都可以在该研究成果的基础上展开进一步的深入拓展研究,当然也期盼有更多的研究力量、实践力量来关注和加入这一课题的探究。

情怀、严谨、扎根、创新及生长是本书所凸显的核心魅力。本书在理论与实践的融通中探索了区域学校特色发展的范式,凸显了作者扎实的研究功底、深厚的理论基础及深切的实践情怀,凸显了教育者的拳拳之心。

任何一部著作都不可能做到完美。书中一定还会存在这样和那样的问题或疏漏,出版即一个学术交流互动的过程,读者们对本书的任何一种评价都会推进进一步的学术反思和探索,都会把对这一问题的研究引向深入。我相信,这是作为序者的我和作为著者的他共同期盼的。本书的出版既是一种终结,也是一种新生。新生意味着新的开启,我衷心期待志生能在未来的十年里"再磨"学术一剑,给我们奉上以更扎实的探索和创新的思考所取得的新成果。

是为序。

2020 年 5 月 2 日

于长春寓所

(邬志辉,教授,教育学博士,国务院学位委员会学科评议组成员第七届学科评议组成员、长江学者特聘教授、"万人计划"哲学社会科学领军人才、全国文化名家暨"四个一批"人才、国家"百千万人才工程"人选、国家有突出贡献的中青年专家、教育部新世纪优秀人才,享受国务院政府特殊津贴。现任东北师范大学研究生院院长、教育部人文社会科学重点研究基地东北师范大学中国农村教育发展研究院院长,国家基础教育实验中心副主任。)

序二 特色让学校发展更精彩

认识志生也二十年了，我们在学校的观摩课上热议课改，在区里的研讨会上论道教育，在市里的课题会上各展其识。志生给我的印象是那种非常务实、很有思想、特爱研究的人，我曾经在讲座中这样说，教育人、做学问就要像志生那样。

志生读博士要有人推荐，我非常乐意地写了推荐语。在职读博不容易啊，要工作，要研学，工作要做好，学问要做深。

功夫不负有心人，几年下来志生读完博士课程，博士论文是《区域推进学校特色发展的行动研究》，论文的亮点我还在细品时，志生说他把论文再丰富再完善写成了一本书——《学校特色发展论》，我一看书名惊叹起来，敢"论"者多为大学教授，咱们中小学老师也"论"起来了！"论"学术范式，"论"文献综述，"论"理论认识，"论"行动研究，"论"数据分析，"论"阶段成果，"论"未来前瞻，都绝不逊色！

翻看目录，你会发现这"论"是仰望星空，我们这个时代需要具有教育情怀、能够仰望星空的人！不仅"论"，还有"区域推进"，这就是脚踏实地，"教育理想高于天，落地方有百花园"。教育之事，发展之事，过于理想难以行走，没有理想行之不远。星空理当仰望，实地更需脚踏。当教育理想遭遇教育现实挑战时，考验着我们的教育勇气、智慧和境界。

细读下去，一幅"学校特色发展"的图景展现在我们的面前：

——导论。论及研究写作的背景及学校特色发展实践中存在的问题，提出研究问题，设计研究方法，分析了研究的意义以及创新和不足之处，归纳了本书研究的思路和本书的结构等。

——学校特色发展理论的研究历程与实践。基于文献统计分析，从学校特色发展的理论内涵出发，对学校特色发展的概念、意义、模式、路径等进行文献回顾，对区域推进学校特色发展的作用、机制和策略，以及学校效能和学校改进等理论进行分析，寻找研究缝隙和可能的生长空间。

——学校特色发展的理论认识。基于已有研究成果和自我实践探索，对学校特色发展的概念及对应的关系和结构进行了分析，从教育发展的内在规律出发分析了学校特色发展的必要性，基于个性发展理论、校本管理理论、教育选择权理论对学校特色发展理论依据进行系统思考。

——区域推进学校特色发展的行动过程。对厦门市思明区的学校特色发展项目研究过程进行回顾，从行动研究的缘起、开展、过程三个方面真实地呈现区域推进学校特色发展的行动过程，全面梳理和总结研究过程形成的理论认知。

——区域推进学校特色发展的阶段成效。在行动研究基础上，基于整体和系统视角，提出学校特色发展的评价原则，并基于前后测数据对思明区推进学校特色的成效进行评判。

——提出整个项目研究的结论并进行反思。站在高位总结思考研究，形成系列研究结论，并基于对未来学校发展形势的判断提出学校改进建议。

这"图景"正是志生和思明教育人的勇气、智慧和境界的真实写照；这"图景"正是志生这些年勤勉研学的丰硕成果。

学校特色发展是学校从"一般"走向"不一般"的过程，是学校从优秀走向卓越的过程。学校特色发展，将办学特色放在学校发展的突出地位，在特色的形成和品牌的培育过程中使学校上升到一个新水平。

每所学校都是潜在的特色学校，所谓从"无特"到"有特"，从"一样好到样样好"，让原有的特色消失，从而达到一种"无特色"境界，从长远看，我们更应该提倡这种"无特色"发展，从"有特"到"无特"，再从"无特"到有新的价值追求的更高的"特"，如此看来，"特"无止境。

特色让学校发展更精彩！期盼所有的学校都能从这本书中汲取"学校特色发展"的养分，期盼思明区的学校都能在原有特色的基础上追求更高的"特"，"特"出教育之道，"特"出教育之境，"特"出教育之魂。

2020 年 4 月 27 日

（任勇，厦门市教育局原副局长、巡视员，特级教师，享受国务院政府特殊津贴专家，当代教育名家。）

目　录

第一章　导　论

一、研究背景与问题

从 20 世纪 80 年代开始,与科技进步相伴而来的知识经济时代初见端倪。政治多极化、经济全球化、人工智能化成为全球发展趋势,世界各国意识到,面对新的挑战必须提高教育质量,促进教育公平,满足个体和社会对人的个性、特长发展的需求。世界各国都因此而加快了教育改革的步伐,学校特色发展开始日渐成为各国教育变革的重要战略方向之一。

(一)研究背景

1. 时代呼唤与现实选择

(1)我国基础教育的新使命

从教育与社会发展之间的关系来说,社会是自变量,教育是因变量,教育的最终目的是适应并超越社会,引领社会发展。因此,教育必须随着社会发展而不断变革,社会需要是教育变革的根本动因。日新月异的科技进步给世界经济的全球化发展注入了强大的活力,人类社会正在向以计算机、互联网为中心的信息革命发展,这个革命将使人类走向以发展新技术、相互联系日益紧密并以信息为基础的全球社会。随着计算机应用进入社会生活的各个领域,互联网在全世界范围内快速地应用和发展,计算机和互联网连起了全世界,成了全世界共同的通信工具,全球在时间和空间上的距离日益缩短,全世界因为有了计算机和互联网而变成"地球村"。随着信息技术的快速发展,人类进入了人工智能时代,智能机器人开始走入我们的日常生活,人工智能成了世界各国掌握国际科技竞争主导权的核心竞争力。人工智能的快速发展正在替代低端劳动力。根据 BBC 报道,牛津大学的研究者们得出了一个惊人的结论:英国现存的工作种类,有 35％ 会在未来的 20 年内完全被机器取代。人工智能快速发展,工业机器人迅速替代程序化的体力劳动,低端劳动力需求不断减少,教育必须立足把更多孩子转化为中高端劳动力。全球化与信息化的浪潮正在迅速改变着人们的生活方式与工作模式,同时也对人才培养的改革创新提出了进一步要求,教育发展面临新的机遇和挑战。未来社会充满各种可能,未来社会是一个高度不确定的社会,应对不确定性是教育的重要使命。未来社会是一个科技进步引领发展的社会,财富的增长、国家竞争力的形成、经济发展的转型、美好生活的实现,根本在于科技进步,"创新是引领发展的第一动力,是建设现代化经济体系的战略支撑"。①

2015 年 5 月 23 日,习近平总书记在致国际教育信息化大会的贺信中提出:"当今世界,科技进步日新月异,互联网、云计算、大数据等现代信息技术深刻改变着人类的思维、生产、生活、学习方式,深刻展示了世界发展的前景。因应信息技术的发展,推动教育变革和创新,构建网络化、数字化、个性化、终身化的教育体系,建设'人人皆学、处处能学、时时可学'的学习型社会,培养大批创新人才,是人类共同面临的重大课题。"②十九大正式提出我国进入中国特色社会主义建设的新时代,确认了我国经济社会发展转变的拐点,教育发展的环境条件与社会目标正在发生全面转变。适应新时代发展就要求增强教育的社会适应性,适应新时代的生产和生活方式、竞争环境,适应新时代的人才培养方式。教育与经济社会发展相适应,教育为适应和引领时代提供坚强的支撑。培养创新型人才需要教育尊重受教育者的个性发展需要,为受教育者提供丰富多彩的成长环境。社会的发展需要充满个性差异的各类创新人才。我们要充分认识到发展个性是对人的尊重,培养创新精神和创新能力的基础是尊重学生的个性发展。"学校只有办出各自的特色,才能促进学生个性化发展和个性培养,激发学生的兴趣,开发学生的潜能,培养学生的能力,使他们成为

---

① 习近平.决胜全面建成小康社会 夺取新时代中国特色社会主义伟大胜利:在中国共产党第十九次全国代表大会上的报告[N].人民日报,2017-10-28(001).
② 习近平.习近平致国际教育信息化大会的贺信[N].人民日报,2015-05-24(002).

创新型人才"。① 学校特色发展有助于促进学生的个性化发展,有助于把学生培养成为创新型人才。

(2)文化多样性特征为学校教育发展指明新方向

社会发展是学校教育生存和发展的前提,学校发展要体现社会发展的方向。社会变革和发展的需求是学校进一步发展的外在推动力。随着社会的发展,人类文化的表现形式日益多元,文化多样性特征越来越凸显。2001 年,联合国教科文组织通过了《文化多样性宣言》,表达了"多样性与多元性的准则应予提倡而不应被压制"②的呼声。与此同时,"多元文化教育"(multi-cultural education)、"多元主义"(pluralism)的文化价值观在世界范围内兴起。1994年召开的第 44 届"国际教育大会"(International Conference on Education)指出:"教育必须发展承认并接受存在于各种个人、男女、民族和文化之中的价值观的能力,并发展同他人进行交流、分享和合作的能力。"③"多元主义"教育要求承认并尊重教育的差异与个性,要求用多元价值标准评价教育。"人类的生存环境呈现多变、多元、多彩、多险的飘忽迷离状态,平衡而单一的局面被打破,不确定性与选择性同时增强……我们可以用'注重选择'来概括这一时代精神,它意味着人类将通过选择来寻求适合自己发展的空间和途径。"④"文化多样性"与"多元文化教育",拓展了人们选择的空间和人们创造的舞台。"中国特色社会主义进入新时代,我国社会主要矛盾已经转化为人民日益增长的美好生活需要和不平衡不充分的发展之间的矛盾。"⑤中国社会进入新时代,社会也更加复杂、多元,在纷繁复杂且快速变化着的生活世界中,人们需要重新认识并在变化面前做出生存和发展的新选择,承担为社会发展服务的新责任,实现自己的生命价值。这既是给时代和每个社会成员提出的挑战,也是给

---

① 龚春燕,胡方,程艳霞.创特色学校 育创新人才:全国中小学特色学校发展高峰论坛综述[J].中国教育学刊,2008(02):10-12.

② 国际交流问题研究委员会.多种声音,一个世界[M].北京:中国对外翻译出版公司,1981:25.

③ 赵中建.教育的使命:面向二十一世纪的教育宣言和行动纲领[M].北京:教育科学出版社,1996:194.

④ 叶澜."新基础教育"探索性研究报告集[M].上海:上海三联书店,1999:180.

⑤ 习近平.决胜全面建成小康社会 夺取新时代中国特色社会主义伟大胜利:在中国共产党第十九次全国代表大会上的报告[N].人民日报,2017-10-28(001).

学校提出的现实发展要求。学校特色发展恰恰有助于促进人类文化的多样化发展。

2. 教育发展的宏观趋势与学校教育的微观选择

纵观国内外教育发展的宏观脉络,我们可以发现国内与国际教育发展在趋势上相同。首先,从国际教育发展过程来看,一般会出现"教育机会普及、教育质量提升和教育特色发展"三个阶段。在教育机会普及阶段解决的是"有书读"的问题,发展目标在于建更多的学校,给适龄儿童少年提供就学的方便和受教育的机会;教育质量阶段"学校教育从以机会普及为主导任务转向以质量提高为主导任务,核心是充分考虑受教育者的时间成本,提供优质教育,解决有质量的教育公平问题"。这一阶段主要"推进和加强学校的标准化建设,进行学校布局调整;增加教育投资,提高教师职业吸引力,加强师资(教师数量和质量)建设;促进教育均衡发展,提高有质量的教育公平"。教育特色发展阶段是"一个国家或地区在完成全面提升教育质量的任务之后,就要进入第三次教育发展浪潮,解决教育的特色发展问题","学校由标准化教育的提供者变成特色教育的提供者,一所学校与其他同类学校的关系,往往跳出简单的个别和一般的关系,由不同学校组成区域内学校群体,不同学校间更多的是互补关系,它们不是在追求'你有我也一定要有',而是突出自己的办学特色,努力创造性地满足学生的个性需求,走特色发展之路"。有学者把以上的三个阶段称之为"教育发展的三次浪潮"①。

梳理我国教育发展的历程,我们可以清晰地看出,随着我国社会经济、文化的发展,在每个经济、社会发展的不同阶段由于所面对的问题不同以及对教育认识深入程度的不同,我国的义务教育大致经历了"重点化发展、均衡化发展和特色化发展三个阶段"②。这三个阶段每个阶段要解决的问题与"教育发展浪潮"的三个不同阶段的目标和任务大致相同,重点化发展阶段关注的重点是孩子"有学上"的问题,只是在这一阶段国家为了快出人才、出好人才,在财力有限的情况下重点办好某些重点学校。随着经济社会的发展,教育发展的重点发生了改变,人们开始关注教育资源的公平配置,目的在于让所有的儿童

① 秦玉友.教育发展浪潮与中国教育政策的多层设计[J].教育发展研究,2012(Z1):1-7.

② 邬志辉.学校特色化发展的重新认识[J].教育科学研究,2011(03):26-28.

都能享受公平而有质量的教育。当公平而有质量的教育目标逐步实现后,人们开始关注儿童的个性成长,在这个阶段学校特色发展研究逐步走向深入,研究和探索发展学校特色以满足具有不同个性特征儿童的教育需求。当然,三个阶段并不是截然分开的,而是相互交错、交叠推进的。

(1)我国基础教育正处于从均衡发展向特色发展转变的历史阶段

义务教育发展的不同阶段是与特定的历史时代相适应的,体现了国家的整体战略设计。重点化发展阶段,是在新中国成立初期之后很长的一段时间内,由于国家财力有限,教育发展的问题主要是"普遍化的入学机会"与"重点化的人才需求"之间的矛盾。改革开放之后,随着经济的发展,人民群众对教育的要求由"有学上"转向了"上好学",主要是"优质学校不足"与"人民群众对优质学校的旺盛需求"之间的矛盾。随着"大规模普九的历史任务基本完成,义务教育经费保障机制基本建立,城乡免费义务教育全面实行,我国已经摆脱了教育资源匮乏的状况,教育发展实现了大跨越,标志着义务教育发展进入全面提高质量的新阶段"[①]。全面提高质量需要办好每一所学校,这是社会发展对教育发展提出的要求和发展的方向,是素质教育高质量实施的重要保证。因此,基础教育已经由追求外延和规模的发展阶段转入关注质量的内涵发展阶段。办好每一所学校需要促进学校的特色发展,学校特色发展既是均衡发展的客观诉求,也是促进教育均衡发展的有效路径,这是因为学校特色发展有助于促进学校进一步优化学校办学资源配置,认识并优化具有学校个性特征的教育文化环境和氛围,也有助于更好地实现学校的育人功能。

(2)学校特色发展在推进素质教育中的地位和作用日渐清晰

1993 年,《中国教育改革和发展纲要》提出"中小学要由'应试教育'转向全面提高国民素质的轨道,面向全体学生,全面提高学生的思想道德、文化科学、劳动技能和身体心理素质,促进学生生动活泼地发展,办出各自的特色"。这是在国家文件中第一次提出学校要"办出各自的特色"的要求,这个要求与我国在 20 世纪 80 年代中期兴起的"素质教育"改革有关。"素质教育"要求学校从全体学生的健康成长出发,把学生的基础素质水平和个性发展作为基础

---

① 刘延东.优化资源 促进公平 加快义务教育均衡发展:刘延东国务委员在全国推进义务教育均衡发展经验交流会上的讲话[N].中国教育报,2009-12-01(001).

教育改革和发展的目标,主张教育重视个体的发展,尊重个体之间的差异,并为他们提供尽可能丰富的发展空间,使每个受教育者能在自己原有基础上得到个性的发展。"素质教育"针对"应试教育"导致的千校一面、千人一面,"办出特色"才是题中之意。

2010年7月,国务委员刘延东在教育部年度工作会议的讲话中指出:"着力推进教育的内涵发展、特色发展和公平发展。要切实改变一些地方单纯以升学率、发展规模衡量教育工作的做法,把教育资源配置和工作重点集中到提高质量、促进公平上来,促进各级各类教育适应经济社会发展和人的全面发展的需要,实现全面协调可持续发展。"①这是国家领导人第一次在正式讲话中谈到学校特色发展问题,指出了基础教育要内涵发展、特色发展和公平发展"三位一体"的辩证发展,学校特色发展上升到了推进教育发展的高度。2010年,《国家中长期教育改革和发展规划纲要(2010—2020年)》提出要"树立以提高质量为核心的教育发展观,注重内涵发展,鼓励学校办出特色、办出水平,出名师,育英才"。时任教育部教育发展研究中心副主任杨银付也强调,"提高教育质量,就要鼓励学校办出特色,办出水平,坚持学习者中心的教育新理念,深入推进课程改革和人才培养模式改革,在战略上面向全体,在策略上因材施教,促进学生全面而有个性地发展,促进学生主动和生动活泼地发展,促进学生的终身可持续发展,提高创新人才的培养水平"。②"办出特色"是为了变应试教育为素质教育,为了使学生生动活泼、积极主动地得到发展,为了培养社会主义事业建设者和接班人,它是以提高质量为核心,以促进内涵发展、提高办学水平,以及出名师、育英才为主要目的,目的更明确,作用更清晰,而且具体到学校的办学水平、教师的专业发展和学生的全面发展上了。"办出特色"意味着要让每一所学校都有特色,是为了每一所学校的也是基础教育发展的现实需要,更是全面实施素质教育的必然要求。在政策话语中,"办出特色"由原来的"要"改变为"鼓励",用词的变化既意味着学校办学自主选择的增多,更意味着对学校特色发展认识的不断深化。

---

① 刘延东.努力提高教育工作科学化水平,推动教育事业在新的起点上科学发展:在教育部2010年度工作会议上的讲话[J].人民教育,2010(05):2-8.

② 杨银付.教育现代化的核心任务[J].人民教育,2015(16):1.

3. 学校特色发展的功利倾向

目前,学校特色发展是学术研究和实践改革的热点问题,也是很多地区推进学校变革、促进学校内涵发展的重要抓手,但存在着把学校特色发展的多层次内涵理解成单一层面的偏颇情况,对学校特色发展多以"结果的状态"来看待,缺乏动态性和过程性的考量;把学校特色发展看成是优质学校的专利,把薄弱学校和新办校排除在学校特色发展之外。

(1)理论认识偏颇化

学术界使用的与学校特色发展相关的概念、名词有很多,如学校特色、特色学校、特长学校、特色教育等,论述也各不相同,由于每个人所持的立场和视角不同,理解也各不相同。比较典型的如有个性风格的学校,并且这种风格应是整体性、综合性的;不仅要形成个性风格,而且要以提高育人质量为其终极目标,其最本质的内核是形成有特色的整体风貌和获得优秀的办学成果。因此,学校特色发展"必须具备独特性、稳定性、优质性、整体性和创新性五个本质特征"。[①] 基于这样的认识,很多人把学校特色发展当成是优质学校、重点学校所独有,用重点学校、优质学校的标准来对待和思考学校特色发展,认为学校特色发展属于拥有良好办学条件和办学基础,具有独特、优质和稳定的特色项目的学校追求的发展目标。笔者开展学校特色发展研究、选择特色学校实验校的时候,一所新办又地处城乡接合部,生源大部分是外来务工子弟的学校,教师队伍参差不齐,是平常大家眼中所谓的"薄弱校"的某小学,其校长得知区域教研机构要开展学校特色发展课题研究,推进区域的学校特色发展,便积极要求参与并最终被确定为实验校。有人知道后质疑:"这样的学校也能特色发展吗?"这些人在思想认识中,往往把学校特色发展的对象"贵族化"、狭窄化。"每一所学校都是潜在的特色学校",[②]学校特色发展是所有学校可以追求的目标,对于处在不同层次和不同发展阶段的学校,专家们提出了"学校特色"和"特色学校"两个不同的概念加以区分,认为"'学校特色'的中心语是'特色','学校'是用来修饰'特色'的,因此,它是学校工作某个方面形成特色,是局部的,可称之为特色项目或优势项目;而'特色学校'的中心语是'学校',是

---

① 侯乃智.小学特色化发展策略研究[D].辽宁师范大学,2012:02.
② 傅国亮.每一所学校都是潜在的特色学校:关于特色学校的七点认识[J].人民教育,2009(03-04):20-22.

用'特色'来修饰'学校'的,因此,它着力于学校整体,是指学校在发展过程中逐步形成的某一方面的独特风格或独特优势"。[①] 按照这样的思维方式,"特色学校"中的"特色"也可以被视为动词,也就是使学校走向特色发展之路,那些在全面贯彻党的教育方针过程中积极寻找独特的办学思想、办学理念,并用之指导学校的整体工作,使学校向优质、独特、稳定的方向发展的,都属于学校特色发展的范畴。

(2)思维方式简单化

学校特色发展是一项复杂的工作,涉及学校特色办学理念,学校办学的各个层面和环节,与学校办学相关的各种主体,与教育相关的社会大环境,以及与学校所处社区之间的各种互动等。发展特色学校需要一个长期的研究、探索过程。但在实际工作中,却存在着由"应然、线性、割裂、点状"等简单线性思维引发的各种问题。

有的学校把学校特色发展从学校的整体工作中剥离出来,认为学校特色发展是独立于学校当前工作的一项额外的工作,是要给学校原来开展的工作锦上添花的,是为了让学校的外表显得更光鲜一些的。冠之以学校特色发展之名却行"穿新鞋走老路"之实,他们一方面对学校特色发展抱有期待,另一方面又担心学校开展特色发展会对学校的课堂教学质量带来影响,把学校特色发展当成学校的负担。经常有校长担心:"学校特色发展好是好,但学校会不会因为开展学校特色发展工作冲击了学校正常的教育教学工作,影响了学校教育教学质量的提高。"学校特色发展只是在对外宣传时才使用,或在学校的部分学生、部分项目中开展,学校的其他工作原来怎么样现在还是怎么样。还有的学校将学校特色发展与学校文化建设割裂开来,将二者视为不相干的两回事,校长在介绍所在学校的工作时,经常分别介绍学校特色发展工作和学校文化建设工作的开展情况,有的还会提出这样的问题:学校文化建设和特色学校创建二者如何整合?

在学校特色发展工作中,开展各种相关活动必不可少,它会在一定程度上促进学校的特色发展,但很多学校在开展学校特色发展的活动时,对活动与目标之间的关系缺乏深入的理解,理所当然地认为这样的活动就是学校特色发

---

① 王建强,涂元玲.别滥用了特色学校这个"筐"[N].中国教育报,2009-07-28(005).

展的内容,至于二者之间是否契合,很少有人进行仔细深入的探讨。学校特色发展的过程是一种研究、探索的过程,只有在研究、探索基础上的积累、积淀才能使学校的特色发展不会像油一样浮在水面上,华而不实,经不起推敲。学校特色发展工作的重要一环就是要经常反思所开展的活动,追问这些活动是否符合特色理念、是否符合教育规律、是否满足师生们成长的需要等。譬如,学校为引导学生阅读,举行"给学生推荐100本好书"的活动,在很多老师眼中,100本书更多的是一个量的问题,100本好书的书目究竟应该按照老师们认为是好的还是孩子们觉得需要的标准来推荐呢? 不可否认,老师们推荐的这些书目一定会有一些书是孩子们成长需要的好书,还有一些书并不一定是符合学生需求的,当然反过来也一样,学生们需要的书也不一定是对学生成长有利的,或者也不一定是这个阶段的学生应该读的,那么究竟哪些书才能促进学生的个性成长,需要研究和论证,不能只是跟着感觉走。学校特色发展的过程需要以研究的精神和态度去对待,研究不等同于活动,但活动必须以研究做支撑,因此,围绕学校特色发展理念开展相应的活动是必需的,更应该有研究的意识,只有这样才能保证学校特色创建工作的有效和方向的准确。

(3)目标追求功利化

教育价值取向决定教育发展的方向,而教育发展的方向又影响着教育活动开展的先后顺序。有学者认为:"学校特色发展是教育价值等级秩序由'政治价值→效率价值→公平价值→个人价值'转向'个人价值→公平价值→效率价值→政治价值'的应然之物。"[①]学校特色发展应该把人的成长作为落脚点,但在学校特色发展实践中,很多区域或者学校的学校特色发展出现了功利化的倾向。有的学校将学校特色发展在理念表述上定位在"个人价值"上,实际上却将学校特色发展作为区域教育均衡发展的工作路径和实现方式,在学校价值等级秩序排列中不知不觉地将"效率价值"置于首要考虑的位置,"个人价值"被放到了最后面。还有的学校在思考学校特色发展时,对"办什么样的学校""培养什么样的学生"也做了深入的思考,但在学校特色发展实施中,又不知不觉地把促进学生全面而有个性发展的"个人价值"位序让给了"效率价

---

① 袁顶萍.从重点学校到特色学校:基础教育价值取向转型的表征[J].重庆电子工程职业学院学报,2011(02):116-119.

值"。在校长和老师的潜意识中,学校特色发展是为了学校的发展,学校获得积极的社会评价标准是学生的考试成绩,是分数。这种观念在学校特色发展项目实施中的表现就是,重视轰轰烈烈的各种令人眼花缭乱的教育活动的开展,以体现学校的所谓"特色",却忽略了优化学校办学资源配置,只是延续传统的教学和管理模式,把学生置于被动学习的地位,对学校特色发展唯"分数"是盼,不知不觉地忽略了学生个性成长的需要,学生依然还是"考试的机器"。

学校特色发展,办学理念是关键。学校特色发展的办学理念从何而来?常听到校长、老师们充满希望地问专家:"您能不能给我们提一个学校特色发展的办学理念?"还有的校长到学校特色发展做得好的学校参观、学习,回来后准备引入他校的特色理念,模仿他校的学校特色创建工作;还有的学校加入某专家的"××教育"实验,作为"××教育"的实验校。对于学校特色发展需要的办学理念,很多校长选择"拿来主义",按专家给出的或优质学校展示的理念、计划开展学校特色建设工作。

有的地方政府、教育行政部门和学校在推进学校特色发展过程中存在把学校特色发展当成政绩工程、面子工程的问题,出现了为特色而特色的功利现象。在推进学校特色发展过程中不能真正理解学校特色发展的教育价值,不能尊重学校特色发展所蕴含的教育规律,把抓学校特色发展像抓经济一样去追求所谓的效益最大化,追求宏大的场面,关注呈现的效果,却忽视了学校特色发展的渐进性和积累性过程,追求特色发展的速成。许多学校特色发展不是基于学生全面发展与个性成长的需要,只是想着怎样"与众不同",怎样不与其他学校的特色"撞车",选择"冷门""边缘"的项目作为学校特色发展项目,从不考虑"冷门""边缘"项目是否符合学生成长的需要;有的学校把部分学生某一方面的兴趣或特长作为学校特色发展的重点,把学校特色发展当成是对个别或部分学生的培养,想方设法甚至不择手段地招收一些特长学生,建立"竞赛班""实验班""特长班"等进行精心打造,使之成为支撑学校特色发展的"门面"。

4. 选题缘起

2009年年底,笔者以"思明区中小学校特色发展的实践策略"为题申报了厦门市教育科学规划课题,被立项为市级重点课题。从这个时候,笔者就开始了区域推进学校特色发展的研究工作。之所以选择这个课题,是因为笔者所在的厦门市思明区区域教育发展的现实需要,这时笔者是区教研机构的分管领导,因此具备了研究所需条件。

20世纪80年代以来,厦门市思明区的基础教育伴随着改革开放的春风不断发展,取得了巨大的进步。思明区域内的学校全部通过了义务教育标准化建设验收,区域内学校已经基本实现了初步的均衡。但是,还存在着素质教育理念仍未深入人心、学生课业负担仍然过重、教学方式难以适应素质教育要求等现象,还存在着学校办学质量不平衡、优质教育资源不能满足人民群众日益增长的需求、择校现象依然存在等问题。如何改变这种状态,满足人民群众对高质量义务教育的要求,需要区域教育从关注规模和数量的外延式发展向关注质量的内涵式发展转变。因此,在区域内开展学校特色发展工作,是思明区教育面对新的教育发展形势下的战略选择。

学校特色发展意味着必须尊重学校的个性,尊重学校的办学实际。从区域层面来说,思明区域内的基础教育学校有完中校、初中校、小学校,其中既有办学历史悠久的学校也有新办校,既有优质校也有一般校和薄弱校等各种类型的学校。因此,开展区域推进学校特色发展工作需要面对这种复杂形态。从个体学校来说,每所学校的发展起点不同,表现在学校的教师队伍情况不同、生源结构不同、学校所处的社区不同以及不同的校长对教育的理解不同而带来的教育理想和情怀不同,种种不同必然导致各校的特色发展思考和行动的不同,区域推进的策略要有针对性,不能用同一个模式要求所有学校,也不能搞一刀切,要求学校整齐划一,因为这违背了学校特色发展的本质要求。

为了切实做好区域推进学校特色发展工作,扎实开展区域推进学校特色发展研究,笔者在区教育行政部门领导下,以课题研究为主要工作路径,寻求高校专家学者支持,开展了区域推进学校特色发展的实践活动,在研究中实践,在实践中研究,不断总结,提升认识。于2011年本课题又被福建省政府确定为福建省教育教学改革试点项目。

从2009年开始一直坚持到现在,笔者的这次研究持续开展已超过10年。根据对研究的认识及遇到的问题,笔者不断调整研究重点,从一开始的学校特色规划制定到"种子教师"培养,再到后来的校本课程开发,思路不断清晰,学校特色发展的推进工作越来越具体,也越来越有成效。在这个过程中,学校特色发展的方向越来越清晰,参与的教师、校长和教研员以及学校和学生都有了长足的进步和发展,笔者对学校特色发展工作有了更深刻的理解,对区域推进学校特色发展工作也积累了一些经验,期望通过本书进行系统梳理,为中小学特色发展工作提供些许借鉴或启示。

(二)研究问题

埃德加·富尔(Edgar Faure)指出:"人类的发展目的在于使人日臻完善,使他的人格丰富多彩,表达方式复杂多样,使他作为一个人,作为一个家庭和社会的成员,作为一个公民和生产者、技术发明者和创造性的理想家,来承担各种不同的责任。"[1]雅克·德洛尔(Jacques Delors)认为,"教育不仅仅是为了给经济界提供人才:它不是把人作为经济工具而是作为发展的目的加以对待的,使每个人的潜在的才干和能力得到充分发展,这既符合教育的从根本上来说是人道主义的使命,又符合应成为任何教育政策指导原则的公正的需要,也符合既尊重人文环境和自然环境又尊重传统和文化多样性的内源发展的真正需要"[2]。阿马蒂亚·森(Amartya Sen)强调:"教育使一个人在商品生产中效率更高……一个人还可以从教育中得益——在阅读、交流、辩论方面,在以更知情的方式做出选择方面,在得到别人更认真的对待方面,等等。"[3]教育是培养人的社会活动,培养的对象是一个个鲜活的有个性的人,怎样让每一个鲜活的个体健康、主动的发展是教育的重要目标,这就需要教育尊重每一个个体成长的需要,在关注共性培养的同时,也要尊重个性成长需要。

虽然从2001年国家开始实施新课程改革以来,已经打破了"千人一书"的局面,"千校一面"的格局仍然没有实质性的改变,我们仍然在用同一把尺子去衡量每一个学生的成长。在此背景下,学校特色发展项目就是为了改变"千校一面"的现状,尊重学生个性化的成长需要。目前,学校特色发展在理论上已经有了很多研究,在实践中也有了很多尝试,国内已经有一些地方在区域层面

---

① 联合国教科文组织国际教育发展委员会.学会生存:教育世界的今天和明天[M].北京:教育科学出版社,1996:2.

② 国际21世纪教育委员会.教育:财富蕴藏其中[M].北京:教育科学出版社,1996:70.

③ 阿马蒂亚·森.以自由看待发展[M].任赜,于真,译.北京:中国人民大学出版社,2018:293-294.

开展了学校特色发展的创建活动。

本书拟以区域推进学校特色发展的具体实践为基础,在实践基础上进一步整体认识学校特色发展的科学内涵,研究创建工作对学校特色发展的影响变化,研究学校特色发展中的主要参与主体——教育行政领导、专家、校长、教师和学生等在学校特色发展过程中的作用,归纳总结区域推进学校特色发展的行动策略。

"区域推进学校特色发展"研究既是一个学校特色发展的中观问题,又包含着学校特色发展的微观层面,因此,本书研究立足于区域推进学校特色发展行动来确立具体的研究问题,探讨不同办学起点的学校特色发展的形态、阶段和路径,在此基础上澄清学校特色发展的有关理论认识,探讨区域内不同办学起点的学校的特色发展取径及推进策略,探讨学校办学中的"人"——教师和学生在学校特色发展中所发生的变化,探讨如何评价学校特色发展等。具体来说,要研究以下基本问题:

1. 什么是学校特色发展?学校特色发展是什么样的发展?学校特色发展的基础是什么?有什么样的层次性?不同起点的学校怎样根据实际选择个性发展路径?学校特色发展的成效怎样进行观测?又应该从哪些角度来进行评估?……

2. 区域内学校校情不同,呈现出复杂性叠加特征。区域推进学校特色发展如何根据这种复杂性采用恰当的工作机制?区域推进学校特色发展的策略是什么?区域推进学校特色发展工作涉及专家、教育行政部门、教研部门及学校的校长、教师、学生、家长和社区成员等对象,特别是专家、区域教育行政部门、区域教研部门和学校在学校特色发展中的地位与作用以及四者之间的相互关系是什么?……

二、研究方法

(一)行动研究

本书采用行动研究法推进区域学校特色发展工作。行动研究指"由实务工作者将实际的工作情境和研究相结合,以改善实务运作为目的,采取批判、自省、质疑的研究精神,改进实务,并取得专业的成长和提升。"①在本书的研究中,推进学校特色发展的主体是"实务工作者",他们基于区域以及区域内不同学校的真实情境,将学校特色发展推进工作的开展和研究相结合,在这个过程中研究者和参与者通过总结、反思等方式不断改进区域学校特色发展各项工作和研究。可以说,研究是为了推进学校特色发展,在推进学校特色发展的过程中研究相关理论问题,然后再把研究成果反馈到工作中来,使区域内学校特色发展工作取得进展,相关参与主体包括研究者获得成长和进步。本书重视研究过程中的理性思考与区域推进学校特色发展行动之间的转换。在这个过程中,笔者既是研究的组织者,也是研究的参与者;学校既是研究者,也是被研究对象。通过反省探究,笔者与合作学校共同构成了真实的、以实践为本的研究,呈现出行动研究的解放取向。

本书采用的研究类型是"协同行动研究"。潘慧玲认为:"'协同行动研究'强调民主参与、彼此了解、共同决定与行动精神,不只是形式上的合作,更强调参与者在民主平等之上进行平等沟通、开放自我并交互反省思考、共享知识经验的过程。"②区域推进学校特色发展是由区域教研部门主持,区域教育行政部门主导,基层学校为研究和行动主体,高校专家参与指导协同合作。这四个方面的研究力量通过沟通、调研和研讨等方式达到了彼此了解,在研究中通过平等的沟通和研讨逐渐明晰了各自学校的特色发展方向以及区域推进学校特色发展的理解和机制。

本书采用凯米斯(Stephen Kemmis)的行动研究循环模式。凯米斯提出的教育行动研究循环模式包括"计划、行动、观察、反省四大历程,当反省后发觉计划必须修订改进,便进行第二阶段的修改计划"③(如图 1.1 所示)。

本书围绕所确定的目标开展学校特色发展的行动研究。在研究过程中笔者不断通过研讨会、调研、座谈会等方式掌握学校特色发展的展开进程和开展状态,了解存在的问题,及时反思,在反思的基础上修订研究计划,然后再开展下一阶段研究,解决新的问题,在这样的循环研究过程中,推动研究走向深入,促进学校特色发展工作走向完善。

---

① 潘慧玲.教育研究的取径:概念与应用[M].上海:华东师范大学出版社,2005:307.
② 潘慧玲.教育研究的取径:概念与应用[M].上海:华东师范大学出版社,2005:317.
③ 潘慧玲.教育研究的取径:概念与应用[M].上海:华东师范大学出版社,2005:320.

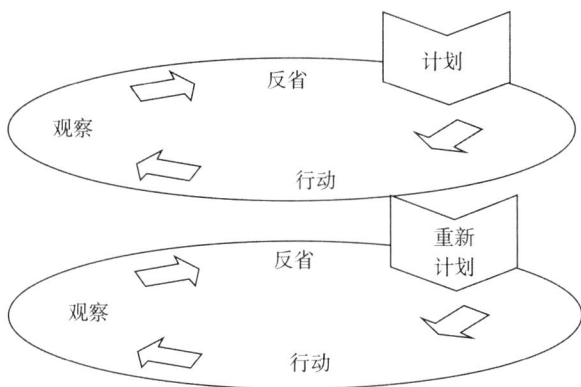

图 1.1　凯米斯的行动研究循环模式

　　行动研究属于质性研究,需要考察研究的效度和信度,用于检验行动研究的质量。目前,大部分质性研究者都认为"信度这个概念在质的研究中不适用",[①]"质的研究不强调证实事物,不认为事物能够以完全相同的方式重复发生",因此,他们在研究报告中也不明确讨论信度问题。[②] 但是,研究结果是否可靠、是否真实地反映了研究对象的情况,即研究的效度是质化研究必须面对的问题。

　　陈向明认为:"尽管学术界对质的研究中是否应该使用和如何使用'效度'这一概念有不同意见,但绝大部分质的研究者仍旧沿用'效度'来讨论研究结果的真实性问题。"[③]"质的研究真正感兴趣的并不是量的研究所谓的'客观现实'的'真实性'本身,而是被研究者所看到的'真实',他们看事物的角度和方式以及研究关系对这一'真实'所发挥的作用。"[④]"质的研究使用的'效度'指的是一种关系,是研究结果和研究的其他部分之间的一种'一致性'","当我们说某一结果'真实可靠'的时候,是指对这个结果的'表述'是否真实地反映了在某一特定条件下某一研究人员为了达到某一特定目的而使用某一研究问题以及与预期相适应的方法对某一事物进行研究这一活动"[⑤]。在质的研究中,

　　① 陈向明.质的研究方法与社会科学研究[M].北京:教育科学出版社,2016:100.
　　② 陈向明.质的研究方法与社会科学研究[M].北京:教育科学出版社,2016:101.
　　③ 陈向明.质的研究方法与社会科学研究[M].北京:教育科学出版社,2016:390.
　　④ 陈向明.教师如何做质的研究[M].北京:教育科学出版社,2015:242.
　　⑤ 陈向明.质的研究方法与社会科学研究[M].北京:教育科学出版社,2016:243.

研究者是作为研究工具而存在的,具有独特性和唯一性,即使是在同一时间、地点针对同一问题对同一群人做的研究,其结果也可能因研究者的不同而不同。为了提高本书研究结果的效度,在研究中本人采取了以下具体做法。

1. 对研究背景和立场保持清醒认识

在开展研究之前,笔者对学校特色发展的国内外相关文献进行过研究,可以说笔者在进入学校研究现场之前已经有了关于学校特色发展的理解和认识,这些理解和认识可能存在偏见或者不全面,因为这些理论认识基本来自文献,或来自他地实验结果,与本地实验学校的研究认识或许有较大的不同,因此需要笔者在研究中有足够清醒的认识,并及时在研究过程中进行反思、调整和完善。这样笔者对学校特色发展的理解和认识是在实际研究、面对真实情景和不断诠释现象的过程中建构的,同时随着理论认识的提升,再反思自己不当的研究预设,对自己的研究思路和策略进行调整,从而使研究能够更符合实际和规律而顺利开展。

笔者作为本书所写的行动研究的课题主持人,承担着课题研究的设计、组织和实施任务,身份是一个研究者。同时,笔者作为区教师进修学校的副校长,又是研究学校的指导者、督促者和管理者,甚至是研究的调整者,不断对各实验学校特色开展情况进行跟踪和观察。这就要求笔者既要置身于课题研究之中,又要能够跳出课题研究。在研究中,笔者本人就是一个研究工具,在与各个实验学校的交往、互动过程中,需要观察学校特色发展的各种现象,对学校特色发展的理论认识持开放的、多元的态度,尽量适时调整自己的观察角度和角色定位,坚持中立,尊重学校客观实际,既让研究过程中遇到的问题能够得到及时解决,又能使研究保持客观公正,能从具体事件中提炼出教育规律,规避自己多重身份对研究客观性带来的不良影响。

2. 驻扎研究现场

因为课题对象就是笔者工作区域内的中小学,研究的实验学校又是我们的业务基层单位,所以笔者具备了长期驻扎在一线研究现场的条件。在研究中,因为笔者与实验学校的校长和老师既是业务领导者,又是课题指导者,更是共同研究的伙伴,所以我们彼此之间建立了良好的和相互信任的伙伴关系。在课题研究中,我们建立了日常的研究制度,每个月固定进行一次学习、交流和研讨互动,每学期都进行计划和总结的交流,笔者自己和研究团队都会经常到实验学校同校长、老师进行交流,深入活动现场开展细致的观察、访谈、听课、问卷调查等活动,能够方便地对他人研究中存在的问题和不足保持认知,并能在自己的实验学校及时发现和纠正。

3. 进行"相关检验"

相关检验法又称"三角检验法",指的是"将同一结论用不同的方法、在不同的情境和时间里,对样本中不同的人进行检验,目的是通过尽可能多的渠道对目前已经建立的结论进行检验,以求获得结论的最大真实度"。[①]

首先,笔者到国内其他地区参观学习,对其他地区的学校特色发展及区域推进策略有一个比较直观的了解和感受,把其他地区与笔者所在地区的研究进行对照,以发现各自的不同、优势和问题。其次,笔者在驻扎田野的研究过程中,通过召开研讨、论坛、工作会议、教学视导以及成果展示等活动,及时了解和观察实验校的研究进展,了解各项活动对学校特色发展带来的效果。再次,通过对研究前后所测数据的比较分析,能比较客观地了解研究的结果和效度,验证研究得到的结论。

4. 及时收集和采纳其他研究伙伴的意见建议

随着研究的推进,经常会收到来自实验学校的校长、老师,乃至学生及家长等参与者的不同意见和建议,及时分析采纳和调整这些意见建议,可以使笔者对研究决策有更准确的理性判断,从而保证研究工作能更有效地开展。

(二)个案研究

本书所写的课题研究也采用了个案研究法。"所谓个案研究是指研究的是现时的现象,发生在真实的生活里,且现象与情境(背景)往往无法清楚分割或界定。"[②]它具有整体性、独特性、描述性、诠释性、归纳性和启发性。个案研究法"主要是为了处理现象与情景脉络间复杂的交互作用,它重视情景脉络而非特定变项;在乎发现什么而非验证什么"。本研究的问题是区域推进学校特

---

① 陈向明.质的研究方法与社会科学研究[M].北京:教育科学出版社,2016:403.
② 潘慧玲.教育研究的取径:概念与应用[M].上海:华东师范大学出版社,2004:184.

色发展,针对的是"千校一面"、忽视教育对象——学生个性特点的问题。在特定区域内开展推进学校特色发展的活动,针对的是目前我国基础教育中存在的比较普遍的问题,面对这样的问题,如何清晰全面地认识一个区域学校特色发展推进的情况,掌握其中蕴含的规律和内在关系,对促进学校特色发展是十分有意义的。由于受时间、精力、经费等条件限制,开展大样本研究是比较困难的,对一个区域进行个案研究便成为最佳选择。笔者所在的区域教育相对发达,但区域内学校发展并不平衡,存在着各种不同办学层次的学校,课题组在选择实验校时有意识地使不同类型和层次的学校保持较好的结构比例,目的是使研究能具有更广泛的借鉴意义。在区域推进学校特色发展的过程中,各实验学校所表现出来的各种现象,是与这个区域的整体情境分不开的,通过对区域推进学校特色发展行动研究过程的描述和剖析,可以呈现区域推进学校特色发展的独特性,诠释学校特色发展及区域推进的策略,呈现学校特色发展复杂现象背后的规律,这样对学校特色发展的全面展开具有启发意义。

本书采用单一个案嵌入设计,选取厦门市思明区为整体研究个案,其中又根据学校特色办学的不同起点选取若干个案,在学校个案中又选取具有代表性的校长、老师作为分析个案,既分析区域整体特色发展,又分析实验学校特色发展,甚至还包括实验学校中教师的特色发展。

(三)混合方法研究

伯克·约翰逊(R.Burke Johnson)和安东尼·乌干布齐(Anthony J. Onwuegbuzie)认为:"混合方法研究就是研究者在同一研究中综合调配或混合定量和质性研究的技术、方法、手段、概念或语言的研究类别。""混合方法研究是在解决研究问题过程中使用多元方法合法化的一种努力,而不是限制或约束研究者的选择。最为基础的东西是研究问题——研究方法应该随着研究问题走,凡是能够解决问题的方式就是最好方式。许多研究问题和综合性问题最好通过混合研究的方式来解决。"[①]本书所写的研究以行动研究方式实施

---

① R.Burke Johnson,Anthony J.Onwuegbuzie.Mixed Methods Research:A Research Paradigm Whose Time Has Come.*Educational Researcher*,2004(07):12-26.

区域推进学校特色发展,同时又以区域为个案开展研究,但区域涉及办学起点不一、所处状态不同的各种不同类型的学校,呈现出纷繁复杂的局面,在这些学校中,学校的特色发展又是"百花齐放""百家争鸣"的。在学校特色发展创建过程中涉及学校办学的各个层面和要素,如学校特色发展理念、教育教学管理、教师队伍建设、教育研究和后勤保障等,涉及的主体包括校长、教师、家长还有最重要的服务主体——学生等。因此,研究是复杂的,必须关注区域整体与各个学校之间,不同学校之间、学校与办学组成要素之间、学校各类办学主体之间的关系,需要确立复杂性思想理念,整合多种研究方法,开展多元整合的混合研究。可见,混合方法研究是本书的一个研究取向,整体上以行动研究为主要方法,在区域推进学校特色发展过程中又以个案研究方式开展活动,在研究活动中为了展现项目给学校带来的变化,又进行了前测和后测,对前后数据变化进行分析,能比较直观、具体地发现项目给学校带来的变化。

在整个实施过程中,采用质性研究和量化研究获得的数据资料来回答学校特色发展的有关问题,这是嵌套型设计。这种设计,符合混合方法研究的 5 个主要目的:"(1)三角互证,即在研究同一现象时通过使用不同方法对研究结果进行确证以寻求一致;(2)互补,即用一种研究方法得出的结论来进一步描述、扩充、解释或澄清另一种研究方法所得的结论;(3)发展,即用一种研究方法获得的结果可以被用作发展另一种研究方法的基础;(4)启动,即发现那些能够导致研究问题重构的似是而非的观点和矛盾对立的结论;(5)扩展,即通过使用多种方法为研究中不同的组成部分扩展广度和范围"。[①]

三、研究意义

目前,基层学校和学术界都开展了大量的有关学校特色发展的实践和探讨,形成了比较丰富的实践经验和理论认识,但这些大多侧重在"特色学校"或"学校特色"等某一层面或某一阶段,甚至有把学校特色发展的不同阶段和层

---

① Jennifer C. Greene, Valerie J. Caracelli, Wendy F. Graham. Toward a Conceptual Framework for Mixed-method Evaluation Design. *Educational Evaluation and Policy Analysis*, 1989(03):255-274.

次混为一谈的情况,影响了学校特色发展实践的开展。另外,不同区域如何根据自身特点开展推进区域内学校特色发展的工作,寻找适合本区域发展实际的行动路径也是一个值得探讨的问题,因此本书研究具有一定的理论价值和实践价值。

(一)有助于梳理和丰富学校特色发展的理论认识

本书将深入探讨"学校特色"与"特色学校"的主要关系和内涵,探讨学校特色发展的内在驱动力,理性分析学校特色发展中的学生、教师、校长、家长等主体的作用、地位以及相互关系,探讨不同办学起点学校的特色发展的路径,研究"人为型""区域性"推进学校特色发展的经验模式和理性认识,将有助于更全面地认识学校特色发展的基本理论问题,丰富和发展学校特色发展的理论认识,具有一定的理论价值。

(二)有助于探索区域推进学校特色发展的新策略

区域推进学校特色发展是一个地区基础教育在实现高位均衡的基础上对下一步发展的更高追求。区域推进学校特色发展不是在区域内的所有学校开展同一种特色项目,或提倡同一种办学追求,而是在区域内让学校充分认识自身历史发展、办学传统、生源基础、教师基础、社区基础等基础上,努力彰显自己的办学个性,并开展符合自身特色的发展行动,使学校办学走向卓尔不群、和而不同的探索过程。区域推进学校特色发展的主体是多层面的,一般由区域教育行政部门或教研机构等发动,由区域内学校部分或全部学校参与,以各自学校为基础由学校、专家、行动部门协同开展的,既多校参与又丰富多彩,既有整体性又有多样性,目的是通过学校特色发展项目引领区域内基础教育学校整体走向优质,办好人民满意的教育。但是由于不同区域的经济、社会和教育所处阶段和约束条件各不相同,所采取的学校特色发展策略也是不一样的,有的地区是自然发展型的,区域内的哪一所学校有条件且愿意探索的就开展,不具备条件也不愿意做的就不开展,区域教育行政部门只是整体推进学校办学条件的标准化而非学校发展的特色化。本书以已经实现了基础教育高位均衡发展的厦门市思明区为个案,采取行政推动型模式和行动研究方式,在区域内针对不同起点、不同类型学校整体性地开展学校特色发展创建活动,有助于探索在区域范围内整体性推进学校特色发展的新策略,为我国基础教育实现均衡发展后的下一步行动开展前瞻性的探索性实验研究,有助于为其他地区开展类似的整体性学校特色创建活动提供实践经验的参考和借鉴。

四、研究思路与结构

本书以为什么要学校特色发展、学校特色发展已经做了什么、如何开展学校特色发展和区域推进学校特色发展工作、区域推进学校特色发展阶段成效如何和区域推进学校特色发展未来怎么做得更好的思路展开全文。

学校为什么要特色发展? 本书从社会发展对学校教育的要求、教育发展的宏观趋势对学校教育的影响、学校特色发展研究和实践的现状以及笔者的研究背景,提出了本书的研究课题。

学校特色发展已经做了些什么? 本书回顾和评论了国内外学校特色发展研究的进展和区域推进学校特色发展的开展情况,探讨了学校特色发展和区域推进特色发展的理论创新空间和实践可为空间。

如何开展区域推进学校特色发展行动? 这是本书的核心部分。研究经历了四个阶段,使学校特色发展工作逐步走向深化,在这个过程中形成了区域有效推进学校特色发展的策略,如"四方合作推进创建共同体""构建学习思考力提升共同体""教师行动研究共同体"等。

区域推进学校特色发展的成效如何? 本书通过构建学校特色发展阶段成效评价模型,运用前测和后测方法获得数据,分析考察行动研究的进展与成效,并选择了典型个案进行深入分析,实现了多维度多层次评价。

区域推进学校特色发展怎么才能做得更好? 在行动研究的基础上,对区域推进学校特色发展实践进行了理性思考,力图得到具有普遍规律性的学理认识,以为后来者提供参考借鉴。

本书的研究思路如图 1.2 所示:

研究模块	研究重点	研究方法	研究逻辑
背景研究	学校特色发展研究的背景及问题	文献研究	为什么研究
理论研究	学校特色发展及区域推进学校特色发展的现状	文献研究	已研究了什么
实践研究	区域推进学校特色发展的行动策略	行动研究	本研究怎么做
反思性研究	区域推进学校特色发展阶段成效评价模型	前后测个案分析	本研究效果如何
发展性研究	学校特色发展及区域推进理性思考与反思	文献研究	如何做得更好

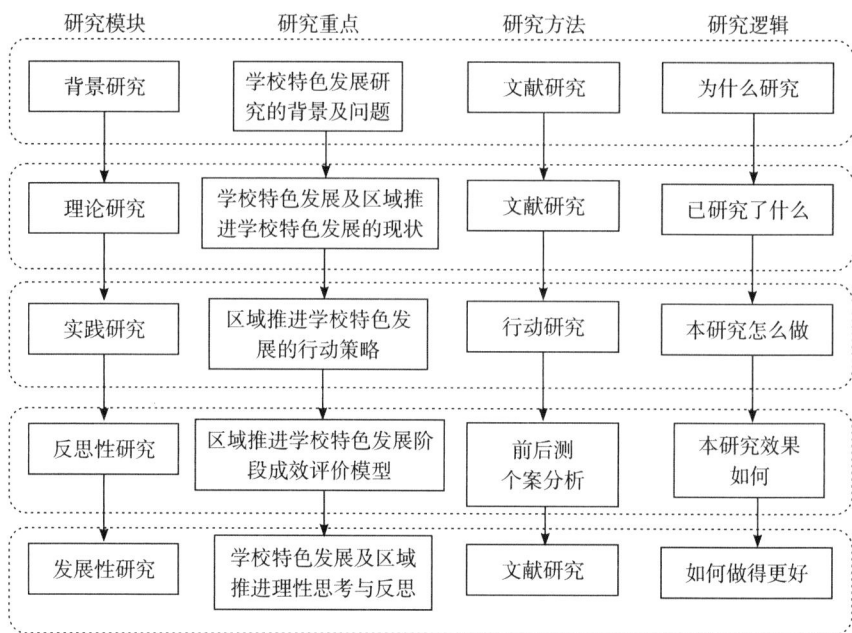

图 1.2　区域推进学校特色发展研究思路

本书由六个部分组成。

第一章"导论"重点阐述本书研究的背景及学校特色发展实践中存在的问题,提出研究问题,设计研究方法,分析了本书研究的意义以及创新和不足之处等。

第二章"学校特色发展理论的研究历程与实践"。从学校特色发展的理论内涵出发,对学校特色发展的概念、意义、模式、路径等进行文献回顾;对区域推进学校特色发展的作用、机制和策略,以及学校效能和学校改进等理论进行分析。

第三章"学校特色发展的理论认识"。基于已有研究成果和自我实践探索,对学校特色发展的概念及对应的关系和结构进行了分析,从教育发展的内在规律出发分析了学校特色发展的必要性,并对学校特色发展的本体理论问题进行系统思考,形成学校特色发展本质是学校特色文化建设、学校特色文化形成是一个持续改进的过程、区域推进的多主体及区域推进学校特色发展是一个复杂的系统工程等学术认识。

第四章"区域推进学校特色发展的行动过程"。对厦门市思明区课题研究过程进行回顾,真实地呈现区域推进学校特色发展的行动过程,全面梳理和总结研究过程形成的理论认知。

第五章"区域推进学校特色发展的阶段成效"。在行动研究基础上,基于整体和系统视角,提出学校特色发展的评价原则,并基于前后测数据对思明区推进学校特色的成效进行评判。

第六章"结论与反思"。形成系列研究结论,并基于对未来学校发展形势的判断提出改进建议。

五、本书的创新与不足

(一)本书的创新

本书在分析文献和总结国内各地实践经验的基础上,梳理了学校特色发展的理论基础,分析了学校特色发展的本质,明晰了学校特色发展的多层次和多路径特点,并探索了区域推进学校特色发展的新策略。概括来说,本书可能有以下三点创新之处。

1. 研究方法的创新

本书以厦门市思明区为个案,运用行动研究方法,探索区域推进学校特色发展的实践历程及理论认识。笔者以行动者和指导者的双重身份置身于研究现场,在研究中与实验学校双向互动,根据研究中遇到的问题不断调整研究思路和行动方向,充分激发实验学校的"内生动力",生成了扎根于中小学教育大地的学校特色发展理论认识。传统上,行动研究的主体就是具体展开实际行动的行动者,譬如校长是学校特色发展的行动主体,但是本书研究探索了多主体行动研究的新范式,譬如本人作为课题负责人是区域推进学校特色发展的行动主体,校长作为学校发展的总设计师是学校特色发展的行动主体,教师作为项目具体负责人是学校特色课程和特色课堂创建的主体,在行动研究的范式上建构了多主体协同行动的"共同体行动研究"新模式,并探索了多主体行动研究的各自身份边界,为开展大规模行动研究提供了新的思路。

2. 理论认识的创新

通过行动研究,笔者形成了对学校特色发展的整体认识,认识到学校特色发展是一个结构化的体系,学校特色发展本质上是学校特色文化建设的过程;区域推进学校特色文化建设是一个持续的复杂的系统工程,为此,我们构建了三级共同体,有效推进区域内学校的特色发展,笔者发现,情感对共同体的理性研究进程具有很强的促进作用,形成了情感与理性交融的区域推进方式机制的认识;在区域推进学校特色发展的过程中要抓住关键人物和关键内容,校长是学校特色发展的关键人物,起关键作用,校本课程开发是学校特色发展的重点内容和重要抓手。为了科学评价学校特色发展的阶段成效,本书构建了学校特色办学理念与社会对人才培养的要求、教育规律以及学校发展实际的适切度,学校特色办学理念对学校特色发展规划和学校各种教育教学活动的影响度,学校特色办学理念对教师文化认同、学生对学校的态度和家长对学校评价的正向发展度的三维评价模型。

3. 区域推进策略的创新

本书遴选 12 所层次和特点各不相同的学校开展行动研究。在行动研究过程中形成了大学、教育行政部门、教研机构和中小学校"四方合作推进创建共同体",实现了学校特色发展参与各方的共同成长;构建了由教师进修学校(区域教研机构)为主导、专家为引领、校长为主体、学校核心成员参与的"学习思考力提升共同体",整体提升了区域学校特色创建的设计力;打造了以"种子教师"为主力、骨干教师参与的"教师行动研究共同体",联动提升了教师创建特色课程的执行力。

(二)本书的不足

1. 行动主体的相对性

本书是区域推进学校特色发展,是多主体行动研究。因此,在多主体行动研究上,行动主体有时具有主体性的相对性,或者说具有行动主体的多层次性。对于某一教育行政区域来说,大学专家是来自区域外部的力量,地区教育局或教师进修学校是主体,大学专家是帮助行动主体行动的辅助者;对于某一所学校来说,地区教育局或教师进修学校、大学专家又是来自外部的力量,学校是主体,外部的力量是辅助者;对于教师来说,地区教育局、教师进修学校、大学专家甚至校长都是外部的力量,教师是主体,外部的力量则是辅助者。如何厘清多主体之间的关系、如何界定学校特色发展的内部驱动和外部驱动,尽管已经做了一些探索,但是依然感觉有很多问题没有说清,还有待下一步研究的继续深化和探索。

2. 研究类型的单一性

学校特色发展的生成类型是多种多样的,既是自然生长型,也是行政推动型,既有区域推进型,也有学校推进型。本书着力探索了区域层面依靠行政力量推动的学校特色发展路径,缺少了对其他各种路径的研究与分析。本书因为实际需要,侧重于行动推进型的研究,而对学校主动、自然生长型的特色缺乏深入的探讨,与之相应的是,缺乏探讨外部驱动型的学校特色发展与学校内生型的特色发展之间的关系和各自不足的分析。

3. 理论认识的肤浅性

由于学理研究的不足,本书的深度不够,更多的还是经验的总结,尽管已经做了很多的努力,也形成了一些理论认识,但理论深度还有可提升的空间。总体来看,本书的学校特色发展行动研究还不够细腻深入,有的方面还未来得及仔细的梳理,如何在社会、家长与学校合作共同推进学校特色发展,本书在行动过程中有哪些经验和教训,如果推广本书模式需要怎样的前提条件……这一系列问题的探讨都比较缺乏,因为学校特色发展过程十分漫长而课题研究又具有时限性。尽管笔者在实践中形成了理论认识,但学界观点争议很大,笔者还有很多问题需要研究,受时间和水平所限只有留在未来的研究中不断完善、不断走向深入。

第二章 学校特色发展理论的研究历程与实践

第一节 学校特色发展的理论内涵的相关研究

一、学校特色发展研究文献统计分析

近年来,学校特色发展逐渐成为理论研究者和实践工作者研究和探讨的热点问题。笔者分别以"学校特色发展""特色学校""学校特色"为检索词在中国知网(CNKI)进行查询,发现"学校特色"与"特色学校"的发文数量是一样的,这里以"特色学校"发文数作趋势分析,如图 2.1 所示。再以"学校特色发展"和"特色学校"为检索词在中国知网(CNKI)上进行"学术关注度"指数分析。

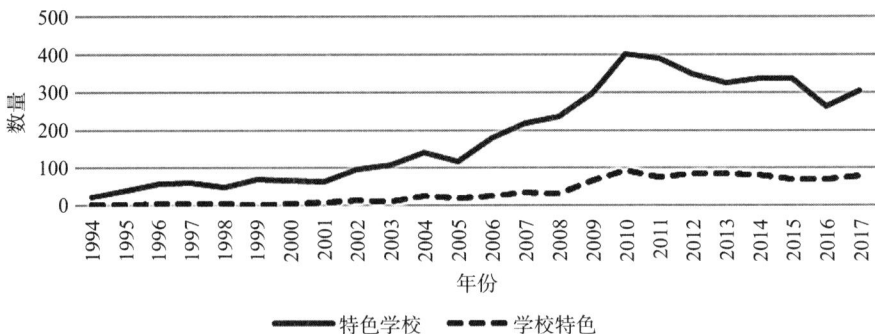

图 2.1 1994—2017 年学校特色发展研究相关文献年发表量比较

　　1993 年之后,与学校特色发展相关的文献发表数量和学术关注度都呈现出上升趋势,而且上升趋势明显加快。以"学校特色发展"、"学校特色"或"特色学校"作为篇名关键词进行搜索和查询,可以看出在学术关注度的走势上没有什么差别,在文献发表数量上却有明显的不同,篇名中含"学校特色发展"的文献篇数远远少于篇名含"特色学校"或"学校特色"的篇数,这说明学术界对"办出各自的特色"的认知更多的还是以学校特色或特色学校为主。分析所搜索的文献可以看出,篇名含"学校特色发展"的文献在 2009 年之后逐步增加,人们用"学校特色发展"来表达"办出各自的特色"越来越多,日益得到认可。

　　再分别以篇名为"学校特色发展""特色学校"对文献的"研究层次"进行统计分析,从 CNKI 得到表 2.1 与表 2.2。

表 2.1　篇名为"特色学校"的文献分布情况

主题	文献数量	百分比(%)
基础教育与中等职业教育	3468	47.50
基础研究(社科)	1995	27.33
行业指导(社科)	726	9.94
高等教育	512	7.0
职业指导(社科)	162	2.22
政策研究(社科)	155	2.12
工程技术(自然)	127	1.74
大众文化	44	0.60
基础与应用基础研究(自科)	44	0.60
大众科普	38	0.52
行业技术指导(自科)	14	0.19
文艺作品	7	0.10
党的建设与党员教育	3	0.04
高级科普(社科)	3	0.04
经济信息	2	0.03
政策信息(自科)	1	0.01

表 2.2　篇名为"学校特色发展"的文献分布情况

主题	文献数量	百分比(％)
基础教育与中等职业教育	775	50.49
基础研究(社科)	418	27.23
行业指导(社科)	149	9.7 1
高等教育	96	6.25
职业指导(社科)	37	2.41
政策研究(社科)	36	2.35
工程技术(自然)	9	0.59
大众科普	5	0.33
行业技术指导(自科)	4	0.26
经济信息	2	0.13
党的建设与党员教育	2	0.13
大众文化	1	0.07
基础与应用基础研究(自科)	1	0.07

从表 2.1 与表 2.2 可以看出,在 CNKI 上发表的文献,篇名含"特色学校发展"和"特色学校"的属于"基础教育和中等职业教育"的分别占 50.49％和47.50％,属于"基础研究(社科)"的分别占 27.23％和 27.33％,两者相加分别为 77.72％和 74.83％。从数据可知,来自基层学校的研究文献占了 CNKI 发文量的 2/3 以上。

再分别以题名含"学校特色发展"和"特色学校"在 CNKI"硕博论文"栏目进行搜索,查找出硕博论文分别为 29 篇和 179 篇,其中题名含"学校特色发展"的博士论文有 1 篇,没有题名含"特色学校"的博士论文。题名含"学校特色发展"的 29 篇硕博论文中有 28 篇是在 2010 年之后发表的。同样,题名含"特色学校"的 179 篇硕士论文中有 150 篇是在 2010 年以后发表的。可以看出,2010 年是学术界关注和研究"办出各自的特色"的重要节点,这个节点的关键事件是 2010 年 7 月 29 日《国家中长期教育改革和发展规划纲要(2010—2020 年)》的发布。进一步分析这些数据,我们可以发现篇名含"特色学校"的硕士论文数量远远大于篇名含"学校特色发展"的硕士论文数量。仔细甄别两者的论文题目发现,篇名含"特色学校"的论文中已经包含篇名含"学校特色发展"的论文,再进一步分析发现,在 179 篇篇名含"特色学校"的硕士论文中,研究层次的分布为基础研究(社科)99 篇、职业指导(社科)29 篇、行业指导(社科)28 篇、基础教育与中等职业教育 20 篇、政策研究(社科)3 篇、工程技术(自科)2 篇、基础与应用基础研究(自科)1 篇、高等教育 1 篇。

　　综上分析,我们可以看出在 1993 年 2 月 13 日中共中央、国务院颁发《中国教育改革和发展纲要》提出基础教育要"办出各自的特色"后,很多基层学校和专家学者进行了广泛的实践和研究,发文量逐年增加,特别是 2010 年 7 月 29 日《国家中长期教育改革和发展规划纲要(2010—2020 年)》发布之后,与学校特色发展相关的文献发表呈井喷态势。当前,对"办出特色"的研究,主阵地在基层学校,所发表的文献多集中在学科特色和局部特色,多停留在实践层面。不管是研究者还是实践者对"办出各自的特色"都有逐渐清晰的认识过程,一开始大多关注的是"学校特色"和"特色学校"等相对具体的问题,注重特色发展的结果,最近几年以"学校特色发展"为题进行的探讨逐渐增加,不仅注重结果,而且注重过程。

二、"学校特色发展"的概念界说及发展变化

　　研究者对"办出各自的特色"的理解和解读,首先从"特色"二字出发,对"特色"的看法比较一致,都以《辞海》或《现代汉语词典》的解释为主,即"事物所表现出的独特的色彩、风格等"。但"办出各自的特色"究竟是什么呢?在学校中又该如何贯彻落实呢?推进学校特色发展的实践路径又该是什么样的呢?梳理历年文献可以发现,学界观点各不相同。依据时间顺序对各种不同的界说进行了整理,如表 2.3 所示。

表2.3 学校特色发展不同界说一览表

序号	主要观点	文献来源
1	全面贯彻国家的教育方针,在面向全体学生,在全面提高教育教学质量的前提下,充分发挥本校的优势,选准突破口,以点带面,不懈努力,逐步形成自己学校的独特风格	王承辉.特色学校管窥[J].中国教育学刊,1994(5):55
2	特色学校指学校在先进的教育思想指导下,从本校实际出发,经过长期实践,形成独特的、稳定的、整体优化的具有个性化的价值取向、办学风格与优秀办学成效的学校	马联芳、宋才华.特色学校形成与发展的理论思考[J].上海教育科研,1997(10):26
3	学校在长期的办学过程中,所表现出的有别于其他学校的独特的办学风格、独到的教育思想、鲜明的教学手段	赵福庆.特色学校建设刍议[J].教育研究,1998(4):60
4	特色学校是学校在保证完成义务教育阶段基本要求的前提下,另外增设了新的课程或是加大了某些课程教育内容的量;在教育教学活动安排上,提高了某些教育的标准。在某些教育教学设施与设备的购置上超过了中小学的一般要求,使学校在某些教育方面形成了特有的优势	邢真.学校特色不等于特色学校[J].中小学管理,1999(1):31
5	特色学校应体现在学校工作的各个方面,它反映一整套学校文化模式。特色学校必须贯彻党的教育方针,根据先进的教育理论,从学校实际出发,对学校的发展作出全面的设计,把建设一整套的学校文化模式和营造独特的学校组织作为学校文化理想的追求。因此,特色学校应体现全面、整体优化和相对稳定等特点	鲍玉琴.关于创办特色学校的思考[J].教育理论与实践,2001(5)42
6	办学有理念,措施有思路,着力建设独特的校园文化,同时将其贯彻在学校的一切工作之中。这样的学校,不失为特色学校;这样的学校,才能培养出创新人才	顾明远.也谈特色学校[J].人民教育,2003(5):16
7	学校主体根据学校共同愿景和学校自身特点,经过长期努力形成的优良独特的学校文化品质。其本质是学校主体个性、智慧和精神的自觉外化。学校特色既是一种状态,又是一个过程——与学校主体双向建构的过程。	孙孔懿.学校特色论[M].北京:人民教育出版社,2007.37-39
8	特色学校指在先进的教育思想指导下,从本校的实际出发,经过长期的办学实践,形成了独特的、优质的、稳定的办学风格与优秀的办学成果的学校	胡方.以特色教育科研推进特色学校建设[J].人民教育,2008(9):61

续表

序号	主要观点	文献来源
9	在全面贯彻落实党的教育方针的过程中,在长期的教育教学实践活动中,基于学校教育工作的整体或全局而形成的具有比较稳定的、明显区别于其他学校的独特的品质或独特风貌,并能培养出具有特色的人才的学校	王仕斌.创建特色学校的思考与实践探索:基于中小学的视角[J].四川文理学院学报(社会科学版),2008(11):99
10	学校特色就是学校基于自身的历史传统和实际情况,在长期办学实践中逐渐形成的一种区别于其他同类学校的独特、优质而且相对稳定的办学气质和办学风格。	王伟.学校特色发展:内涵、条件、问题与途径[J].中国教育学刊,2009(06):31
11	特色学校从根本上讲就是一种个性化的学校,是学校在遵照教育规律,不断提高整体办学水平的情况下所表现出来的一些与众不同的特点	鲍传友.学校特色发展需要政府进一步简政放权[J].教育发展研究,2013(12):3
12	特色学校是从学校人文环境与学校教育文化氛围整体范畴进行定位的,它强调的是学校的独特办学风格,并且这种风格应是整体的、综合的而非个别的	赵刚.中小学特色学校建设问题研究[D].大连:辽宁师范大学,2014:9
13	学校特色发展指学校基于自身的办学理念、使命与目标,类型与功能,在科学定位、合理规划的基础上,经过长期教育实践形成的稳定的办学特征和优良的学校文化	符太胜,严仲连.学校特色发展实践的不合理性与对策:基于Y省学校特色发展实践的调研[J].中国教育学刊,2014(06):38
14	学校特色发展是学校改进的一种基本策略,是学校根据对内部实际情况和外部环境变化的适应,对区域、学校资源进行挖掘或重组利用,使学校形成特定领域独特风格或优势的过程	范涌峰,宋乃庆.学校特色发展:内涵、价值及观测要点[J].教育研究与实验,2017(02):44

从以上不同研究者的观点我们可以看出,他们对"办出各自的特色"的理解各不相同,因此在词语使用上也呈现出多样化的特征。但随着研究不断深入,研究者们逐渐把"办出各自的特色"定位到"学校特色"和"特色学校"两个概念上。对"学校特色"和"特色学校"的解读也从混用或者区分不清晰的状态

到逐渐形成共识,即把"学校特色"定位于学校发展中的某一方面的优势,学校的某一项目的特色,局部的特色,是学校这样的部门才有的特色;把"特色学校"定位在整体的特色。专家学者围绕这样的区分,分别给"学校特色"和"特色学校"下了不同的定义。到2010年之后,有些专家开始将"办出特色"在学校实践层面定位到"学校特色发展"的称谓上,认为学校特色发展是使学校在某些教育方面形成了特有的优势,在此基础上所形成的独特的、整体的、稳定的、科学的、优质的以及发展性的运行机制,使学校形成特定领域独特风格或优势的过程。

在以上解读中,赵福庆的落脚点是"教育思想、教学手段和办学风格",这实质上是对学校某一方面特色的描述。马联芳、鲍玉琴、胡方、王仕斌等人的落脚点是"稳定个性和风格,办学成果优秀的学校",共同点都在学校,不同的是在学校之前修饰定语的不同,但都强调"独特、稳定、优秀"。王承辉、孙孔懿、王伟、赵刚三人的落脚点是"独特的风格或学校文化品质"等,强调的是独特和优质的学校文化。可以说后面二者虽然落脚点一是学校,一是学校文化,但二者的共同点都指学校的整体。

学界往往把描述称呼学校特色某一方面的、局部的特色称之为"学校特色",而把在整体上描述称呼的特色谓之曰"特色学校"。但这些称谓也好,定义也好,所描述的称谓是结果性的,忽略了学校办出各自特色的过程。在2013年以后,更多的专家把学校办出各自特色的过程用内涵更广的"学校特色发展"一词来称谓,但学者们对之赋予的含义也各不相同,如程灵认为学校特色发展体现的是"运行机制、办学风格和教育教学模式,是学校办学质量的整体反映";符太胜、严仲连则认为学校特色发展的落脚点是"稳定的办学特征和优良的学校文化";范涌峰、宋乃庆认为学校特色发展是"使学校形成特定领域独特风格或优势的过程"。总之,落脚点都在"特定领域"的"发展过程"。

以上分析可以看出,关于"办出各自的特色",在理论和实践层面都越来越一致地将其理解为三个不同的状态:学校特色、特色学校和学校特色发展。前两个概念较多的是结果性的、状态性的描述,是"办出各自的特色"的不同的层次和状态,"学校特色发展"不仅包含"办出各自的特色"的过程,不再局限于"办出各自的特色"的层次和状态,而是立足于学校发展的过程和结果,内涵更广。因此,本书更倾向于用"学校特色发展"来讨论"办出各自的特色"问题。

三、国内关于学校特色发展的研究

除了概念界定,国内学界关于学校特色发展的研究主要集中在学校特色发展的意义、实践方式、实践策略、实践路径和实践评价等方面。

(一)学校特色发展的意义

首先,有助于促进学生个性发展,满足社会对多样性人才的需要。不同的学校,办学历史、师资水平、生源情况、所处社区等方面各不相同,学校的发展起点和发展经历也各不相同,因而学校的阶段性发展目标也就不一样。客观上,这些差异使不同的学校呈现出各不相同的个性,学校特色发展是学校从自身办学实际出发,通过学校教育教学资源的优化配置,利用学校优势,克服学校不足,使学校的办学效益和办学质量获得新的超越和发展。在这个特色发展过程中,学校教师获得专业发展,学生实现全面而有个性地成长。学校特色发展的最终目标是学生的发展,有学者认为在学校特色发展过程中,学校围绕特色发展理念,制订适合学生个性发展的学校建设方案,通过课堂教学、教育活动等环节,学生的个性得到张扬,潜能得到挖掘,因此,这个过程也是提升学生各方面素养的过程。学校特色发展使学校在人才培养和学生学业质量评级标准的认识与实践上能打破整齐划一的局面,促使学校教育能从学生的个性发展需要出发,尊重学生的个性发展。重庆教育评估院龚春燕院长指出:"特色学校恰恰就是培养每个人的个性特长,培育每个人的创新特质,就是按照核心素养的发展方向,让每个人呈现出不同的成长路径、结构和能力。"[①]学校特色发展通过为学生提供适合个性发展需求的教育来培养人的创新能力,新时代培养学生的"实践创新"素养,同样也需要学校特色发展。

其次,有助于促进学校内涵发展,培育和扩大学校的影响力。学校特色发展是在新的形势下国家培养创新型人才、建设创新型国家的需要,是素质教育改革走向深化和综合发展的需要,也是学校自身可持续发展的需要。在学校

---

① 胡方,龚春燕,薄晓丽.特色学校建设:价值选择与实践创新:"第九届全国中小学特色学校发展论坛"综述[J].中小学管理,2017(02):45.

特色发展过程中,通过对自己办学个性的认识和分析,寻找符合自己的发展定位和发展目标,开展各种各样的满足学生个性发展需要的教育教学活动,开发设计多样化的课程,促进学校办学品质和办学水平不断提升。"创办特色学校,是实施素质教育的必然趋势,是保持办学生机和活力的有力保证,也是学校形成有自我发展能力的办学实体的有效机制。"①

再次,有助于促进学校规范发展,实现教育均衡和公平。学校是培养人的价值性实践活动,是实现教育价值的核心载体,学校的发展形态与教育价值结构之间是内蕴与外显的关系。有学者指出,"基础教育领域特色学校的产生,正是教育价值等级秩序由'政治价值→效率价值→公平价值→个人价值'转向'个人价值→公平价值→效率价值→政治价值'的应然之物"。② 特色学校建设应紧扣其教育价值新位序,以消除形态各异的建设误区,实现其自身的健康可持续发展。国家总督学顾问、中国教育学会副会长陶西平指出:"特色教育是一种适合性教育、全纳性教育,意味着为所有学生创造适合的教育。促进学生全面发展不仅指基础素质的发展,而且是基础素质和特长相结合的发展。通过教育实现人尽其才、生尽其能,才是真正的教育公平。"③学校特色发展客观上是教育均衡发展的诉求,并通过学校特色发展促进教育均衡,通过学校特色发展实现学校发展走向优质,并且能够满足学生个性成长的需要,满足人民群众上好学的需求。

(二)学校特色发展的实践

1. 学校特色发展的实践方式

第一种,学校特色发展的区域推进模式。重庆市是以教育行政部门为主要牵头、区域推进方式的典型。重庆市教委牵头开展了教育部"十一五"规划重点项目"中小学特色学校发展战略研究",在深入分析、明确特色学校内涵的基础上,立足于重庆市教育实际,积极探索以教育行政部门为主导、以教育科

---

① 侯玉兰.创办特色学校的思考[J].中国教育学刊.1995(04):62.
② 袁顶萍.从重点学校到特色学校:基础教育价值取向转型的表征[J].重庆电子工程职业学院学报,2011(03):117.
③ 龚春燕,胡方,程艳霞.创特色学校 育创新人才:全国中小学特色学校发展高峰论坛综述[J].中国教育学刊,2008(02):10.

研机构为支撑、以学校发展为主体的"三位一体"的特色学校发展模式,①这是一种纵横联合推进的模式。"纵"即由市级教育行政部门(教研机构)、各区县教育行政部门(教研机构)和各实验学校三级组成的分层次推进序列;"横"即由不同区域学校、不同层次学校、不同发展特色学校等组成的各类研究共同体。在纵向上强调发挥行政组织的协调与管理作用,在横向上重在发挥各校之间的互动交流、互学共进的研修功能,纵横联合,全方位推进特色学校建设工作。将"让学校有内涵,有文化,从而推进全市教育均衡发展、公平发展"②作为区域推进学校特色发展的目标,兴起了区域推进特色学校建设的高潮。重庆的特色学校建设取得了一定成果,并在全国范围内产生了较大的影响。这种推进方式在短时间内统一了大家的思想,形成了学校特色发展的共识,并发挥了区域的整体研究力量,推进的效果显著,短时间内就实现了重庆市基础教育的"百花齐放""百家争鸣"的特色发展局面,丰富了优质教育资源。

第二种,学校特色发展的专家与学校携手共进模式。华东师范大学叶澜教授1994年开始在上海闵行区、江苏常州市等地的50多所初中、小学开展长达20多年的"新基础教育"项目研究、北京师范大学裴娣娜教授在北京朝阳区、浙江等地开展的"基础教育未来发展新特征"研究和由朱永新教授在中西部地区发起的民间教育改革行动——新教育实验,是这种实践方式的典型代表。高校的专家学者与中小学形成理论与实践的双向互动,在学校场域提高学校的改进能力。这些实验都是由专家学者与一线学校形成合作伙伴关系,以"介入式合作互动"的教育变革策略,在项目或课题研究中共同携手梳理学校的发展愿景,寻找学校的个性,促进学校特色发展。这种合作方式使专家学者等专业研究人员介入学校变革的实践现场,改变了学校和中小学教师教育理论基础相对薄弱的情况,有利于通过理论与实践的对话,实现知识的创新。

第三种,学校特色发展的自主推进模式。这种模式是来自学校自主发展的需要,是学校内生的,而不是来自教育行政部门的行政命令,也不是来自专家学者的设计指导,它是学校面对新的时代发展、教育改革形势和学校生存发

---

① 钟燕.均衡视野下的特色学校建设研究:兼论重庆市特色学校发展战略[J].人民教育,2008(01):59.

② 钟燕.均衡视野下的特色学校建设研究:兼论重庆市特色学校发展战略[J].人民教育,2008(01):59.

展需要,自觉开展学校特色发展实践活动,在学校全面发展的基础上发扬自己的特长和优势,建立学校独特的、稳定的、优化的办学模式,以期提高学校教育质量和办学效益,更好地完成培养社会主义现代化建设者和接班人的任务。

2. 学校特色发展的实践策略

首先,合理并充分利用和挖掘学校办学资源。学校特色发展需要学校立足于学校实际,自我分析学校的办学现状,盘点学校特色发展可利用的资源,挖掘学校所处区域的自然环境和人文环境所蕴含的教育资源,寻找学校特色发展的出发点和突破口,以创造性地贯彻国家的教育方针。陶西平指出,学校特色发展既要加强特色发展资源建设(统筹学校有限的教育资源,如教师、设施的整合),也须拓展无限校内外资源(充分借助校外资源,如学科、实验室、师资)。①

其次,思考和凝练属于自己学校的教育哲学。学校特色发展的目标是走向学校文化的特色,学校文化是学校长期积淀的结果,表现为学校群体的共同价值观和行为选择,它既是学校的一种内在气质,也是一种外在表现。学校管理者如何在纷繁复杂的、多元的文化背景下选择符合自身发展条件的文化元素,选择能够引导学校全体成员沿着符合价值主流方向发展的文化内容,在整体统筹的基础上,采取扎实可行的举措,为学校植入独具个性特色的文化内涵是特色学校建设的首要问题。② 因此,学校特色发展更应该注重学校办学理念的更新,构建符合学校实际的教育哲学。

再次,学校特色发展的核心是课堂教学和课程开发。课堂是学校教育的主阵地,课程是实现学校教育目标的主要途径和载体。人们逐渐认识到,校本课程开发作为学校特色发展的重要抓手和关键路径,"校本课程开发是特色学校建设题中应有之义"③。校本课程开发是为促进学校特色发展服务的,是学校主动自觉的办学行为,这样的校本课程开发是在学校特色发展顶层设计基础上,以明晰的办学理念为指导,为了实现"培养什么样的人"并在人的培养过程中实现"办什么样的学校"的预期,使学校呈现出个性化的文化风貌。因此,

---

① 龚春燕,胡方,程艳霞.创特色学校 育创新人才:全国中小学特色学校发展高峰论坛综述[J].中国教育学刊,2008(02):10-12.
② 万明春,胡方.特色学校建设:凝练学校文化精神[J].人民教育,2010(03-04):10.
③ 刘正伟,仇建辉.校本课程开发与特色学校建设:以宁波市江东区为中心的考察[J].教育发展研究,2007(5B):77.

学校特色发展过程中要高度重视课程特色建设,建立与学校特色发展相适应的课堂教学模式,开发与学校特色发展相适应的互相促进的课程体系,使之成为学校特色发展的核心工程。

最后,形成学校特色发展的共识和合力。学校特色发展的主体是多元的,包括学校的校长、教师、学生、职工以及间接参与学校建设的专家、家长、社区人员等,他们各自发挥着重要的作用并承担着相应的责任,形成了一个建设共同体。在学校特色发展过程中,基于学校特色发展的校本课程开发的各种因素的动力作用是复杂的,校本课程开发过程需要校长、教师、社区人士、学生、家长和课程专家等不同主体以研究为基础,一起参与制订学校课程方案、实施课程方案、对课程资源进行整合和建设、对课程实施效果进行反思与评价等。校本课程开发中出现的课程现象和课程问题是一种实践活动,涉及如何选择和做决定的问题,各种内外因素的相互作用促进校本课程开发的有序进行。斯基尔贝克(Skilbeck)认为:"课程是学校教师、学生与环境之间的互动与沟通;校本课程开发的合作主要基于社会文化发展和学生发展的需要,校本课程开发的合作主要应在学校与社区之间进行,校本课程的合作开发应充分利用校内外资源,共同发展适合本校学生学习的课程。"①基于学校特色发展的校本课程开发不仅需要关注以上所述的与课程开发相关的各种因素的协作,还得考虑校本课程开发与学校特色发展相关因素的协作。

3. 学校特色发展的实践路径

学校特色发展是一个复杂的过程,涉及因素多,既有校内的也有校外的,既有老师层面的也有学生层面的,甚至还有社区和家长层面的,不同的学校涉及的相关因素内容也各不相同。卢盈认为,"校长特色的办学理念引领特色学校的发展;优秀的师资力量是形成特色学校的保障;课程开发和教学创新是构建特色学校的基础;学校精神文化是特色学校保持持久的生命力;校本管理体制为特色学校提供广阔发展空间。"②

王伟、李松林指出,虽然学校特色发展意味着学校与学校之间的差异与个性,它既不遵循某种严格、普遍的逻辑规律,也没有某种标准、固定的实践模

---

①　胡定荣.协同论视域下的 U-S-A 校本课程合作开发案例研究[J].教育学报,2015(03):38.

②　卢盈.对特色学校的理性审视[J].现代教育论坛,2011(04):20-22.

式,"但就实际情况而言,学校组织文化建设、校本课程开发、课堂教学创新、校本教研与校本管理是学校特色发展可以采取的主要途径。"① 王珺认为学校特色发展的可行性路径包括:顶层设计,自上而下梳理办学理念;依点突破,"漏斗式归纳法"整体发展;整体规划,有效提炼发展主体;转变思路,积极培育创新教育载体。② 还有的学者认为,学校特色发展路径包括文化建设、管理建设、教学建设、课程建设、优势项目和活动等。③ 还有学者强调,就当前中国学校教育现实条件和发展空间而言,学校特色发展最直接的途径主要有学校组织文化建设、校本课程开发、课堂教学创新、校本教研、校本管理等几个方面。④

在专家学者眼中,学校特色发展的实践路径归纳起来就是要以办学理念为核心做好顶层设计,重点做好学校的课程建设和文化建设,通过校本教研和校本管理建设对学校特色发展起到保障和推动作用。但共同的问题是,专家们在论述这些问题时,无一例外地将学校特色发展与学校文化建设割裂开来,忽视了学校特色发展实际上也是学校文化建设的过程和抓手,学校文化建设也是学校特色发展的目标,而不是仅是学校特色发展的内容之一。之所以会发生这种理解上的偏差,很可能是由于把学校文化狭隘地理解为校园文化,以及对学校特色发展的层次性认识不到位。

4. 学校特色发展的实践评价

胡方、龚春燕认为:"学校特色发展评价是指评价主体依据一定的价值标准,通过各种测量和相关信息的收集,对特色学校的特色活动状态及其效果进行客观诊断,形成和建构评价主体和特色学校融为一体的互动评价模式。"⑤ 评价的目的在于通过诊断性事实描绘和鉴别性价值判断,实现评价在学校特色发展中的目标导向、诊断检查、制衡调控与激励发展作用。因此,对学校特色发展的评价实质上是通过价值引领来促进一所学校向特色方向发展。因此,学校特色发展评价的目标定位是"以特色学校的过程状态与发展水平作为评价的主线,主客体评价互动为评价手段,在动态生成的过程中促进学校特色

---

① 王伟,李松林.学校特色发展的主要途径[J].教育导刊,2009(08):04.
② 王珺.学校特色发展的现状、困境与出路[J].教学与管理,2016(06):21-22.
③ 张熙.为学校特色发展找一条合适的路径[J].人民教育,2014(09):12.
④ 王伟.学校特色发展:内涵、条件、问题与途径[J].中国教育学刊,2009(06):33-34.
⑤ 胡方,龚春燕.学校变革之特色学校发展战略[M].重庆:重庆出版社,2008:206.

发展"①。

　　王伟、李松林认为,"独特、优质和稳定既是学校特色发展的核心内涵与根本属性,又是判定学校特色发展与否的内在标准"。② 学校特色发展评价要从学校特色发展的内涵为切入点,抓住学校特色发展的本质特征及其属性所表现出来的外显表现、学校特色发展各主要因素和环节之间的关系和学校特色发展实施前后的变化作为评价的内容。胡方、龚春燕强调:"学校特色是由学校独特的办学理念、教育行为方式和教育环境氛围三大要素熔炼而成。评价要对学校特色的创建过程及成熟度水平进行价值判断。"③在评价措施上,需要通过"基本评价＋特色评价"来表述。基本评价重在评价特色项目对于师生参与的广度,关注整体性和稳定性;特色项目评价则关注独特性和多样性。基于此,他们建立了如表 2.4 的操作框架。④

表 2.4　特色学校评价基本要素表

标准	价值取向	评价项目	价值说明
学校基础	规范办学	学校办学方向	特色是规范办学基础上的特色。在均衡背景下,主要评估"管理规范"即可
		规范管理评价	
		社区环境及教育需求	
学校特色	个性发现文化认同	特色理念	对学校发展的现在和未来的发展趋势的价值评定。特色理念在规范管理中的凸显。突出校本资源优势的开发能力。突出与其他学校的差异性
		特色项目活动	
		特色教育科研	
		特色成果评价	
		特色价值评定	
特色环境	物质文化	物化环境建设	将特色融入学校的整体风貌之中
		特色成果输出社区	
		对学校认同	

---

① 胡方,龚春燕.学校变革之特色学校发展战略[M].重庆:重庆出版社,2008:206.

② 王伟,李松林.学校特色发展:内涵、结构、条件与状态[J].教育学术月刊,2009(07):06.

③ 胡方,龚春燕.学校变革之特色学校发展战略[M].重庆:重庆出版社,2008:213.

④ 胡方,龚春燕.学校变革之特色学校发展战略[M].重庆:重庆出版社,2008:217.

在学校特色评价探索中,重庆市的认识比较清晰,理论建构比较充分,在实践中"根据特色学校'特色'价值对学校教育渗透的广度和价值深度,分别评价为'学校特色项目学校'或更高一级的'特色学校',兼顾普及与提高,且评价是动态的,根据学校发展的不同阶段给予评级的改变"。①

以上关于学校特色发展评价的研究和实践给了我们很好的启发,但笔者认为评价的有关认识和实践还存在着功利化的倾向,而且具有割裂和点状的简单思维的特点,虽然这些评价也考虑了学校特色发展的诊断性功能,在实践中却更多地倾向于结果性评价。

四、国外学校特色发展的开展情况

(一)英美等国的学校特色发展

1. 英国的学校特色发展

英国的学校特色发展经历了从着眼于技能培养的"特色科目"向学校整体"特色发展"的变化过程。20世纪80年代末,英国教育与就业部(DFEE)制订了"特色学校计划",这个计划的主要定位是为了英国在国际上继续保持贸易和生产大国的地位,为企业培养专门人才。为此,政府给予学校资助,帮助学校和企业结成伙伴关系,学校选择一些特色科目来建立学校特色。段晓明认为:"这一阶段,特色学校的特色主要体现在课程及办学上。任何学校都可以从艺术、贸易与企业、工程、人文、语言、数学与计算机、音乐、科学、运动、技术等特色科目中,选择一个或两个形成自己的办学特色。"②到2003年,政府又宣布"将特色学校发展到1000所,至2005年要增加到1500所"③。到了20世纪90年代末,特色学校规模化发展成为英国学校变革的主要议题,特色不仅是提高多样化的途径,也成为提高教育标准运动中的重要举措。英国教育

---

① 胡方,龚春燕.学校变革之特色学校发展战略[M].重庆:重庆出版社,2008:217.
② 段晓明.英国特色学校审视[J].教育评论,2009(06):156.
③ 张羽寰,孟伟,李玲.从"特色学校"到"自由学校":英国多路径改进薄弱学校政策述评[J].上海教育科研,2012(06):31.

与技能部(DFES)①国务秘书艾斯特莉·莫里斯(Estelle Morris)明确提出,希望通过改革,创建一个以提供多样化和选择性来反映学生个体多样需求的学校体系,促进学校发展各自的特色、学校精神和个性特征。"特色学校计划从最初的打造重点科目带动其他学科发展的方式转向了关注学校的整体改进,特色学校体系的构建,注重发展特色精神和使命。""2001 年 10 月,英国教育标准局在《特色学校:发展的评价》(*Specialist School:An evaluation of Progress*)中给予了其充分的肯定:对于大多数特色学校来说,特色学校的运行模式能保持或加速整个学校改进的速度,并在一定程度上充当着改革催化剂的作用。"②

2. 美国的学校特色发展

美国的学校特色发展是在传统的功利学校之外出现的新型的办学模式,旨在激励公立学校增强竞争力,促进教育教学质量的提高,满足公众多元化的教育需求,政府给予特色学校以政策、资金和法律等方面的支持。这些新型的办学模式主要有磁石学校、蓝带学校、契约学校、特许学校和家庭学校等。这些新型办学模式的特色主要体现在以下几方面:

一是课程特色。如磁石学校是以特色课程和比较灵活的教学方式来吸引家长和学生。与其他学校相比,磁石学校为了满足有特殊兴趣和特别能力学生的成长需要,专门开设了如音乐、戏剧、计算机等一些专长课程。磁石学校包含天才学校、外语学校、科技学校和艺术学校等类型,侧重于根据学生的兴趣和特长,提供相关的课程。

二是学习方式特色。如家庭学校,它打破了传统的在学校由学校教师组织学习的方式,学生在家由符合政府规定条件的家长在家教自己的孩子学习。随着网络等现代信息传播技术的出现,家庭学校这样的学习方式大量地出现。

---

① 成立于 1944 年的英国教育部,1964 年更名为教育与科学部(Department of Education and Science),1995 年更名为教育与就业部(Department for Education and Employment),2001 年又更名为教育与技能部(Department for Education and Skills)。2007 年 6 月,戈登·布朗(Gordon Brown)首相上台后对教育方面改革的一个重大举措就是将原来的教育部一分为二,即重组并拆分成为儿童、学校和家庭部(Department for Children,Schools and Families)和创新、大学和技能部(Department for Innovation,Universities and Skills)。

② 张羽寰,孟伟,李玲.从"特色学校"到"自由学校":英国多路径改进薄弱学校政策述评[J].上海教育科研,2012(06):31-32.

再譬如学校规模小,实行小班化教学的特许学校,在课程开发、教学方法、人员聘用和行政管理上享有更大的自主权,更适合开展富有特色的教学活动。[①]

三是办学主体特色。如特许学校,它虽是公立学校,但由教师团体、社会组织、企业集团或教师个人与当地的教育局根据相关的约定签约举办,特许学校需要承担一定的责任,提出明确的办学目标,学校如果不能完成合约,办学的特许权就将被终止。这类学校有较大的办学自主权,容易形成自己的特色,有助于促进公立学校改革弊端,因此受到了来自从总统到普通百姓的肯定。

(二)外国学校特色发展的启示

第一,学校特色发展是学校发展的策略(方式、手段)之一,具有部分(如课程)和整体之分。英国的学校特色发展由"学科特色"走向整体特色,那么这个整体的特色是什么?是文化的还是别的什么,在文献中没有具体说明。但加拿大温哥华的戴维斯·汤普森中学(David Thompson Secondary School)的特色办学理念是"CARES"(关怀),学校将"CARES"这个单词的每个字母分解,提出了沟通、负责、尊重、鼓励、安全五个方面的要求和目标(见表2.5)。

表 2.5　温哥华戴维斯·汤普森中学办学理念的要求和目标

场合	C	A	R	E	S
	Connection 联系 培养基于共享关系的归属感	Accountability 负责任 我们对自己的行为负责	Respect 尊重 我们关心自我、彼此和社区	Encouragement 鼓励 我们支持和赞扬积极的努力	Safety 安全 我们确保所有人的健康和幸福
所有场所	促进参与和参加学校活动建立信任关系举报欺凌和骚扰	为我们在汤普森社区的行动承担责任通过道歉、修理或替换来弥补	遵守校规尊重不同的文化/民族尊重个人空间尊重财产与环境	鼓励和支持他人的积极选择对学校和学习持积极态度	随时遵循员工的指示了解并遵守紧急程序确保是无武器学校为遇险者提供帮助

①　曹大辉,周谊.英、美两国特色学校初探[J].天津市教科院学报,2006(02):60.

续表

场合	C	A	R	E	S
教室里	参加班级活动有创造性地与他人工作问深思熟虑的问题	有责任心地学习并且参与我们的工作,且乐于与团队合作遵守班级的行为准则	积极认真地听讲践行学业诚信预习并且准时上课	以积极交流为榜样奖励努力者倡导学习	学习,理解并遵守班级的安全规则知道教室的疏散路线学习如何使身体健康做出安全的选择
礼堂/公共区域	彬彬有礼	使用所有人都能接受的语言报告攻击性或社会上不可接受的行为保持公共区域清洁	尊重个人空间保持学校清洁使用回收容器	使用得体的语言鼓励他人使用得体语言	以适当的速度行走保持门廊、通道和楼梯畅通
校外/社区	通过社区服务促进学习为我们学校而自豪	在社区和其他学校承担代表学校的责任让我们的社区远离垃圾,尊重私人财产	关心我们的社区关注社区成员保持我们的社区清洁	鼓励朋友维护社区标准	向成年人报告不安全行为遵守交通规则(法律)
在集会上/在表演时	充分注意演讲者和表演	展示得体的礼仪,使别人尊重我们的期望脱帽关掉手机,避免使用其他电子设备	全神贯注地倾听对所有的演出都保持积极的态度(不管我们的个人品位如何)	以适当的方式欣赏表演者	有序进出坐在指定区域
利用网络空间技术	在交际中礼貌和尊重地访问学校信息举报网络霸凌	在线上对我们自己负责尊重他人的隐私和声誉,避免发布破坏性的、不真实的或误导性的信息	尊重学校的手机规定以合法的、正面的目的使用互联网	鼓励并参与技术使用的研讨	保护个人信息避免危险和可疑区域

续表

场合	C	A	R	E	S
跳舞时	友好待人享受乐趣的同时确保他人参与和娱乐	穿着得体远离摇头丸与过量饮酒以恰当的礼仪跳舞,如不要吱吱嘎嘎作响	尊重个人空间穿着得体,遵守有关校规	鼓励他人跳舞与娱乐鼓励积极交流	保证我们的社区安全并汇报不安全行为尊重他人,在拍照或录像前要征求同意

第二,学校特色发展侧重于课程特色,着重培养学生的特色技能。在国外,特别是英国式的学校大都是综合化办学,为学生的技能学习打下基础,重视学生的差异,校本课程开发有针对性,提高学生成绩,扩大学生特色科目的学习机会,为学生的特色科目学习提供实践机会,提供有效的方法使学校与本地区其他学校及社区分享优秀实践,体现学校特色发展的课程从学生的兴趣和特长出发进行开发,具有较强的针对性。由于学校办学的综合化,普教、职教和特教等类型办学整合于一体,学生在初中就可进行分流,有的学生在八年级就开始学习汽车维修、木工、钳工等技能型课程,有的学生选择的是学术性课程。学校的特色比较明显地体现在课程上。

第三,学校特色办学与社区联系紧密。学校的特色立足于社区,满足社区居民发展的需要。学校与社区的互动紧密,每个学校带有很深的社区印记,社区中心等公共活动场所也是学校学生的运动场所,学校是社区的学校。学校特色发展与社区紧密联系在一起,可以说学校特色是与生俱来的,体现在学校特色发展的理念和课程也来自学校所处社区的实际,体现的是社区居民整体的发展需求,社区居民层次不同,学校开设的课程也不同。

第二节　区域推进学校特色发展的相关研究

李建国认为:"区域推进学校特色发展是指在教育行政部门的指导下,统筹规划,整体推进,分类指导,在区域范围内充分发挥基础教育学校自身的优势和辐射作用,'以点带面,以面带点',形成区域基础教育学校特色发展的合力,整体提升基础教育学校的教育质量与特色建设的能力,最终实现区域基础教育的优质特色发展。"①基于文献分析发现,开展区域推进学校特色发展实验的主要有重庆市各县区、上海徐汇区和闵行区、深圳龙岗区、贵州遵义市、福建上杭县、无锡锡山区等。

一、区域推进学校特色发展的作用

有的区域学校特色发展是为了应对诸如区域经济迅猛发展、外来人口大量涌入带来的教育规模扩大对教育质量提升提出的要求,还有的区域推进学校特色发展是为了通过地方政府的主导作用,促进学校认识并优化自己的个性,为学生提供能促进他们全面而有富有个性成长的机会,使之成为促进学校自主变革的动力,加快区域学校内涵式均衡发展。概括起来,区域推进学校特色发展"是深入实施素质教育的现实要求;是维护和促进教育公平的有效途径;是实现校本化自主发展的重要举措;是增强区域教育发展活力的理性选择"②。

二、区域推进学校特色发展的机制

(一)组织机制

建立多方联动的组织机构,建立"教育行政—教研机构—基层学校"多元合作的推进工作机构,③统筹区域学校特色发展的推进工作,使特色学校建设工作持续、稳定推进。

(二)导向机制

首先是政策导向。如制定《关于中小学特色学校建设试行意见》《关于进

①　李建国.区域推进学校特色发展的思考与实践[J].湖南教育,2012(05):48.
②　吴洪明.区域推进特色学校建设的实践研究[D].辽宁师范大学,2011(03):06-08.
③　刘静波,鲍远根.特色学校创建:深圳龙岗区推进特色学校创建的系统思考[J].中小学校长,2012(01):37.

一步推进全区中小学特色学校建设的方案》《特色学校创建实施方案》等政策文件,鼓励引导学校走特色发展道路,规范和强化学校的特色发展。其次是资金导向。区教育行政部门通过设立学校特色发展专项资金,把资金投向开展学校特色发展活动的学校,引导、鼓励和支持学校特色发展。

(三)评价机制

制定特色学校建设评估标准,通过定期或不定期到学校开展学校特色创建工作的督导、评估活动,促进区域内学校的特色发展,发现和解决学校特色发展中存在的问题,引导学校特色发展的制度化和规范化。评价重点考察学校的办学理念、办学模式、队伍建设、课堂教学和教育管理等内容。

三、区域推进学校特色发展的策略

(一)抓关键环节和骨干队伍建设

主要通过推动学校明晰学校特色发展的灵魂——办学理念、课程建设、相关活动和骨干教师队伍建设等关键环节促进学校特色发展。开展校长专题培训、组织校长到学校特色发展先进地区以及境外学习考察、举办论坛、邀请专家讲学等形式,提高校长的决策力、领导力和执行力;采取专家讲座、主题研讨、案例分析、交流切磋和经验学习等方式,开设与学校特色发展相关的课程,培养和提高骨干教师的角色意识、研究意识和实践能力;区校联动,把培养教师的个性特长和独特的教学风格作为教师专业发展的重要内容,促进教师个性风格和教学特长的形成。

(二)致力于学校自主实践

学校是学校特色发展的主体,既是实施者,也是受益者。区域推进一般要求学校自主开展学校特色发展调研,盘点学校所处的社区资源、办学基础和优劣危机,明确学校特色发展方向,并在此基础上制定学校特色发展方案,以学校文化重构为主线,以学校优势为突破口,以课堂教学特色创生为重点,提升落实方案的执行力,及时总结提炼实践经验的学校自主变革活动。①

(三)致力于创建区域推进协作联盟

为增强区域内学校特色发展的互动协作,组建特色学校联盟。一是根据学校特色发展的主题进行整合,形成"文化类""诵读类""艺术类""活动类""科技类"等协作联盟,通过开展"推进会"等活动,实现整体式群组推进。二是建立校际协作机制,根据区域内学校特点,形成"强校＋弱校""城区＋村校""中心校＋一般完小"的校际联盟,通过校际深度互动,实现观念、文化、思路的引领。②

(四)开展区域推进学校特色发展重大项目

上海闵行区从 1999 年开始,引进和推广"新基础教育"这一重大项目,在叶澜教授为首的专家团队引领下,闵行区一大批学校形成了具有"新基础教育"理念和专家指引下,形成了具有"新基础教育"理念和自身实践特点的特色学校,带动了整个区域教育内涵的提升,在一定程度上促进了学校自身的发展。③

纵观各地区域推进学校特色发展活动可以发现,它既是基于区域政治、经济发展和人口变化对教育质量提升提出的要求,也是为了解决区域内教育均衡和教育公平的需要。虽然区域教育发展的最终目标落在了学生身上,也起到了促进学生个性发展的作用,但在学校特色发展的政治价值、效率价值、人的全面发展和公平价值等几个方面的价值排列中,人的全面发展价值往往没有得到足够的重视。因此,区域学校特色发展的发动者和引导者多是政府,而政府的主导价值往往是希望推进工作效率提升,随之带来了功利化和运动化现象,表现在对学校特色发展这种需要长期发展才能呈现出风貌的教育现象往往希望能在短时间内出现明显的效果,因而推进过程经常出现运动化的现象,缺乏研究的耐心。区域内学校特色发展的起点不一,层次和路径也就各不相同,现实中区域推进学校特色发展的设计却缺少这方面的关注和指导,有的

---

①　刘开文.区域性推进特色学校建设的研究与实践[J].教育理论与实践,2011(11):24.

②　王如信.加强区域推进 提升特色品牌[J].福建教育,2013(12):28.

③　顾新颖.中小学特色学校形成路径研究:上海市闵行区特色学校创建之路[J].基础教育研究,2011(5A):14.

也流于形式,使得区域推进学校特色发展又出现了新的同质化倾向。另外,对学校特色发展中办学理念的梳理和凝练往往是在教育行政部门或各级专家设计指导下直接生成的,缺乏学校自己"内生"的过程,使学校特色发展的核心——学校特色办学理念对学校特色发展实践的相关度不够密切。

第三节　学校特色发展与学校改进的关系研究

一、关于学校效能的研究

学校效能与学校改进研究自 20 世纪 70 年代开始以来,进行了长期大量的实证研究,包括大规模的跨国调查研究、小样本研究、个案研究、多元模式分析等,发现和验证了提高不同层面学校效能的因素,并上升为理论。如 1979 年由美国黑人教育家埃德蒙兹(Ronald R.Edmonds)所总结的学校效能六因素:强有力的行政领导,对学生的高期望,有序安静的学校氛围,学生学习的优先性,学校资源和精力朝向重大目标,学生进步程度的评价。[①] 范德伯格(Van Der Burg)于 1987 年调查研究了家长关于"有效学校"特征的认识。家长们集中描述了"有效学校"的标准:(1)安全有序的环境;(2)学生进步的频繁监控;(3)强调基本技能;(4)学校气氛;(5)学校的使命感;(6)时间的有效使用;(7)高期望值;(8)考虑学生的社会经济背景;(9)充足的设备;(10)父母参与;(11)强有力的领导;(12)学校的发展目标;(13)学校服务支持。

家长们把"强有力的领导"作为"有效学校"的首要标准,而把"学校的发展目标"排在第六位,而小学生家长则将"父母参与"排在"有效学校"标准的第四位。[②] 虽然人们对有效学校本质的看法各不相同,但"有效学校"能更有效地教育来自不同家庭背景的学生的事实表明,学校要达到有效的标准是可能的。

---

① 孙河川.教育效能与学校改进研究的引领者和推动者:国际学校效能与学校改进学会[J].比较教育研究,2009(03):82.

② 谌启标.美国"有效学校"述评[J].教育研究与实验,2003(01):35.

美国的有效学校运动使人们认识到,学校的改善不仅要强调学校办学条件的改善,而且要注重教学过程的改善,学校的学习气氛、教学过程的方式以及课堂中的教学行为对学生的学习成绩有很大影响。由此,针对有效学校的研究成果,人们提出了学校改进的模式,并积极进行了学校改进的实践。

二、关于学校改进的研究

费尔岑(Van Velzen)认为,学校改进(School Improvement)指在改变一所或几所学校的学习条件或者内部条件时所进行的系统而持续的努力,其最终目标是更有效地实现教育目的。[①] 世界经合组织的教育研究发展中心也基本持相同的立场。这个定义强调"学校改进是一种教育变革的方法或策略"。[②] 费尔岑认为学校改进具有"把学校作为变革中心;系统的变革;聚焦学校内部条件的变革;更有效地完成教育目标;多层次的观点;整合的实施策略和最终走向制度化变革"[③]等特征。

学校改进的实践与研究告诉我们,学校改进是一个立足于学校发展需要解决的问题,整合各种不同层次的力量和资源,推进学校向优质发展的整体的系统性变革过程。这个过程是学校基于共同愿景,在政府的规划和督导、教育专家的理论指导和教育部门的政策规划等,为学校改进提供政策和理论的引领,建立起包括校长、学校中层、教师等学校成员构成的学校改进共同体,开展"包括问题分析、计划制订、实践行动、集体认同和反思改进等五个基本流程"[④]的改进活动,塑造集体认同感以及与之相适应的文化传统的学校改进工作。比较典型的是东北师范大学马云鹏教师领衔的专家团队在辽宁鞍山建立起来 U-A-S 三方合作的学校改进模式,开展学校文化建设,学校课程改进,优

① David Hopkins. The Practice and Theory of School Improvement：International Handbook of Educational Change[M].New York：Springer,2005：8-9.

② 胡定荣.学校改进：认识边界、历史逻辑与前进方向[J].中国教育科学,2016(03)：93.

③ David Hopkins. The Practice and Theory of School Improvement：International Handbook of Educational Change[M].New York：Springer,2005：8-9.

④ 田养邑.学校改进的"源"与"流"及其意义生成[J].教育探索,2015(06)：12.

质高效课堂建构,促进教师和校长专业发展的学校改进工作。①

纵观近 40 年来,国内外关于学校改进与研究的历程,我们可以看出:学校改进与学校所处的时代背景是息息相关的,是时代发展的要求。学校教育的公共教育事业属性,决定了学校改进不仅涉及学校教师、学生、家长和社会利益者的改变,"除了政府、学校管理层参与学校改进的各个环节之外,利益相关者也应参与学校改进的过程,在管理上吸收各方的建议,多元合力创建优质学校"②,学校改进的目标是促进学生学业成就的发展。进入 21 世纪,世界各国都不仅关注学校改进怎么更有效的过程,也关注结果,扬长避短,有效学校改进机制、整合学校效能与学校改进成了学校改进的重点之一。

三、学校改进与学校特色发展的关系

学校改进是解决发展中存在的问题,是学校改变薄弱的现状走向优质发展的路径。学校改进工作需要找出影响学校发展的各种消极因素,改进管理方式,寻找学校发展方向,形成积极向上的学校文化,促进学校健康可持续的发展,使学校办学的各方主体:学生、教师、校长等获得共同的成长,最终实现学校的整体发展。从学校改进的视角来看待学校发展,任何在学校实施的旨在提高学生学习成效、改变学校学习条件的变化都是学校改进的一部分。③学校特色发展是学校根据自己的办学基础,对学校开展的符合实际的个性化发展实践,因此,学校特色发展也是学校改进的一种重要方式。学校特色发展作为学校改进的一种重要方式,同样也是优化学校内部各种办学资源配置,发动各方力量实践和落实学校的办学理念,发扬优势,解决问题,朝着"好"学校或者有效学校(effective school)迈进的过程。

---

① 马云鹏,金宝等.三方合作与支持:学校改进的 U-A-S 模式探索[M].北京:教育科学出版社,2013.

② 丁娴,徐士强.美国学校改进项目变革模式分析:基于有效学校改进综合框架[J].上海教育科研,2017(07):54.

③ 陈丽,李希贵,等.学校组织变革研究:校长的视角[M].北京:教育科学出版社,2013:19.

第四节　学校特色发展研究的不足

第一,实践研究多,理性思考不足。目前,有关学校特色发展的研究,多数是来自教育一线的实践经验和总结,就事论事的多,以实践为基础进行分析和思考的多,虽然对基层学校特色发展实践具有一定的参考价值,但整体研究层次较低,学理研究有待加强。对学校特色发展内在规律性的理性思考不足,影响了学校特色发展经验的进一步推广。

第二,理论认识割裂零碎,系统整体认知不够。学校特色发展是一个内涵比较丰富的概念,包含学校"办出各自的特色"的多种路径和形态,但实际研究中更多的是停留在"学校特色"或"特色学校"层面上的探讨,缺乏系统、整体的思考,学校特色发展的实践处于零碎和割裂的状态。关于学校特色发展的评价虽然也考虑了诊断性功能,在实践中却更多地倾向于结果性评价,呈现出点状的简单思维的特征。

第三,实践中随机性和功利性比较明显,缺乏研究意识。学校特色发展实践活动的开展处于随机和"应然"状态,多以问题解决的方式在推动,缺乏对问题背后的深层次问题的追问和研究,研究意识不足。

第四,区域推进机制中学校强调"借力"的多,"内生动力"激发不足。目前的区域推进实践,多以教育行政或者专家为主导,且处于比较强势的地位,结果导致要么是教育行政整齐划一地强力推动,短时间内通过开展各种特色评估,催动区域内学校特色发展的加速,带来急功近利的副作用,要么专家带着自己对教育的独特理解和思考来指导学校的特色发展实践,从而使学校特色发展更多的是在践行专家的教育思考和理念,忽视了学校原来的发展基础和发展需求,对学校特色发展"内生力"的激发严重不足。

第三章　学校特色发展的理论认识

第一节　学校特色发展的理论基础

一、概念界定

（一）特色

《现代汉语词典》中对"特色"的解释："事物所表现的独特的色彩、风格等。""'特色'这一词的内涵应具有优秀、独特及出众之意,优秀是从质的方面来说,独特即从多样性的角度来说。"[①]大家一般认为"特色"指独特、特别、突出、出色与优异,通常是与众不同、人无我有、人有我优、人有我精,是一种与别人差异化的表现,但差异本身并不一定能成为特色,在差异化的基础上决定特色的是"优异的差异"和"有竞争力的差异"。

从马克思主义哲学原理角度看,"特色"这个概念的背后蕴含着个别与一般、特殊与普遍的辩证关系,讨论的是个性与共性、特殊性与普遍性的相互包含问题。"特色"在本质上属于个性与特殊性的范畴。共性存在于个性之中,

---

① 　胡方,龚春燕.学校变革之特色学校发展战略论[M].重庆:重庆出版社,2008.72.

个性包含共性并表现共性,个性的优化又会丰富共性。① 例如,所有的学校都要贯彻党和国家的教育方针,这是共性,但每一所学校根据各自的办学历史和学校实际会有各自不同的实施路径和实施方式,这就是个性,也就是特殊性。

(二)学校特色发展

所谓学校特色发展是学校根据党的教育方针,为了实现学生全面而有个性的发展目的,立足于学校办学历史和现实,提出符合学校发展实际的特色办学理念,并将理念渗透到学校办学的各个层面,优化学校资源配置,发挥学校办学优势,弥补学校办学短板,解决学校办学发展问题,促进学校内涵发展,实现学校走向可持续优质发展之路,使学校呈现出独特的个性风貌的发展模式。从本质上来说,它是学校改进的策略,也是学校内涵发展的路径。

在短期内看,学校特色发展是学校办学发展的实践路径,但从长期看,学校特色发展又是学校发展的奋斗目标,学校特色发展既是过程也是结果。在实践中,学校特色发展有三种层次:一是基于专门技能培养的特长学校,如体育学校、音乐学校等;二是在办学过程中某一方面局部的工作特色,是"学校特色"或"特色项目";三是特色学校,指学校整体上呈现出来的个性风貌,主要表现在学校文化层面的特色,是学校特色发展的高级阶段。专门技能培养的特长学校,需要特殊的政策、人力和物力保障,不是普通学校可学习的,因此不在本书讨论的范围。

二、概念关系

要深入认识学校特色发展,还需要厘清以下几对关系:

(一)学校特色发展与学校发展的关系

学校发展是学校改进的目标,以学校办学质量提升为根本目的,是学校育人成果走向优化的表现。学校发展的方式可以是整体改革,也可以是局部优

---

① 肖前,黄楠森,陈晏清.马克思主义哲学原理[M].北京:中国人民大学出版社,2010:131-132.

化;既可以从办学理念着手并落实在学校办学的各个环节和层面上,也可以从学校的课堂教学、德育活动、课程开发、教师成长等着力点来推进。学校特色发展是学校发展的方式之一,是学校整体改革的一种模式,它是在尊重学校办学历史的基础上的个性化的发展方式,其关键是认识学校办学基础,提出符合学校实际的办学理念,并用于指导学校办学各个方面的整体改革发展方式。

(二)学校特色发展与学校特色和特色学校的关系

学校特色发展是学校"办出各自特色"的统称,它包含学校特色和特色学校两个不同的发展层次。学校特色指学校在办学过程中逐步形成的独特的个性风貌,是学校的局部特色,也可称为特色项目,通常大家所称的篮球特色、艺术特色、德育特色等均属于此类。特色学校是学校办学过程中形成的整体特色,是学校在文化上体现出来的特色,是学校在认识了自己办学起点的基础上,提出符合学校实际的特色办学理念,并在特色理念指导下优化学校办学资源,促进学校各方面工作形成发展合力,从而呈现出整体的个性风貌。可以说,学校特色是学校特色发展的初级阶段,特色学校是学校特色发展的高级阶段。

(三)学校特色发展与学生全面而有个性发展的关系

学校发展的根本任务是培养人,学校特色发展的根本任务是培养全面而有个性的学生,学校之所以选择特色发展路径,并不是为了特色而特色,也不是为了追赶时髦,而是在尊重学生个性的基础上,寻找符合学校办学个性的办学路径。学校特色发展不仅体现在学校的办学风格上,最重要的还要体现在育人的效果上,即学校特色发展是否实现了学生全面而有个性地发展。因此,学校特色发展最本质的内核是要促进学校达成优质的办学成果,并在此基础上形成独特的整体的个性风貌。

三、学校特色发展的不同发展形态及关系图

在实践中,学校特色发展有不同的发展形态,有来自外部力量驱动而开展的学校特色发展,也有学校自主内生、自然形成的学校特色。来自外部力量驱

动的学校特色发展主要是来自教育行政或教研部门等机构的要求,通过推动学校走特色发展之路,区域内学校走上优质发展的道路,特色发展的目标比较明确;学校自主内生、自然形成的学校特色还可分为学校基于自主发展需要而有意识开展并自觉追求的特色发展以及学校特色发展目的不甚清晰但基于个别教师对某些教育情怀或教育追求而呈现出来的个性发展特征,它大多是无意识的、自然形成的学校特色。

本书研究的是以区域行政和教育行政部门为主体共同推动区域内学校整体开展学校特色发展工作,促进学校在整体上实现既独特而又有品质的发展。但不管是什么形态的学校特色发展,其内容是相同的,有局部的特色,就是通常意义上的特色项目,有整体的特色,就是我所说的特色学校。局部的特色通过不断地提升发展能走向整体的特色,而整体的特色也会在学校的物质、行为、制度和精神等学校文化内容上得到体现,并落实在学校办学的具体环节上,以上所表述的这些关系可以用图 3.1 来表示。

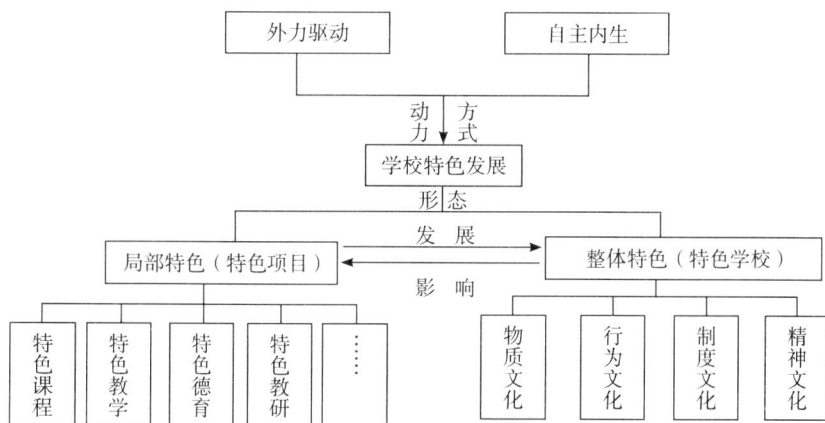

图 3.1　学校特色发展关系图

四、学校特色发展的理论依据

学校为什么要特色发展? 学校不特色发展可以吗? 马克思主义哲学原理

告诉我们:"矛盾是事物发展的动力。"① 第一章已从社会发展对教育发展提出的要求、教育发展趋势、学校特色发展动态及我自己的研究情况等外部环境的变化和需求,分析了学校特色发展的必要性。但仅从这些方面的分析就判定学校特色发展的必要性是远远不够的,"外因是变化的条件,内因是变化的依据,外因通过内因而起作用",②"内因是事物发展变化的根据和第一位的原因"。③ 因此,判断学校特色发展的必要性,更需要我们从教育自身发展的内在规律中去探寻。

(一)个性发展理论

马克思主义关于人的全面发展的学说认为,所谓人的全面发展,指人的体力和智力的充分、自由、和谐的发展。习近平总书记在 2018 年 9 月 10 日全国教育大会上提出要"培养德智体美劳全面发展的社会主义建设者和接班人",因此促进人的全面发展是教育的首要任务。但很多人把人的全面发展片面地理解为平均发展、标准化发展,忽略了学校教育对象是一个个活生生的、独一无二的、具有多样性特征的生命个体。

个性发展,就是在个性差异的基础上发扬自觉性、积极性、主动性,根据人才成长规律和社会发展需求,对学习内容、学习方法、发展方向做出科学判断、准确选择,从而使个体的潜力得到发挥和张扬。个性的形成发展是其精神力量、思想、情感、意志、性格、情绪、才能等因素作为整体发展的过程。个性中的一切特征、品质共处于统一体中,在相互联系中发展。马卡连科(Anton Semiohovich Makarenko)曾说过,"个性发展不是一部分一部分进行的,个性成长具有完整性和多面性"。④ 苏联心理学家列昂节夫(Alexei Nikolaevich Leontyev)说,"个性的概念表现着生活主体的整体性","它是一种特殊的整体形成物"⑤。叶澜教授也指出,"要承认人的生命是在具体个人中存活、生长、

---

① 肖前,黄楠森,陈晏清.马克思主义哲学原理[M].北京:中国人民大学出版社,2010:177.

② 毛泽东.毛泽东选集:第 1 卷[M].北京:人民出版社,1971:277.

③ 肖前,黄楠森,陈晏清.马克思主义哲学原理[M].北京:中国人民大学出版社,2010:178.

④ 班华,李太平.个性发展与个性教育[J].江西教育研究,1997(01):8.

⑤ 列昂节夫.活动 意识 个性[M].李沂,等译.上海:上海译文出版社,1980:127-128.

发展的;每一个具体个人都是不可分割的有机体;个体生命是以整体的方式存活在环境中,并在与环境一日不可中断的相互作用和相互构成中生存与发展",“具体个人是具有唯一性、独特性,又在其中体现着人之普遍性、共通性的个人,是个性与群性具体统一的个人"。①

个性是通过教育形成的,但不是任何教育都能促进良好个性的形成,个性教育可以通过各种教育教学活动实施,但不是任何的教育教学活动都是良好的个性教育,只有自觉地有意识地培养积极个性品质的教育教学活动才真正有助于个体健全、个性成长。个性是在活动基础上形成的。个性的整体性和多面性特征要求教育也要具有多模式、多功能,作为个性教育的活动应有内在的丰富性和多样性。孔子提出的“有教无类"就是面向全体学生,但不会因为学生个性基础的差异而平均施教,而是“因材施教",重视发展学生个性。《基础教育课程改革纲要》指出,新课程以“为了每一位学生的发展"为根本宗旨,将“选择适合教育的学生"的观念转变为“创造适合学生的教育",促进学生积极、主动地发展。

每个教育对象的个性都是不同的,潜能也不同,有的逻辑思维强,有的艺术思维强。不同思维特点的人,其成才方向是不同的,学校教育的任务一方面要为每个人的发展奠定一个较为全面的共同的素质基础,另一方面还要发挥每个教育对象的潜能和优势,实现对每个学生的个性化培养。这就要求学校教育在重视人的共性发展的同时重视人的个性发展,在重视人的普遍性的同时重视人的多样性,在重视统一要求的同时重视人的潜能发展,重视人的变化性、可能性,不能用整齐划一的教育去面对多样化的儿童,学校只有多样化、特色化才能满足不同孩子的教育需求。

同时,随着社会的发展,社会公平作为社会文明发展的重要标志,越来越受到人们的重视。教育公平是社会公平的基础,为每一个学生的发展服务,为每一种类型学生的发展服务,是教育公平的根本追求。学校提供适合的教育、促进学生个性发展是学校特色发展的内在逻辑,也是学校发展的基本规律。

---

① 叶澜.“新基础教育论":关于当代中国学校变革的探究与认识[M].北京:教育科学出版社,2014:225.

(二)校本管理理论

校本管理(School-Based Management,简称 SBM),是在西方国家始于 20 世纪 70 年代,流行于 20 世纪 80 年代学校改革运动中出现的一种新的教育管理模式,是教育分权化的表现形式。校本管理理论认为,给学校更多的管理权利,能够激发学校组织中专业人员的积极性,推进学校持续改进和学生的可持续发展。我国分别在 20 世纪 80 年代和 90 年代提出"校长负责制"和"三级课程管理体制",这是校本管理体制改革的中国版本。①

校本管理包含两层含义:第一,在课程设置、人事安排、财政预算、资源分配等各个方面的决策权从上级部门下放到学校,学校成为自主决策、自主发展的办学主体;第二,校长、教职员工、学生、家长、社区人士等与学校联系紧密的各相关利益者都有权参与学校的决策。校本管理的运作有"行政控制模式(校长决策模式)""专业控制模式(教师决策模式)""社区控制模式(家长一社区成员决策模式)"三种模式;②校本管理主要包括"政府把相关权利下放到学校,实现自身职能的转变""学校拥有更大的办学自主权,承担了更多的教育责任""改革了学校内部管理体制,促进了学校内部的民主决策"等三个方面的机制。③

向校长赋权是世界教育的发展趋势。邬志辉认为,"以校长为主体,赋予校长必要的办学自主权,使校长能依法自主管理和使用经费,自主选聘和使用教师,自主招收和教育学生,自主规划和设计学校战略,自主探索和构建学校文化,自主选择和开展教育科研,积极促进学校发展"④为内容的学校自治化改革正在全世界范围内兴起。随着教育管理重心下移,学校办学自主权加大,学校办学主体日益多元化,要求校长要像教育家一样办学,积极探索多样化的办学模式,形成多样化的办学特色。突破原有单一模式,形成学校特色,有助于激发学校的活力,促进学校高质量有特色地发展。在推动义务教育均衡发

---

① 邬志辉.现代教育管理专题[M].北京:中央广播电视大学出版社,2008:93-94.

② 苏天高.校本管理的理论及运作模式[J].湖北经济学院学报(人文社会科学版),2007(08):52.

③ 邬志辉.现代教育管理专题[M].北京:中央广播电视大学出版社,2008:98.

④ 邬志辉.现代教育管理专题[M].北京:中央广播电视大学出版社,2008:68.

展的过程中,由学校特色不同形成的学校差别为学校之间的竞争带来了活力,为学校的可持续发展带来了动力。

学校自治化变革背景下出现的权利下放和校本管理,也让社会对学校提出了"教育家办学"的期望。所谓教育家办学就是以教育家的情怀、智慧、激情、调研等实实在在的行为,按照教育规律和学生身心发展规律去办学。由于每个学校所处地域、社区环境、生源基础、历史传统、师资结构等各不相同,就要求校长必须从实际出发,像教育家那样提出自己独立的有针对性的教育思考和有情怀的教育追求。校长要成为教育家,就必须尊重教育规律、尊重学生成长规律,在此基础上,按照国家的教育方针,针对自己学校的实际和对未来教育发展方向的理解,提出独特的办学思想。可以说,有什么样的校长就有什么样的学校。一个区域内不同的学校、不同的校长,办学肯定不一样,即使国家开展学校的标准化、均衡化建设,学校的办学也会因办学主体的不同而彰显不一样特色。

(三)教育选择权理论

近年来,教育选择权理论研究逐渐受到了人们的重视。雅斯贝尔斯(Jaspers)认为,"全部教育的关键在于选择完美的教育内容和尽可能使学生之'思'不误入歧途,导向事物的本源。教育活动关注的是人的潜力如何最大限度地调动起来并加以实现,以及人的内部灵性与可能性如何充分生成,换言之,教育是人的灵魂的教育,而非理智知识和认识的堆积,通过教育使具有天资的人,自己选择成为什么样的人,以及自己把握安身立命之根"。[①] 当前,人们对教育选择权的认识已经从认识的层面迈向了行动的层面,在这个过程中,个性化的需求为教育选择权的形式注入了活力。

教育选择权论争主要在义务教育阶段,这是因为这个阶段的学生还未成年,他们的教育选择权多落在家长或监护人身上,但是义务教育阶段的就近入学或划片招生等政策执行的特性,以及优质教育资源的稀缺性,又让家长在行使教育选择权的时候受到极大的束缚。这样的矛盾在 20 世纪 80 年代以后愈

---

① 雅斯贝尔斯.什么是教育[M].邹进,译.北京:生活·读书·新知三联书店,1991:3-4.

发激烈。为应对社会及家长对义务教育阶段教育选择权的诉求,世界上许多国家纷纷采取了各种不同的策略。从 1990 年以来,"综合先进国家的做法,大致可分为公共选择走向(public choice approaches)与市场选择走向(market choice approaches)两大类",①公共选择走向比较侧重于学校内部的改进,市场选择走向重视学校外部环境的改造,通过开放教育市场手段达到促进竞争与改革的目的。自主(多元)作为世界上各国教育政策与制度更迭的普世价值观之一,牵涉到受教者在教育类型选择的自由程度(freedom of choice)。"自主之诉求往往与'多元'之理念相结合,因此国家如果能够提供多元教育机会,家长自会根据子女需求,铆足全力为子女选择最适合的形式,以追求最大私人利益(private benefits)。"②

在我国,教育选择权的解决主要是对公立学校的改革。袁振国教授提出,"助推选择性教育的改革需要观测三个原则,即'有个性无好坏'、'有差异无差距'、'有类型无等级'"。③ 根据这三个原则,学校通过特色发展,满足家长对教育的不同需求,因此在提供教育选择性机会上有很大的作为空间。社会发展对人的素质要求发生了变化,后工业时代对教育提出了挑战。知识更新的速度加快,职业要求的日新月异,社会生活的丰富多样,这些都要求学校教育培养多种类型的人才以满足社会需求,从而要求学校突破单一模式,形成各具特色的学校格局。家长有为自己的子女选择教育的需求,学校必须努力提升自己的办学特色与教育质量,只有这样才能吸引更多的适合的生源。在新时代,"办人民满意的教育"已经有了不同的内涵。过去很多家长送孩子上学就是为了学习知识、升入高一级优质学校。但是,随着社会的发展和进步,家长对孩子接受教育的价值取向已经不仅是升学了,还提出了尊重个性、提升素质的新要求。我们在前期的调研中发现,有些家长明确提出希望孩子健康快乐,要成长为一个完整的人、健全的人,希望孩子活成他自己、干他自己想干的事。特别是厦门市思明区地处中心城区,经济比较发达,家长的文化程度比较高,对子女教育期望也非常高,希望孩子有更好的发展。如果我们的学校不能满

---

① 秦梦群.教育选择权研究[M].台北:五南图书出版公司,2015:47.
② 秦梦群.教育选择权研究[M].台北:五南图书出版公司,2015:56.
③ 袁振国.为什么把教育可选择看得如此重要?[EB/OL].[2019-09-10].http://www.sohu.com/a/16527836_105067.

足他们的需求,他们就会因为学校不适合孩子而择校,如果学校无法满足家长的诉求,那么他们就会选择能满足其诉求的学校。由此可见,学校特色发展是社会变迁向学校提出的新要求,学校如何适应这种教育需求的新变化,引导家长形成正确的学生观、人才观、发展观成为学校教育发展迫切需要解决的课题,学校特色发展正是为了适应这种新变化和新需求才应运而生的。

第二节　学校特色发展的本质是特色文化建设

胡方等人认为,"学校文化是由全体教师员工共同创造并积淀下来的,影响学校所有成员的价值观念、行为规范及物化环境的综合体,它通过学校的教育理念、教学行为、管理行为、环境设施等各种方式体现出来"。[1] 学校文化的结构包含精神文化、行为文化、制度文化和物质文化四个方面。

学校特色发展是什么? 有人认为是局部的、项目的发展,是学校在优势项目发展的基础上呈现出来的独特的个性特征,也有人认为是学校在先进教育理念指导下,经过长期的教育实践形成的整体的个性气质特征。这种整体的个性气质特征又是什么呢? 有的认为是"教育思想、教学手段和办学风格",有的认为是"办学气质和办学风格",还有的认为是"优良独特的学校文化品质",是基于学校整体的发展,这些观点和论述,在第二章中已经做了相关的梳理。学校通过特色发展会最终形成"优良独特的学校文化品质",所以,学校特色发展在本质上是学校特色文化建设。

一、影响学校的教育价值取向,生成新的学校精神文化

学校精神文化是学校文化的核心和灵魂,属于学校文化的核心层。学校在长期的教育实践活动中,受社会文化、意识形态以及学校领导者办学理念等影响会逐渐形成被学校广大师生员工认同并遵循的精神成果与文化观念,它

---

[1]　胡方,龚春燕.学校变革之特色学校发展战略论[M].重庆:重庆出版社,2008:44.

是全体师生员工共同的意识活动,是一所学校的本质、个性、精神面貌的集中反映,表现为学校的思想观念,师生的审美情趣、道德操守和思维方式等。

学校特色发展需要在分析学校办学历史、发展优势和困境的基础上,提升学校发展的自我认识,在反思中逐渐清晰学校特色发展的方向和思路,并结合现代教育发展趋势和国家对人才培养的需要,思考和回答学校要"培养什么样的人"和"办什么样的学校"这两个问题,提出自己的办学目标和人才培养目标,形成富有特色的办学理念,并在此基础上形成自己的教育哲学体系。这样的教育哲学体系是学校领导及全体教职员工对学校办学成效、发展目标和办学方向的文化认同,体现出一所学校选择什么、崇尚什么、追求什么,是学校全体教职员工共同的教育价值追求,是学校精神文化的核心。

由于以学校特色办学理念为核心的学校教育哲学,是在继承学校原有教育哲学基础上发展而来的,具备一定的教师认同基础。同时,新的教育哲学可能会比较符合新时期的学校发展方向和发展目标,有助于促进学校优质与可持续发展,所以新的学校教育哲学也会具备一定的教师文化认同基础。

在学校特色发展过程中,学校围绕特色办学理念对学校办学的各个环节进行改进,开展各种落实学校特色办学理念的教育教学活动。随着活动的持续开展,当这些教育教学活动取得正向发展效果后,学校新的教育哲学体系就会得到广大教职员工的认同,学校的各系统之间、各成员之间会形成以学校特色办学理念为核心的共享价值目标。

随着学校师生员工对以学校特色办学理念为核心的教育哲学的理解、认同并自觉践行,学校就会渐渐形成共同认可和遵循的价值观念,并逐步影响和体现在学校师生的思维方式、行为方式中,最终形成一种自觉的习惯和追求,这时,就可以说学校形成了新的精神文化。

二、改变师生的教育行为,重塑学校行为文化

学校行为文化指学校教职员工在教育实践过程中产生的活动文化,是学校作风、精神面貌、人际关系的动态体现,也是学校精神、学校价值观的折射。

发挥学校办学理念在学校教育教学工作中的引领作用,目标是学生全面而有个性的成长,实施者是学校的教师。在学校发展的主体中,教师群体是一

支重要的发展力量,他们是学校教育教学工作的具体执行者,学校各项具体工作的落实需要依靠教师。厄斯金-卡林(Ethne Erskine-Cullen)指出:"要启动学校的变革工程,必须在学校内先凝聚一定的启动力量。"[①]广大教师是学校特色发展的启动力量和中坚力量,是学校特色发展中最活跃的因素。学校特色发展的理念需要老师理解、认同和执行,更需要教师在执行的过程中根据新问题进行研究,创造性地解决新的问题。教师对学校特色发展战略意图的理解,对实现学校预定目标的操作能力,是特色学校创建的关键,它包含教师们执行、落实学校特色发展规划的意愿,完成学校特色发展任务的能力。"一所学校即使办学理念先进、愿景宏大和令人鼓舞,如果不能落实到各项办学行为中,那么所有理念和目标都会落空。"[②]教学行为的执行者是教师,如果学校的教师在执行教学行为时无法贯彻、落实学校的办学理念,那么就会出现理念与实践两张皮的现象。

虽然校长是学校的主要领导者,但只有学校组织中的成员——教职员工对学校特色办学理念的文化认同,理念才有可能落实在教师的教育教学行为中,学校特色发展才有可能。学校特色发展不只是为了学校发展,终极目标还是学生的全面发展,连接学校特色发展与学生全面发展的是教师,因此学校教师对学校特色发展的理解、内化和实践是特色学校创建的关键环节。在学校特色发展中,增强教师对学校特色发展的紧迫感和使命感,促进教师在理解认同学校的办学理念,积极发挥个人特长,并转变自己的教育教学行为,使教师成为学校特色发展的主动建构者。

学校特色发展的目标是学生全面而有个性的发展,对学生成长的关注是学校特色发展的落脚点。为了实现学校特色发展对"培养什么样的人"目标,学校会根据学校的特色办学理念设计和开展各种针对学生全面而有个性发展的教育教学活动,使学生朝着学校预设的"培养什么样的人"的目标发展,这些发展直接体现在学生的学习、生活、待人接物等行为变化上,直接在行为上体现出学校特色发展的期许。学生的行为文化是学校文化的重要组成部分。因此,在学校特色发展中,要充分重视学生作为学校特色发展的主体地位,虽然

① Ethne Erskine-Cullen. School-University Partnerships as Change Agents: One Success Story[J]. *School Effectiveness & School Improvement*, 1995(03): 192-204.

② 周峰,郭凯,贾汇亮.中小学优质学校形成机制研究[J].教育研究,2012(03):43.

学生的生理、心理及社会意识等各方面都还未成熟,但学校开展的各项特色教育教学活动必须具有学生立场,充分尊重学生发展成长的需要,充分分析学校学生的发展基础、个性特长和发展潜能,开展各项相关的教育教学活动,挖掘学生的各项潜能,培养学生健康、向上、阳光的精神风貌,呈现出独特的个性品格,形成属于自己学校学生的行为文化。

此外,学校其他成员围绕学校特色办学理念开展各种教育活动,也在一定程度上影响着学校各个层面的成员。随着时间的推移,学校成员逐渐形成了与学校特色办学理念要求相一致的行为方式,呈现出一定的共同特征,形成了新的行为文化。

三、修订学校管理制度,重构学校制度文化

学校制度文化既包括学校管理体制、组织机构与结构、规章制度,还包括学校在各项活动中的文化交往方式、礼仪与行为准则等。

学校特色发展需要构建与之相适应的管理制度,以促进和保障学校特色发展活动的开展,学校需要对与学校特色发展不相适应的学校管理制度如学校教学常规、总务后勤管理方式、学生综合素质评价、校本课程开发等进行修订、重建,也需要对学校各种教育教学活动方式和行为进行规范,形成与学校特色办学理念相一致的设计和要求。

因此,学校在进行特色发展顶层设计或制订特色发展规划时,会对学校的管理体制、组织机构与结构、规章制度以及学校的各项活动的交往方式、礼仪与行为准则等制度进行与学校特色办学理念相一致和相支撑的设计,以具体的和可操作的形式或程序将学校特色办学理念确定下来,形成学校特色发展的相关制度,以保证学校特色发展的连续性,形成学校特色发展的传统。根据学校特色发展各个层面和主题要求制定新的保障措施,从制度上来规范和保证学校的特色发展,并在学校特色发展实践中加以实施,从而使学校特色发展制度化。

在学校特色发展过程中,人们在学校特色办学理念指导下制定、完善和改进学校各项规章制度,以适应学校的精神文化要求。同时,以学校特色办学理念为核心形成的精神文化有了制度文化的支撑,更有助于确保学校特色办学

目标的实现。在这个过程中,学校制度与学校特色发展理念相一致,就会形成一种新的文化现象。

四、推动校园空间建设,重建学校物质文化

学校物质文化是由校容、校貌、校园建筑等各种硬件设施组成的,是学校文化的空间物态形式,又是学校精神文化的物质载体。学校物质文化能为人们提供直接的感觉刺激,给人一种有意义的感情熏陶和启迪。如果这些硬件设施都能被赋予独特的风格和文化内涵,就能潜移默化地影响学校群体成员的观念和行为。优良的学校物质文化既是学校教育得以进行的物质基础,又是学校特色形成的物化标志。

赋予学校文化个性特质和符号意义的各种设施能使学生潜移默化地受到感染、熏陶和积极的暗示。学校特色发展对学校的育人环境建设提出了新的要求,即学校必须赋予校园环境与学校特色办学理念相一致的文化特质和教育意识,增强环境育人的功能。学校的物质文化包括体现学校特色办学理想的标识系统,比如校徽、校服、校歌,教室墙壁设计,学校长廊、路标、奖牌、奖品以及校史的展示方式,校内媒体的设计等,这些蕴含着内在情感体验或视觉符号的学校文化元素会形成一种相对稳定的、特殊的"文化场",使学校特色发展主体在体验中理解、接受、认同并践行学校的特色办学理念,促进与学校特色发展理念相一致的物质文化的形成与改变。

由此可见,在学校特色发展过程中逐渐改变和发展了学校发展主体——广大师生员工乃至家长等群体共同遵循的愿景、信念和价值体系。学校特色发展需要一个长期发展和生成积累的过程,在这个过程中,学校特色发展还促使学校认真选择、提炼多元的社会文化,积淀、丰富、发展形成独具特色的新的学校文化,展示出自己的气质特征。

第三节　学校特色文化的形成需持续改进

费尔岑(Van Velzen)认为:"学校改进指在改变一所或几所学校的学习条

件或者内部条件时所进行的系统而持续的努力,其最终目标是更有效地实现教育目的。"①"学校改进是教育变革的重要策略之一,实施学校改进的目的是增进学生的学习成效(achievement),增强学校应对变革的能力。"②学校改进具有将学生学习与学校发展紧密联系、重视学校独特性和变革策略的综合运用、追求良好学校文化等特点。"学校特色发展既包括学校教育过程的特色化,也包括学校教育结果的特色化,即学生的个性发展。"③因此,学校特色发展也是学校改进的一种方式,是持续的过程。

一、学校特色办学理念需持续完善和渗透

首先,对学校特色办学理念的认识是一个持续的发展过程。学校特色办学理念是学校特色发展的核心,是促使学校从局部特色迈向整体特色的关键,它回答并规定了学校"要培养什么样的人"和"要办什么样的学校"的问题,总结了学校过去办学的思考和成果,并对未来学校的发展提出了期许和目标,因此学校特色办学理念是基于学校、生发于学校的,并将在学校的发展过程中不断完善和发展,它不是一蹴而就的,需要有一个逐步认识和发展的过程。譬如,上海七宝中学确立"全面发展,人文见长"的特色办学理念就经历了三个发展阶段。第一年提出的办学理念是"努力和谐发展,力求人人成才"。第二年是"给学生创造发展机会的教育"。经过一段时间的思考和实践,在第三年才提出了现在的办学理念——"全面发展,人文见长"。从上海七宝中学特色办学理念的个案可以发现,从最初提出到在实践中修改完善并最终确立,能清晰地看出学校特色办学理念需要一个逐步认识和完善的过程,它是校长及其团队对教育发展趋势、学校发展实际的认识和对学生发展成长的期许,这是一个不断完善的持续发展过程。

---

① David Hopkins.The Practice and Theory of School Improvement:International Handbook of Educational Change[M].New York:Springer,2005:8-9.

② David Hopkins.School Improvement in An Era of Change[M].London:Cassell,1994:68.

③ 范涌峰,宋乃庆.学校特色发展:内涵、价值及观测要点[J].教育研究与实验,2017(02):44-48.

其次,从学校特色发展目标提出到在学校教育教学中转化为阶段目标也呈现出一个持续的过程。一方面,学校特色办学理念提出后,学校可以对学校和学生发展目标进行分解,提出学校各子系统的分目标并在具体教育教学部门中贯彻落实;另一方面,学校提出的分阶段目标的实现是一个循序渐进的持续过程。作为学校特色发展的蓝图——学校特色发展规划的落实,往往会以3年或5年为一个实施周期,并在实施周期中对每一学年甚至每一学期提出具体要求。学校特色发展在不同的层面和不同的内容上会有目标性要求,每一阶段性目标的达成不断推动着学校整体特色发展目标的实现。学校特色发展又是由一个个3~5年发展规划组成的,在这样的持续发展过程中,逐渐实现学校特色发展目标并使特色发展不断走向深化。

二、教师对学校特色发展文化的认同持续积累

在进行学校特色发展实践之初,我们就教师对学校特色发展中提出的特色办学理念的解析、对学校特色发展工作的看法、对特色学校创建必要性以及学校特色发展各方力量协同情况的认识等问题,对厦门市思明区12所正在开展学校特色发展行动研究的学校教师进行了问卷调查,共收回有效问卷775份,利用软件对数据进行了汇总与统计(见表3.1、表3.2、表3.3、表3.4)。

表3.1　厦门市思明区12所学校教师对学校特色发展工作看法的赞同率(%)

学校	1	2	3	4	5	6	7	8	9	10	11	12
对于学校发展和学生发展都不算重要	0.00	5.51	0.00	1.82	0.00	0.00	0.00	0.00	0.00	0.00	0.00	0.00
虽然比较重要,但并不适合我校的实际情况	0.00	9.17	1.06	4.55	1.64	2.00	2.38	2.15	0.00	2.27	7.69	8.33

续表

学校	1	2	3	4	5	6	7	8	9	10	11	12
既重要，又适合我校的实际情况，但具体操作中难以落实	3.95	35.78	2.13	41.82	42.62	26.00	30.95	12.90	18.18	56.82	38.46	45.83
既重要，又适合我校的实际情况，而且具有良好的可行性	96.05	49.54	96.81	51.82	55.74	72.00	66.67	84.95	81.82	40.91	53.85	45.84

表3.2　厦门市思明区12所学校教师对学校发展的当务之急工作的看法比例(%)

学校	1	2	3	4	5	6	7	8	9	10	11	12
提升学校的整体质量	5.30	18.35	16.00	43.60	32.79	16.00	21.43	30.10	4.50	43.20	23.10	43.80
提升学校的已有特色	52.60	34.86	45.70	33.60	26.23	26.00	33.33	35.50	36.40	15.90	34.60	27.10
开创出学校办学的新特色	23.70	19.27	24.50	15.50	16.39	36.00	23.81	30.10	31.80	27.30	34.60	18.80

续表

学校	1	2	3	4	5	6	7	8	9	10	11	12
既不应该是忙于提升整体质量,也不应该是忙于打造特色,而应该是为教师创造安稳的工作环境	18.40	27.52	13.80	7.30	24.59	22.00	21.43	4.30	27.30	13.60	7.70	10.40

表3.1反映出大部分学校教师对学校特色发展的重要性还没有形成统一的认识,对学校特色发展的信心不足。表3.2反映出教师对特色发展之于学校发展的意义以及对特色发展与学校发展之间的关系认识不清,对学校正在进行的特色发展工作还有不同的看法。

表3.3　厦门市思明区12所学校教师对学校特色办学理念含义不同解析比率(%)

学校	1	2	3	4	5	6	7	8	9	10	11	12
解析1	45.88	95.41	50.00	43.12	45.00	50.00	47.62	45.16	68.18	53.49	26.9	35.42
解析2	34.11	2.75	31.25	33.02	28.33	26.00	28.57	29.03	22.73	23.36	30.8	31.25
解析3	8.24	1.84	13.54	11.93	11.67	16.00	21.43	20.43	9.09	13.95	19.2	31.25
其他解析	11.77	0.00	5.21	11.83	15.00	10.00	2.38	5.38	0.00	9.30	23.1	2.08

注:"解析1—3"和"其他解析"是12所学校教师对学校提出的特色办学理念的各种解读,每一种解析代表着不同的解读内容。

表3.3反映出教师对学校特色发展的核心——特色办学理念还没有形成统一的、共同的理解。教师对学校特色办学理念的解析情况表明了教师对学校特色办学的理解和认可程度还比较低。

表 3.4 厦门市思明区 12 所学校教师认为校内各方力量
在特色发展工作中形成良好协作的平均数

学校	1	2	3	4	5	6	7	8	9	10	11	12
领导和教师之间	2.91	2.48	2.99	2.70	2.80	2.80	2.74	2.85	2.91	2.71	2.69	2.67
班主任和科任教师之间	2.95	2.39	2.90	2.49	2.57	2.70	2.55	2.71	2.68	2.41	2.42	2.21
学校各部门之间	2.97	2.57	2.99	2.66	2.74	2.80	2.74	2.86	2.96	2.61	2.65	2.69
教师和家长之间	2.90	2.14	2.82	1.99	2.49	2.52	2.33	2.44	2.50	1.71	2.27	1.73

在考察校内各方力量是否已经就学校特色进行了良好的协作时,表 3.4 表明,在领导和教师、班主任和科任教师、学校各部门、教师和家长之间的协作程度总体水平还比较低,平均分都在 3 以下。因此,我们可以得出校内各方力量在特色发展工作中的协作水平还比较低,学校特色发展工作中各方关系还没有理顺,教师对学校特色发展工作的参与度还不强的结论。

从表 3.1、表 3.2、表 3.3、表 3.4 可以清楚地看到,教师对学校特色发展工作的理解和认识还不到位,对学校提出的特色办学理念还没有形成共识,教师在学校特色发展实践中的参与度不够,归结为一句话就是,教师对学校特色发展工作的文化认同度还不高。根据以上四组数据所反映出的问题,笔者对 12 所实验学校进行了走访和调研,与学校领导、教师等进行了深度座谈,对学校特色发展的开展情况,特别是对学校在前期以凝练学校特色办学理念为核心的特色发展规划制订及之后的实践情况进行调研。经过分析发现,问题原因主要有以下几个方面。

(一)学校特色办学理念脱离实际,不易于教师理解和接受

办学理念是学校的风向标,是学校发展最重要的指导思想问题,它要回答的是学校将要办成什么样的学校、要把学生培养成怎样的学生的问题。学校办学理念的凝练需要根植于学校的办学历史、师资及生源实际、所处社区区情以及校长的办学追求等。所以,理念的提出需要建立在对学校办学情况进行

系统盘点和分析的基础上,需要整合和重新配置学校的各种办学资源,使之达到办学效益的最大化,促进学校的整体发展。办学理念要获得教师的认同,需要符合学校的办学实际,能指引学校通过走个性化办学之路实现学校的整体发展。脱离实际的、想当然的、不易于师生理解的办学理念,教师的认同度就会比较低。

(二)舆论准备不充分,教师对特色发展工作的认识不到位

学校特色发展是学校由重视数量和规模发展转向重视质量和内涵发展的新阶段,是教育发展和教育改革到一定阶段的战略选择。但学校若缺乏对这方面工作的宣传,教师对学校为什么要开展特色发展工作、特色发展工作是为了谁、特色发展工作如何开展、自己在学校特色发展工作中处于什么样的位置等问题的认识不到位,则可能使学校特色发展工作一开始就处于曲高和寡的局面。

(三)理论储备不足,教师对特色发展工作的理解不准确

特色学校建设涉及学校办学理念系统的重新梳理、校本课程建设、课堂教学改革、学校育人活动开展、校园环境设计、评价改革等方方面面,需要足够的理论准备。理论储备不足将使教师对特色发展各项工作的思考停留在经验层面上,导致出现学校工作与特色发展"两张皮"的情况,学校出于特色发展进行的整体改革被理解成是局部的特色活动等曲解特色发展工作原有之意的现象。

(四)动员面不宽,教师对学校办学价值理念系统缺乏共鸣

学校特色发展不仅是以校长为首的领导层或学校某一部分骨干的事,而需要全体教师共同参与。很多学校因为各种原因,在分析学校特色办学基础、制订特色发展规划时,要么寄希望于专家的外来"给予",要么是仅仅让一小部分骨干参与,缺乏动员学校所有主体的参与,导致千辛万苦凝练出来的特色理念不被广大教师接受和理解,或教师的理解与本义出现较大差距。

(五)学校特色变革引起的自然反应

学校特色发展是以学校整体改革推进学校发展的方式之一,特色办学理

念将渗透到学校特色办学的方方面面,对学校教师原有的心智模式、行为模式甚至是教师的个人利益都会产生影响。但学校中的每一名教职员工都有自己的学习、成长和生活经历,不同的人有不同的人生思考和对教育事业的理解,在学校引入一种新的教育价值理念或行为方式时,经常会遭到学校教职员工原有价值观和习惯的"抵御"。

因此,教师对学校特色发展工作的文化认同是一个持续的改进过程。学校需要做好舆论宣传和教育,让学校特色办学理念逐渐深入人心,通过开展培训为教师们理解和践行学校办学理念打下理论基础。开展各种教育教学实践活动,动员学生、学生家长等认同和参与到学校特色发展的变革活动中来,积极面对和研究学校特色发展中出现的各种问题,确保学校特色发展持续、顺利地推进,这些工作涉及学校工作的方方面面,纷繁复杂。

三、学校特色发展的渐进弥漫过程

学校特色发展是涉及学校整个系统全方位的变革活动,是以学校特色办学理念为核心的精神文化、行为文化、制度文化、物质文化等相互作用的过程。学校特色发展工作不仅涉及学校的教育价值体系建设,还涉及学校管理、课程建设、课堂教学、德育活动、家校关系、总务后勤等方方面面的改革;学校特色发展的参与主体不仅是校长等学校管理层,还包括学校的教职员工、全体学生、家长甚至包括学校所处社区的成员等。学校特色发展涉及学校发展的各个层面,涵盖了学校工作的几乎所有内容,学校特色发展的主体也是多元的,因此学校特色发展的实施客观上很难全面铺开,齐头并进,而是一个逐渐弥漫的发展过程,这也就决定了学校特色发展是一个长期的过程。

首先,从学校特色发展的路径来看。学校在开展特色发展工作时,会通过SWOT 分析、头脑风暴等方式,对学校特色发展的基础进行诊断分析,认识学校办学现状、面临的挑战和发展机遇,思考学校特色发展的目标,凝练出学校特色办学理念,据此制订学校的特色发展规划。在思考学校特色发展路径时,一般会对学校特色发展的实施过程和实施策略进行分阶段、分步骤的设计,并按学校特色发展的重点和难易程度选择优先排序,在实施中由点到面、由局部到整体,逐渐深入展开,这个路径体现出了学校改进的持续性。

　　其次,从学校特色发展的过程来看。苏霍姆林斯基认为学校有了"共同的教育信念",就有了共同的价值取向和目标追求,就有了凝聚大家的"灵魂",就会出现并始终保持"人心齐,泰山移"的发展局面。在学校特色发展推进过程中会有很多新问题需要研究、解决,所以这个过程既是执行的过程、研究的过程,也是创新的过程。为了使学校的特色办学理念获得老师的认同,并使学校特色发展规划得以落地实施,很多时候学校会发动老师以学校特色发展需要解决的问题为课题开展研究,在研究中促进学校特色发展。因此,学校特色发展的过程也是学校和老师开展相关行动研究的过程。在研究过程中学校特色发展的实施环节和工作方式会不断进行优化和调整,建立与之相适应的行为方式,学校特色办学理念经过老师们的理解、内化后,才能在实际教育教学工作中创新性地执行、落实。

　　最后,从学校特色发展的参与人员来看。在学校特色发展过程中,学校教师共同经历的正向关键事件,能最大限度地凝聚认同。如果教师看到了来自学校外部,如学生家长、社会、上级教育行政部门、新闻媒体等对学校特色发展工作的赞许和承认,那么学校特色发展就比较容易获得教师的认同。如果因为学校特色发展工作,老师能从中获得成功的体验和专业成长,那么学校特色发展也能获得教师的认同。作为学校特色发展工作的实施者,教师自身如果没有主动发展,没有生命质量的提升,就不可能促进学生生命的成长。唤醒教师的主体性,才能达成学生、教师和学校的共同发展。因此,学校特色发展的过程,需要参与人员有一个卷入的过程,在这个过程中,教师群体的参与往往是先由骨干教师开始,并在学校特色发展的某一领域中取得新的突破,形成示范作用,然后再由这些骨干教师逐渐向学校的其他老师辐射,带动其他教师参与并发展。

四、学校特色发展的成效逐渐体现

　　教育是一项"慢"工作,教育的效果需要一个逐渐显现的过程。"十年树木,百年树人",说的就是这个道理。教育的对象是一个个活生生的人,教育对人的熏陶和培养需要一个成长和发展的过程。叶圣陶老先生曾说:"教育是农业而不是工业。"教育是农业就意味着教育要像农业那样,需要春种秋收,需要在播种之后进行施肥、除草、喷药,需要阳光、雨露,需要遵守大自然的规律,先播种后发芽,然后再到逐渐生长,从结出果实乃至收割是一个逐渐生长的过程,急不得,需要慢慢地等待,因此是"慢"的艺术。教育也是一样的道理,人才的培养犹如农作物的生长,需要耐心的等待,也是一门"慢"的艺术。

首先,从学生成长的层面来说,教育是一个浸润的过程。学校特色发展是教育的一种发展方式,目的在于促进学生全面而有个性地发展,因此,学校特色发展效果的实现需要一个等待成长的过程,也是一门"慢"的艺术。学校关于"培养什么样的学生"目标的实现,需要一个逐渐显现的过程。面对每个活生生的学生,学校开展的各项特色教育教学活动作用在学生的身上,所产生的效果需要一个接受、理解、内化和践行的过程,也许在短时间内看不出明显的变化,也许在将来的某一天,当学生面对真实的情景做出自主选择或自觉行为时,就会不知不觉地显现出当年学校教育所期望的效果。因此,学校特色发展作用在学生个体身上的效果,不是短期就可以显现出来的,它是通过学校开展的各项特色教育教学活动逐渐渗透在学生的血液中、骨子里乃至灵魂处的,表现出来的是一种气质、一种性格,在行为中表现出与众不同,需要用心去体会和发现,尽管这些品质不直接外显,却能对学生一辈子的成长、成功起着至关重要的作用。

其次,学校办学目标的实现是一个逐渐累积的过程。学校特色发展目标具有多重性。学校特色发展的不同阶段,由于学校特色发展的实践状态及外部环境的改变,目标也会有所调整,而在同一发展阶段,学校特色发展目标又可分为短期和长期目标。学校特色发展的短期目标主要指在不同学校特色发展阶段需要达成或完成的任务。学校特色发展的长期目标指学校经过较长时间的发展应达成的要求或完成的任务。学校特色发展短期目标的逐步实现是学校特色发展长期目标得以实现的基础。

学校特色发展在本质上是学校文化建设的过程,需要较长的时间,学校特色文化才能逐渐形成并显现出来,学校特色发展一方面在改造学校的传统文化,另一方面又在创生新的学校文化,是在批判和继承基础上的发展,因此不可能在一朝一夕的短时间内生成和建设好,有时候甚至需要好几代人的不断努力才能"初见端倪"。学校特色发展通过以特色办学理念为核心的学校教育哲学的建设,形成学校新的核心文化并使之成为师生的精神源,并外显为学校的物质文化和行为文化,最后形成一种氛围、一种态度、一种习惯、一种气质、一种有形或无形的凝聚。当你走入这所学校时,看到的不仅是优良的校园环境,还会从师生的言谈举止中感受到那种与众不同的气质。这种气质不是做作的,而是自然流露出来的,这样的气质就是这所学校文化建设的体现,它是无法用口号和标语喊出来的。

第四节　区域推进学校特色发展是复杂的系统工程

区域推进学校特色发展是因区域教育发展的需要,以区域教育行政部门或教研机构为主要推进主体,通过开展各种推进工作来促进区域内的学校特色发展工作,使区域内学校走向特色发展之路,促进区域教育整体办学质量提升。区域推进学校特色发展的主体是教育行政部门或教研机构,而学校只是自己学校特色发展工作的推进主体,可以说,区域推进学校特色发展的主体具有复杂性。再加上学校特色发展工作本身的复杂性,如区域内学校的类型不同、发展层次不同等因素,区域推进学校特色发展工作呈现出复杂性的特点。

一、学校特色发展本身就具有复杂性

叶澜教授认为,"教育是一种人类社会所特有的更新性再生系统,从这个角度看,人类世界还有什么会比这还要复杂呢?"[①]学校作为教育的主要载体和实施场所,以特色发展为主要方式的学校变革,一方面因为学校是社会系统的重要组成部分,其发展变革深受社会的影响,与社会发展息息相关而充满复杂性,另一方面又因为学校面对的教育对象又是一个个富有生命气息的、具体的活生生的人,这些人以各种不同的姿态参与其中,使学校特色发展充满了生

① 叶澜.世纪初中国教育理论发展的断想[J].华东师范大学学报(教育科学版),2001(01):5.

机而又十分的复杂,具有以下复杂性的特征:

(一)学校特色发展的开放性

学校特色发展所面对的社会是丰富多彩、充满各种不确定性和不可控性的,这种不确定和不可控对学校特色发展有着极为深远的影响。影响学校特色发展的外界因素,从宏观层面看,包括国家的经济发展、政治体制、社会稳定、科技发展、人口变迁等;从中观层面看,包括学校所在社区的情况、学生家长群体的素质等方面。但学校与社会之间的边界并不是泾渭分明的,而是模糊不定的;不是固定不变的,而是动态变化的。学校特色发展所开展的各种实践活动也具有开放性,但这种开放性并不是单向的,而是相互作用的,学校不只是被动地接受社会环境的影响,也会能动地对社会环境产生改变和促进作用,如学校培养出来的学生走向社会对社会产生的深刻影响。以大数据、云计算、移动互联网等新一代信息技术为代表的科技革命风起云涌,它们正以前所未有的力量,改变着人类的思维、生产、生活和学习方式。社会对学校开展素质教育,培养创新型人才有了新的认识和迫切的需求,越来越多的人对学校的人才培养改变提出了要求,学校教育与社会之间的关系越来越密切,学校特色发展也在这样的背景下受到了越来越多的关注。

(二)学校特色发展的动态性

由于学校特色发展的开放性,学校特色发展与社会发展之间具有作用与反作用的关系,社会发展方方面面的变化会在学校教育中得到不同形式和程度的体现,学校特色发展也会随之进行调整,学校的特色发展是动态的。一方面,学校特色发展的开放性,促使学校与社会不停地进行着物质、能量与信息的交换,学校特色发展也处于调整和完善中,从而使学校特色发展体现为不断与社会发展进行主动的、动态的适应性的变化过程。另一方面,学校特色发展的相关因素在特色发展变化过程中也处于活跃的、变化的发展状态。学校特色发展过程由于受学校内外部各种资源配置的变化影响,必然一直处于动态生成之中。

(三)学校特色发展的整体性

莫兰(Edgar Morin)认为:"教育应该看清事件或问题的背景、总体、多维度以及复杂性,使认识成为恰切的。"①一方面,学校特色发展不是孤立于社会而存在的,它具有开放性,与社会具有作用与反作用的关系,所以考察学校特色发展需要从整体出发,不能把学校特色发展孤立为学校自己的变革事件,而应看成是受社会、经济和科学技术发展影响的事件,学校特色发展目标必须符合党的教育方针,符合社会发展的方向和需要,必须把学校特色发展与时代发展,与所处区域的环境、条件等进行整体考察。另一方面,学校特色发展因为不同学校的发展起点不同,所以学校采取的策略不同。虽然实践路径各不相同,但都着眼于学校的整体发展,学校特色发展规划都从整体进行设计,都以学校特色办学理念为主线,在学校的各个层面、各个环节中渗透和实施,并不是简单地将学校各个部分的特色相加形成学校的整体特色。学校特色发展是一个学校有机整体的特色发展,不是机械、简单地拆分成各个不同的局部特色相加,学校办学整体中的各个环节、各个要素之间是能动地、有机地相互影响、相互作用、彼此关联的,构成了学校整体的特色发展。

(四)学校特色发展的非线性

学校特色发展不是一帆风顺的,是一个行动—反思—行动的过程,这个过程是一个螺旋上升的过程。学校特色发展在行动中必然会有新的问题出现,是在解决问题后再行动、再发展的过程。在制订学校特色发展规划时,要对学校特色发展目标进行明晰和设计,并希望在学校开展特色发展工作之后,学生的成长和学校各方面都能按照规划设计的样子扎扎实实按部就班地朝着理想的目标前进。但由于学校特色发展的开放性和动态性,在实施过程中会出现不少当初没有考虑和预估到的问题,需要学校各方力量不断对问题进行思考和解决,并在此基础上做出相应的调整和安排,然后再接着开展下一步工作。如果遇到教育政策的调整或是学校办学校件发生变化等情况,学校特色发展规划所涉及的实施路径就会因此进行全局性的调整。再有,在学校推进特色发展过程中,师生的文化认同与不适应问题,会导致学生成绩下降、教师懈怠抵抗等突发性问题,导致学校特色发展规划暂停实施或终止等情况。这些情

---

① 埃德加·莫兰.复杂性理论与教育问题[M].陈一壮,译.北京:北京大学出版社,2004:25.

况的出现都清楚地提醒我们,学校特色发展并不是直线性的发展过程,而是非线性的,是充满曲折、复杂多变的动态过程。在学校特色发展过程中,围绕学校办学的各种消极不利的情况和问题经常发生,并以不同的作用方式和程度影响着学校特色发展的进程。

(五)学校特色发展的自组织性

学校特色发展是学校管理自治的表现形式之一,学校自治是"以校长为主体,赋予校长必要的办学自主权,使校长能依法自主管理和使用经费,自主选聘和使用教师,自主招收和教育学生,自主规划和设计学校战略,自主探索和构建学校文化,自主选择和开展教育科研,积极促进学校发展"[①]。在学校特色发展过程中,充分分析学校的办学历史和现状,找准学校目前所面对的优势和劣势,学的强处和弱势,结合现代社会发展趋势和学校所在社区的情况,对学校发展方向以及教育的着力点进行分析和寻找,学校教育哲学从模糊到明晰和逐渐完善,通过凝练学校的办学理念,回答"把学校办成什么样子,把学生培养成什么样的人"等问题,[②]并在这一理念引领下,发挥优势,优化办学资源配置,实现校长、教师和学生等主体的自主发展。学校特色发展充分强调了学校发展的自主性,学校自主根据实际思考学校发展方向,开展各项特色教育教学工作。也就是说,学校特色发展不是由教育行政领导或者以校长为核心的学校管理团队完全主宰的,而是由校长及其行政管理团队——教师、学生、学生家长、社区负责人等主体共同参与、相互作用来开展的,这个过程中,学校充分发挥自主办学的主动性和积极性,学校内部的各个系统围绕学校特色办学理念进行调整和运作,保证和促进学校特色发展理念的落实,逐渐趋向学校特色发展目标。新的理念,新的管理方式,势必打破学校内部的利益和运行结构,带来新的不平衡,所涉及的各个部门、环节和要素之间的竞争和协同成了学校自组织系统的动力。随着学校特色发展的深入开展,学校的办学理念、实施环节不断完善、清晰、分化、综合,学校特色发展也随之不断调整完善,这就是学校特色发展的自组织。

---

① 邬志辉.现代教育管理专题[M].北京:中央广播电视大学出版社,2008:68.
② 傅建明.校本课程开发中的教师与校长:面向 21 世纪基础教育课程改革[M].广州:广州教育出版社,2003:25.

(六)学校发展结果的不可预测性

学校特色发展是一项系统工程,是基于学校整体的发展,涉及学校特色办学理念、特色发展规划、特色发展策略、具体实施步骤等方面,各个学校因办学基础条件不同而具有各自不同的解决问题的方式和路径;学校特色发展是围绕各个办学要素的协同作用展开的,如果这些相关要素发生变化,就会对学校特色发展目标的达成带来或大或小的影响。影响学校特色发展的要素多种多样,有学校外部的政策环境变化,如新课程改革的实施等,也有学校内部的诸如校长调动等不可预测的突发事件等。这些不确定因素导致了学校特色发展结果的不可预测性。世界上万事万物都有一个发生、发展以及结束的过程,也就是有开始的发端,有中间的演变,也有最后的结果。对别的事物(如动物)来说,整个过程似乎来得自然,中间的演变发展过程也很自然,最后的结果也是很自然的情形,主观的东西不是很多,一切要随着自然的情况去演变并迎接着最后的结果。可是人类不是这样,人类的事务,从开始就掺杂着人们的主观意愿,伴随着人类的主观努力,追求着人类希望的最后结果。因此,如何认识创建结果和创建过程的关系对这项工作的开展有着至关重要的作用。客观上说,与学校相关的办学主体,包括教育行政领导对学校特色发展的结果是有所期待的,大家都会关注学校特色发展的结果,但由于结果具有不可预测性,我们更应该关注学校特色发展的过程,希望校长、老师、学生和学校能与学校特色发展共同成长,各种办学主体在学校特色发展过程中获得共同的发展。因此,学校要学会享受学校特色发展的过程,享受学校特色发展的阶段性成果,如果创建过程的每个阶段都是扎实有效的,就一定会有收获。

二、区域推进学校特色发展的复杂性

区域推进学校特色发展指在教育行政部门指导下,统筹规划、整体推进、分类指导,在区域范围内充分发挥学校自身的优势和辐射作用,"以点带面,以面带点",形成区域内学校特色发展的合力,整体提升学校教育质量与特色建设能力,最终实现区域内学校的优质特色发展。[1]

区域内学校类型多种多样。一般而言,从学校所处的地理位置来说,有城镇学校、农村学校和城乡接合部学校,从办学历史来分,有老校和新办校,从办学质量来分,有优质学校、一般学校和薄弱学校,从办学规模来说,有完中校和初中校等,有的学校又同时具备以上特征,所以学校类型是复杂的。不同类型的学校因为办学基础不同,学校的特色办学理念和特色发展策略也将不同。具体来说,这种复杂性表现在以下几个方面。

(一)学校特色发展基础的复杂性

学校特色发展要以认识自己学校的个性为前提。每个学校都有自己的个性特点,这种个性特点就是学校特色发展的起点,也是学校特色发展的基础。这种个性既来自学校所处的地域和社区环境,也来自学校的办学历史,既来自学校的文化积淀和传承,还来自学校教职员工和学生的情况和特点。不同的学校,与社区的关联程度不同,彼此的影响程度就会不同;不同的学校办学历史不同,有的学校办学历史悠久,而有的则是新办校,办学历史很短,这些不同导致学校的文化积淀和传承也不同,有的学校有着厚重的文化传承,而有的学校则几乎就是一张"白纸"。学校特色发展这些基础条件的种种不同,使学校特色发展呈现出复杂性特征。

首先,因办学历史的不同,学校的文化积淀不同。厦门市 Y 中学创办于1993 年,是一所只有 20 多年历史的新办校,相对比较年轻,学校的文化积淀相对不是那么深厚。学校的教育哲学、办学理念处于初始萌发阶段,而厦门市D 中学则是由同盟会会员黄廷元携爱国华侨和社会贤达于 1924 年创办的,办学历史比较悠久,但学校办学一路坎坷,一路坚持,曲折发展。在长期的办学历程中,学校形成了自己的办学传统:D 中学创办者提出"大道之行,天下为公"的办学理想,奠定了精神基石,在悠久的办学历程中,学校办学成就斐然。D 校人才辈出,遍布社会各个领域,学校的诗歌教育已经长期坚持,成为学校的特色课程。

其次,因生源素质不同,学校的教育定位不同。厦门市 Y 中学因为学校

---

[1]　李建国.区域推进学校特色发展的思考与实践[J].湖南教育,2012(02):31.

生源以外来务工人员子女居多,学生总体上比较单纯朴实,较城市学生更容易引导,可塑性强,但自信水平和自我期望值较低,自控能力较差,文明意识不强,文明习惯水平较低,学习意识薄弱,自主学习能力差,急需引导教育。厦门市 D 中学虽然也有外来务工人员子女,但大部分学生还是来自思明区公办学校电脑排位的生源,生源情况比厦门市 Y 中学复杂,各个不同能力层次的生源都有,学校的教育定位在于如何针对不同学习层次的生源开展有效的教育教学活动。

再次,因师资队伍不同,学校特色发展的实施能力不同。厦门市 Y 中学的教师队伍以中青年教师为主,学校教师富有爱心、吃苦耐劳,有强烈的改变职业状况的愿望,长期的教育外来人口子女的实践,让他们积累了丰富而富有成效的外来务工子女教育管理经验。厦门市 D 中学的教师队伍相对于厦门市 Y 中学来说,结构比较完整,老中青各个层次的教师都有,教学经验也比较丰富,学校教师队伍中具有诗歌教育课程开发和实施经验的师资力量比较雄厚,具有诗意教育情怀的老师比较多,为学校开展"诗之校"特色教育打下了较好的实施基础。

两所学校同处厦门市思明区东部,直线距离不超过 3 公里,但两所学校的特色办学基础呈现出完全不同的状态。我们可以通过这两所学校的比较,进一步认识到学校之间的特色发展基础是十分复杂的,实际上也正是因为这种复杂性,使得不同的学校具备不同的个性,学校特色发展也就有了可能性。

(二)学校特色发展目标定位的复杂性

学校特色发展的目标定位集中体现在学校特色办学理念上,它要回答的是"办什么样的学校"和"培养什么样的学生"的问题,是学校教育哲学的核心和重要组成部分。因为两所学校特色发展的基础不同,必然导致两所学校的特色发展目标定位不一样,所以学校特色发展目标也就呈现出了复杂性的特征。

厦门市 Y 中学基于对自己学校办学基础的分析和认识之后,提出了"激发主体潜能,促进自主发展"的特色办学理念。Y 学校认为,自主教育是培养受教育者自爱、自信、自强、自立、自律精神,促进其身心俱健的全人教育,是培养受教育者的主体意识和学习能力,促进其主动发展的终生教育。自主教育的目标是促进学生的人格完善,达到主动发展的自觉境界,从而实现生命价值的提升,其价值观源于对生命的关怀和尊重,关怀生命和尊重学生是自主教育的价值判断。自主教育的价值追求是要促进学生心智体的和谐构建,为可持续发展奠定坚实基础。自主教育的核心是相信和遵循"人的潜力平等而无限"的事实与规律,把每一个人都当作"富矿"看待,把潜能开发放在核心位置,笃信不疑,开发不辍。学校开展自主教育始终遵循"民主"原则,既坚持引导学生自我检查、自我调整、自我评价、自我选择、自我提升,又为学生搭建自主发展的平台,建立自主发展的机制。自主教育的内容包括教师的自主教育和学生的自主教育,教师的自主教育包括自主教育观的树立和自主教育方法的探索与研究,学生的自主教育包括"五自"教育目标,即自爱、自信、自立、自强、自律精神和能力的培养。

厦门市 D 中学基于学校办学基础提出了"人人有才,适之而导,人人成才"的办学理念,基于这样的理念,学校提出以"诗之校"为特色的发展目标,从诗歌、诗意、诗性三个层面开展"诗之校"建设。学校从最初的重视诗歌教学,开展丰富多样的诗歌活动,引导学生诵读中外优秀诗歌,创作诗歌,获得审美体验。学生读诗、写诗、诵诗,将真善美内化为生命的底蕴,在诗意的熏陶下健康成长;后来,由诗歌教育延伸到诗意提升,拓展推广到以圣贤教育、诗意课堂等途径为主要抓手,将诗教的求真之美与创造之美拓展到学校工作的其他领域,在"求真"与"创造"过程中实践"美"的教育,让教育成为"美"的事业;在前面二者的基础上发展而来的是诗性教育,诗性教育所形成的求真之美与创造之美,融于学校文化精神的核心,自然而自觉地内化于学校工作的方方面面。学校呈现境界博大、教育灵动的特征。这样的特色发展思路,宏观上,秉承"天下为公"的社会理想,微观上重视每一位学生的灵魂成长,重视人格的完善与人性的发展。站在博大高远的位置上看教育看人生,诗性教育给师生以心灵的慰藉。如果说诗歌教育偏重于一种艺术形式的话,那么,诗意教育则将教育之美拓展到诗意德育、诗意课堂等重点领域,诗性教育追求教育的本真之美与创造之美成为文化,如血液般融于学校生命的方方面面。

两个学校因为办学积淀和传承不同,选择的特色发展目标和定位也各不相同。虽然不同的学校需要遵循相同的教育规律,但在同样的教育规律面前,学校根据各自的基础和理解有不同的侧重点和不同的解读,因此同样也呈现出了复杂性的特征。

(三)学校特色发展实施策略的复杂性

学校在找准自己的特色发展目标和定位之后,为了实现各自的特色发展目标,就有了不同的发展策略。

厦门市 Y 中学为了实现自己的特色发展目标,提出:以自我目标预设与达成为核心,以多元评价为辅助,引导学生明确发展的目标与方法,变被动发展为主动发展;以改变学生学习行为为目标,变被动学习为主动参与学习,促进学习能力的提高;开发特色课程以规范行为,奠定品性基础;养成良习,创造发展条件等发展策略。

厦门市 D 中学为了实现"诗之校"特色发展目标,采取了以下特色发展策略:第一,将学校的常规工作"诗之校"化。如德育是学校的基本工作,而"圣贤教育""人生规划教育"等就是从学生心灵发展着想的德育工作,但它又是"诗意德育"的重要内容。又如课堂教学研究,不仅要考虑学生的升学要求,更要考虑学生的心灵发展,这两点是"诗意课堂"研究的重要内容。再如学校的环境建设,要布置校园景观,从"诗之校"角度来思考就是"诗之校"化。第二,强化重点活动,突出"诗之校"文化氛围。除了常规工作,还突出强化"诗之校"的重点活动,因为有特质的活动具有很强的带动与凝结作用。如持之以恒地办诗歌报、召开诗歌朗诵会、举办诗歌夏令营、开设特色课程、举办专题讲座、进行圣贤教育、开展诗意课堂研究等。第三,以建立课题研究的方式,解决建设中出现的重点问题。如圣贤教育、诗意课堂与特色课程都设立了专项微型课题开展研究。

两所学校的发展因为不同的办学基础,引发了各自形成了不同的发展思考和采取不同的实施策略,这样的不同深刻地昭示出区域性推进学校特色发展的复杂性,而且这种复杂性是多方面的、多角度的、多层次的。

三、区域学校特色发展的复杂性对推进工作的要求

区域推进学校特色发展的目的是通过适当的措施让区域内的学校办出自己的特色,通过特色发展的路径,学校走向优质发展,培养出社会需要的人才。

因此,不同的学校因为具有自己的个性,不同的学校有不同的特色发展路径,区域推动学校特色发展虽然以区域为主体来推进,但要让不同的学校呈现出不同特色,要让不同学校的特色发展策略和路径符合学校的发展实际和发展基础,就要因校而谋。

区域推进学校特色发展需要负责人根据学校特色发展规律,对学校特色发展的关键环节、关键事件和关键人物进行有针对性的推进策略。校长是学校特色发展的关键人物,学校特色发展的办学理念是校长根据自己的教育追求和教育情怀结合学校的实际而提出的,因此提高校长的教育教学理论水平就显得至关重要。有很多校长希望学校的办学理念由专家来提供,寄希望于专家给现成的理念,帮助学校梳理教育哲学。要理性看待这种需求,引导校长立足于自主思考,立足于带领学校团队、教师一起思考学校的特色办学方向、学生培养的目标,要着眼于内生发展。区域推进需要通过适当的方式来进行引导,采取有效措施提高校长的学习力和思考力。同样的,教师对学校特色发展的文化认同与实践行动是关键力量,各个学校的教师数量、师资水平各不相同,对教师的要求也应有所不同,应该根据学校特色发展需要提高教师的文化认同力和行动执行力,应着眼于教师执行力、学习力和研究力的提升,只有这样才能使区域推进学校特色发展活动开展得更有针对性、更有效果。

区域推进学校特色发展由于参与主体众多,根据不同主体的定位,恰当地发挥作用就显得非常重要。比如区域教育行政部门在推进学校特色发展中应起什么作用,怎样发挥作用,譬如区域教育行政部门由于具有行政强制力,对各种资源和力量的调动具有先天的优势。区域推动学校特色发展因为涉及学校众多、类型复杂,又因为学校特色发展事关国家教育方针、教育发展规律和人才成长规律,如何指导学校特色发展,如何确保学校特色发展的科学性和有效性,需要教育研究人员和教育专家的介入。教育专家可以来自基层教研部门,也可以来自高校和科研院所,这些专家应该怎样介入,什么样的工作方式和工作方法才能有效,如何在保证学校特色发展自主性的同时又能发挥专家的指导引领作用,既发挥专家作用又能保护和发挥学校的主动性。区域推进学校特色发展的主体是学校,学校中又包含校长、教师、学生和家长等主体,这些参与者在学校特色发展中应该发挥怎样的作用,开展什么样的工作才能发挥出各自应有的作用,这些都是值得研究的课题。此外,以上各个主体应该以一种怎样的工作方式和相互关系形成区域推进学校特色发展的合力,既发挥自己应有的作用又形成推进的合力,有效开展学校特色发展的促进工作。

通过以上分析,我们可以清晰地看出学校特色发展的复杂性,区域推进学校特色发展又因为学校的办学历史、办学基础、学校领导的不同,同一个学校都可能呈现出不同的特色发展理解和指向,因此对区域性推进学校特色发展,需要区域推进工作负责人或负责单位充分认识到这种复杂性,并基于这种复杂性开展有针对性的工作,不能用同一个指令要求所有的学校,不能用同一个标准来看待不同学校的特色发展工作。

总之,学校特色发展工作本身具有复杂性特征,再加上区域内学校类型多样、主体多元、环节复杂,这一切决定了区域推进学校特色发展是一项复杂的系统工程。

第四章 区域推进学校特色发展的行动过程

第一节 行动研究的缘起

一、区域社会发展对教育发展的期待

思明区地处福建省厦门市的中心城区,是厦门市的经济、政治、文化、金融中心。经过长期努力和建设,思明区经济发展实现了新的跨越,经济综合实力已跃居全省85个县(市、区)首位,跻身全国15个副省级城市中心城区上游位次;各项社会事业统筹协调发展,社会发展呈现和谐、活跃、繁荣的良好氛围;文明城区创建工作不断深化,城区品位、人居环境得到进一步提升。在新的历史发展阶段,思明区明确提出要建设成为科学发展的示范区、两岸交流合作的先行区、海西现代服务业的聚集区、文明和谐美好家园的中心区的发展定位。思明教育的发展必须以适应四个定位为主线,积极主动地融入海西经济社会发展大局,努力提高教育服务海西的能力和水平。

21世纪以来,思明区教育事业保持持续、快速、健康发展的良好势头。通过新建、扩改建、移植、兼并以及老校带新校、名校办分校等办法,辖区校点布局日趋合理,基础教育资源配置更加优化,促进了基础教育均衡发展。教师继续教育工程和名师培养工程,提高了广大教师实施素质教育的能力和水平,培养和造就了一批学科带头人、骨干教师和青年教学能手。教师的教育理念、教

学方式和学生的学习方式发生了可喜的变化,教学效益显著提升;德育工作的针对性、实效性和生动性进一步增强,"爱心网校"、"红领巾爱心超市"、心理健康教育、德育实践基地建设等在全国范围内有广泛影响。思明区先后以高分通过了省"对县督导"评估和市级复评,达到一类地区优秀等次。2007 年被评为福建省首批教育先进区,2008 年被确认为"全国社区教育示范区"。

思明区各类教育协调发展,办学条件显著改善,学校布局更趋合理,教育资源不断优化,队伍素质整体提升,教育现代化进程进一步加快,素质教育成效日益凸显,这些成就为新一轮发展奠定了坚实的基础。但思明教育也面临诸多问题与困难。一是随着新区建设、旧城改造、新楼盘持续增加,部分片区内已有的教育资源无法满足持续增长的教育需求,尤其是许多片区没有规划配置公办幼儿园,每年有近一半的常住户籍学龄前儿童无法上公办幼儿园,对此市民反映强烈。二是区域内东西部教育发展不均衡。政府虽然采取一些措施,从西部调整部分优质资源扶持东部教育发展,但由于学校自身发展需要较长周期,市民认可度也要一个过程,东西部教育均衡发展需要较长时期的努力。三是优质教育规模难以满足人民群众"上好学"的强烈需求,加之优质教育资源在空间布局上不尽合理,导致择校问题依然存在。四是部分民办学校办学条件比较差,办学行为不够规范,安全问题比较突出,教育教学质量有待提高。这些矛盾和困难亟待通过深化教育改革、加快教育发展步伐来逐步加以解决和克服。根据区域经济社会发展定位和区域教育发展的实际情况,思明区确定了"全面深化教育改革,全面推进素质教育,构建保障能力较强、优质资源丰富、教育质量过硬的国民教育体系,与地方经济社会发展相适应、结构合理、类型多样、机制灵活的教育服务体系和全覆盖、多层次、社会化的终身教育体系,把思明区建成理念先进,体系齐全,设施优良,质量一流,特色鲜明,适应经济社会发展需要,人民群众满意的教育强区,为全面推进全国强区建设作出积极贡献"的发展目标。

二、思明教育面临的挑战及发展思路

思明教育已经基本实现区域均衡,区域内义务教育阶段学校全部通过了义务教育标准化建设验收。《厦门市思明区中长期教育改革和发展规划纲要

(2010—2020 年)》提出,思明教育发展主要方向已经不是学校硬件条件建设和满足老百姓上得起学的问题,而是改变区域内学校"素质教育理念仍未深入人心,学生课业负担仍然过重,教学方式还难以适应素质教育的要求等现象";改变区域内"学校的办学质量不平衡,优质教育资源还不能满足人民群众日益增长的需求,择校现象依然存在等问题"。这种改变需要将区域教育发展的立足点定位于人的发展,从关注规模和数量的外延发展转向关注质量和水平的内涵发展。

区域教育要走内涵发展之路。内涵发展关注人的生命成长和个性发展,而不是仅关注考试成绩,学生的生命成长和个性发展是学校发展的立足点和出发点。每个人都是鲜活的生命个体,学校要给每个孩子提供适合的个性化教育,这就要求学校从党的教育方针出发,根据学校实际和孩子成长需求提供个性化的办学服务。随着现代学校制度的推进,要求赋予学校更多的办学自主权,特别是 2001 年实施新课程以来,国家课程、地方课程和校本课程三级课程管理体制的确立,客观上为校长自主办学提供了条件。校长作为学校的课程领导者,要以教育家的精神和情怀看待办学,要站在未来看今日教育,明确什么对孩子未来和一生是最重要的,要在宏大的时代背景下来定位学校的办学目标和人才培养目标。正如刘国飞和冯虹所言:"校长和老师要结合所在学校的教育哲学、办学理念,把学生终身发展的核心素养与国家社会倡导的价值观进行匹配整合。"[①]

让校长成为教育家,激发校长的办学主体性和改革发展热情,让家长对教育具有选择权,满足家长"上好学"和"个性健康成长"的需求,这是当时教育改革发展的客观要求。那么,实现以上目标的抓手是什么呢?本书认为是在区域内推进学校特色化发展。

区域推进学校特色发展怎么来开展呢?思明区教育局提出了课题带动、学术研究与实践探索同行的研究思路,具体就是在思明区教育局(区域教育行政部门)的领导下,区教师进修学校(区域教研机构)作为实施主体,以课题为带动推进区域性学校学校特色发展工作,形成以研究方式推进学校特色发展工作、在学校特色发展工作中推动研究的互促模式。

---

① 刘国飞,冯虹.核心素养视角下关于校本课程的几点思考[J].教学与管理,2016(07):76-79.

第二节　行动研究的开展

一、研究的对象和过程

本书选择的研究对象为思明区 12 所中小学,其中既有中学也有小学,既有完中校,也有初中校,既有百年老校,也有新建校,既有优质学校,也有薄弱学校。在这些学校中,学校特色发展的起点不同,有些学校已做了初步探索,有一定特点和基础,还有些学校是零起点,没有突出的项目。

表 4.1　十二所实验学校基本情况一览表

校名	学校基本情况
DT 中学	完中校。创办于 1924 年,办学历史悠久,具有比较深厚的文化积淀,培养了像卢嘉锡、陈运泰、詹文龙等中科院院士以及国家发改委副主任童大林等一批优秀的人才;在厦门本地享有较好的声誉,在"诗歌"教育方面具有一定的传统,开发了系列与诗歌教育相关的校本课程。在新的历史时期,学校分设两个校区,生源质量下降,面临着再发展的挑战
BL 中学	初中校。创办于 1990 年,办学历史不长,但连续十多年名列厦门初中教学优质奖前列,是一所市民认可的"优质校"。近年来,学校逐步形成了科技教育常态机制,取得了显著成绩,在全国、省、市、区各级青少年科技创新大赛及其他科技活动中获奖的学生较多,是首批"福建省科技教育基地学校","科技教育"已成为特色项目
YF 中学	初中校。生源主要以外来务工子弟为主,办学质量比较薄弱。针对生源特点,学校开展了"成功教育""初中生自信心培养"等课程,进行了"网络环境下的心理健康教育"等课题研究,成立了学校集邮协会和中学邮局,为学生社会实践搭建了平台
DT 小学	福建省示范性小学。建于 1906 年,是一所历史悠久、底蕴深厚的百年老校。学校以"奋进"为校训,以"善学、慎思、笃行、健全人格"为目标,培养了童大林、李尚大、舒婷等一大批享誉海内外的知名人士。但学校年轻教师多,面临在新的历史条件下如何实现新跨越、新发展的问题

续表

校名	学校基本情况
BL 小学	福建省示范性小学。创办于 1989 年,学校围绕"为孩子的终身幸福奠基"的办学思想,把创建一流的育人环境、一流的教师队伍、一流的教育管理、一流的教育质量作为办学目标。学校以电影课和现代教育技术为抓手,致力于"体验学习"研究
YE 小学	原是村办小学,1985 年划归思明区教育局,2004 年改为现名。创建于 1911 年,规模不大,专任教师比较年轻,生源结构复杂,其中 70% 属于进城务工人员子弟。学校立足校情,陆续开发了科技传播活动、环保教育、水生动植物系列等校本课程,近年来致力于中国画等校本课程开发,取得了一定成效
JJ 小学	普通小学。创办于 1997 年,学校独创了"三星学生激励机制",极大地促进了学生多元发展,激励每位学生积极进取、获得成功。学校开发的"集邮"校本课程具有一定的影响力
LQ 小学	普通小学。创办于 2006 年,生源大部分为外来务工人员子弟,家庭教育相对较弱,师资队伍发展不平衡。学校从实际出发,开展了丰富多彩的主题教育活动,狠抓学生的行为养成教育,开展了好习惯评比活动及"班班争夺文明星,人人争当护旗手"活动,良好"三风"初步形成
YN 小学	初建于 1929 年。坐落于厦门市中心古钟楼下、古城墙之上,毗邻民族英雄陈化成祠堂。这所石壁之上的学校记载着厦门的历史变迁。学校占地面积狭小,没有操场,但校足球队在全国、省、市、区足球比赛中取得辉煌战绩:三十几次赢得厦门市小学生足球赛冠军;20 世纪八九十年代参加全国小甲 A 足球赛获得冠军。足球队俨然成为学校品牌项目,而顽强、拼搏、进取的精神也引领着学校的发展
LL 小学	创办于 1997 年。被确立为全国写字实验校、福建省心理健康教育实验校。学校积极开展校园文化建设和教科研课题研究,开设拉丁舞校本课程,取得了可喜的成就
SE 小学	创办于 2007 年。在厦门市思明区所有小学中居中游地位,教师队伍年轻,学校利用专门时间,聘请专业教师,设立头脑奥林匹克、信息编程、奥数、舞蹈、陶笛、合唱等十多个校级兴趣小组,为学生个性发展搭建平台
SB 小学	创办于 1994 年。教育科研硕果累累,常规管理井然有序,艺体工作成绩显著,办学质量得到全社会认可,是福建省"课改先进集体",艺体成绩突出:田径队获区中小学田径运动会六连冠,深海蓝合唱团获国际合唱比赛银奖,小精灵舞蹈团夺下多届鹭岛花朵金奖

本书在研究设计之初就紧密结合学校实际,提出:在研究中通过专家学者的引领指导,中小学对自身实践经验进行提炼和升华,以此推动学校特色发展

工作;建立以教育科研部门为主导的帮助服务实验学校推进特色发展工作的机制和策略;从学校教育理念、办学模式、管理方法、队伍建设、课程改革等方面开展研究,促进思明区中小学走上特色发展之路;在研究过程中形成学校特色发展共同体,实现校长、教研员、教师等参与者的共同成长。

本书相关研究从 2009 年 11 月开始到 2017 年 11 月结束,已经持续进行了 8 年,大致经历了四个阶段:第一阶段(2009 年 11 月至 2010 年 10 月)为尝试探索、寻求支持;第二阶段(2010 年 11 月至 2012 年 5 月)为理念凝练、规划制订;第三阶段(2012 年 6 月至 2013 年 8 月)为骨干培养、规划实施;第四阶段(2013 年 9 月至 2017 年 11 月)为重点突破、聚焦课程。

按照行动研究的基本范式展开。首先,对学校特色发展需求进行分析,制定行动路线图并组织实施;其次,反思行动研究取得的进展并发现新问题,在此基础上提出新的行动计划并开展研究;最后,对整个行动研究过程进行反思、总结和讨论。

行动研究的第一阶段主要聚焦于"如何开展研究",结论是需要专家引领;第二阶段主要聚焦于"如何制订学校特色发展规划",形成的结论性认识是学校特色规划的制订是基础,学校特色办学理念的凝练是重点;第三阶段主要聚焦于"如何让学校特色发展规划落地实施",初步结论是提升校长和教师的理论水平以及学校特色发展的领导力与执行力是保证;第四阶段主要聚焦于"如何开发校本课程",结论是校本课程开发是核心。整个研究过程是在发现问题—解决问题—生成新问题—再解决新问题的过程中持续推进的,我们的理论认识也不断得到深化。

二、资料的收集和处理

资料收集主要使用以下几种方法:一是实地观察法,即研究亲赴实地观察学校校容校貌、师生教学行为、学校教育活动;二是焦点座谈法(focus group),即与实验学校校长和教师就学校特色发展的焦点性问题展开半结构式交谈或讨论;三是深度访谈法,即针对某一特定主题同校长或教师个人进行深入的正式或非正式访谈。

访谈资料采取扎根理论的三级编码方法进行分析和处理。首先,对访谈资料进行一级编码,即对每一个资料进行初步整理编码,对访谈资料反映出来的具有标志性意义的句子进行提炼,然后再分析。

访谈资料一级编码示例

1. 学校特色发展是落实国家中长期教育改革和发展纲要的重要举措,是时代的需要,也是对现实教育的清醒把握。学校特色发展是学校独有的、优于其他学校的属性,但该属性究竟是什么还不是很清楚。

……

3. 特色发展指学校某个优势项目的发展。

4. 学校发展方向还比较迷茫,所以申请课题组帮助我们开展研究。

……

6. 特色学校就应当是特色项目、特色教师、特色环境、特色课堂、特色课程的总和。

……

8. 学校如果有突出的特色项目就是特色学校。

……

10. 学校刚开办三年,不具备特色发展的基础。

11. 我校艺体成绩突出:田径队已获得区中小学田径运动会六连冠,深海蓝合唱团曾获得国际合唱比赛银奖,小精灵舞蹈团夺下多届鹭岛花朵金奖……

……

13. 学校具有特色发展的硬件基础,师资力量较强,且具有一定的研究意识与研究能力。

……

15. 我刚调任新校,希望以课题为依托,凝心聚力,科研兴校。

16. 我校办学硬件(条件)的不足,我认为会在一定程度上影响学校特色优质发展。

17. 学校特色发展就是要搞几个项目,提升学校知名度。

18. 参加研究,学习先进理念,对学校发展规划有利。

……

接下来,针对以上访谈记录进行二级编码。二级编码的主要任务是"发现和建立概念间的各种联系,以展示资料中各部分之间的有机关联","探寻被研究者表达这些概念类属的意图和动机"。[①]

访谈数据二级编码示例

A.学校特色发展是学校优势项目的特色(1、3、6、8[②]);

B.学校特色发展有没有基础(10、11、13、16);

C.参加课题研究是为了学校发展(4、15、17、18);

......

最后是三级编码——核心式提炼,即"在所有已经发现的概念属性类属中经过系统地分析以后选择一个'核心类属'"[③]。例如:

I.对学校特色发展的认识还不到位;(A、B、C[④])

第三节 行动研究的过程

本书课题的行动研究从 2009 年开始一直持续了将近十年的时间,整个研究过程根据研究的问题和进展可以分为"初步探索,寻求支持;理念凝练,规划制订;骨干培养,规划实施;重点突破,聚焦课程"四个不同的阶段,每个阶段的研究问题和研究目标各不相同,伴随着研究活动的开展、反思,研究问题不断解决,研究的目标不断实现,行动研究不断地一步步走向深入。

---

① 陈向明.教师如何做质的研究[M].北京:教育科学出版社,2015:209.

② 句末括号中的数字为一级编码中校长访谈记录回答的序号。

③ 陈向明.教师如何做质的研究[M].北京:教育科学出版社,2015:210.

④ 句末括号里的字母为二级编码环节中新意义单位的序号。

一、初步探索,寻求支持

(一)确定研究问题及目标

第一,要弄清楚研究和实践的起点。我们认为要先从学校特色发展的基本认识问题入手,对学校特色发展文献进行研究,组织课题实验学校的校长和骨干教师学习,提高大家认识水平。只有认识提高了,大家才会有自己的思考和判断,才会找到如何开展学校特色发展的策略。除了理论学习,最直接的就是现场学习,通过到国内先行开展学校特色发展工作的学校和区域参观学习,形成最直观的体验。

第二,要清晰研究和实践的思路。我们要先了解各实验校的办学基础和校长对学校特色发展的认识是什么样的。为此我们定期开展课题组研讨、到学校实地调研和对校长进行访谈,并对调研和访谈结果进行分析,梳理课题组实验学校的研究基础,然后再思考接下来的行动方案。

第三,要保证研究和实践的开展。学校特色发展是一项关系到学校整体改革的系统工程,牵涉到家长、教师和包括校长在内的行政管理者等主体,涉及德育、教学、科研、管理、后勤等内容,关系到学生、教师以及学校的发展。作为一项整体性改革,本书研究会触及许多理论前沿问题。区域推进学校特色发展涉及学校量多面广,且各校起点、校情各不相同。因此,这项工作需要区域教育主管部门的政策支持、区域教研部门的日常指导和教育专家的介入引领以及实验学校的能动实践,只有这样才能保证学校特色创建工作的科学性、方向性和共建性。要确保学校特色发展研究的规范性,单靠我们自己的力量是远远不够的,我们需要引进课题组以外的专家介入指导。

基于以上问题,我们确定第一阶段的主要任务:课题开题,启动研究;开展学习,提升认识;开展调研,弄清起点;开展交流,形成思考。寻找大学专家团队,建立合作关系,构建区域教育行政部门、区域教研机构、各实验学校和专家团队四方合作研究机制。

(二)行动研究的过程

1. 课题开题,启动研究

2009 年 11 月 15 日,在 DT 小学举行课题开题活动,内容包括专家讲座、开题会议和实地调研等。11 月 15 日上午,东北师大农村教育研究所所长、国家基础教育实验中心副主任邬志辉教授结合典型事例从"学校为什么要特色化发展""学校特色化发展的含义""如何创建特色化学校""如何制订学校特色发展规划"四个方面做了"学校特色发展与学校特色发展规划制订"的专题讲座。讲座在理论和实践层面统一了认识,为课题推进奠定了基础。讲座是面向全区中小幼校领导开放的,旨在宣传和推广特色学校创建理念,提升认识和促进思考。下午,在厦门市 DT 小学进行了"思明区中小学特色发展策略实施研究"开题活动。时任市教育局副局长任勇、市教科院院长苏宜尹、规划办负责人、区教育局领导及实验校校长、教科室主任参加了开题活动。市教科院苏宜尹院长宣读了课题立项通知,课题主持人作了开题报告,八所实验校分别介绍了各自学校特色发展的整体规划。专家们就实验校在办特色学校过程中存在的问题进行了点评,对课题研究提出指导意见:要从学校整体发展定位把握学校特色发展,关注学校特色发展的本源问题;明晰学校特色发展目标,思考在学校原有工作基础上下一步的工作方向;研究过程要针对不同学校生源特点和整个时代学生特点,思考学校特色创建如何跟上时代步伐并有针对性;课题研究过程要注意资料收集、整理和把握,记得学校特色发展过程中遇到的问题形态、解决策略及当事人的心路历程;要思考怎样从学校实际出发去生成理念性的认识;课题推进模式要考虑协调好教育行政部门、教研部门、实验学校、大学专家的内在关系及互动机制,研究过程要多研讨、多思考、多提问;学校特色发展要与学生发展、课堂教学、教师发展建立起联系,要与学校优势发展、整体发展融成一体;要加强从学校特色项目到整体发展的连接通道建设,重视内在底蕴积累,多做一些基本功。这些意见为课题组后续研究指明了方向。

2. 开展学习,提升认识

课题组于 2010 年 1 月 18 日组织部分实验校校长到重庆永川区参加第三届全国中小学特色学校发展论坛。在这次会议上,我们聆听了中国教育学会副会长郭振有先生作的"特色学校是优质化的学校"、人民教育总编辑傅国亮先生作的"从均衡发展到特色发展"的讲座,重庆市永川区教委主任陈军、重庆市教育评估院龚春燕院长的报告,以及其他地区特色学校发展经验介绍,这次学术交流使课题组成员深化了理解,开阔了眼界,坚定了信心。同时,我们也发现了一些急功近利的问题。会议结束后,课题组又组织全体实验校校长和骨干教师学习了《别滥用了特色学校这个"筐"》《特色发展是基础教育发展的方向》《从实践的特色走向理念的特色》等成果。课题组还购买了孙孔懿的《学校特色论》一书发给各实验校供学习参考,使各实验校对学校特色发展中涉及的学校特色、特色学校、特长学校等概念和关系有了比较清晰的认识,进一步明确了创建特色学校的意义和任务,厘清了学校特色建设的认识误区,找到了特色学校创建的逻辑起点和工作重点。

3. 开展调研,弄清起点

2009 年 11 月 16—17 日,邬志辉教授同课题负责人和课题组成员一道到课题实验学校开展诊断性调研活动,听取实验校校长介绍学校办学的基本情况以及学校特色项目和特色活动,参观学校的校容校貌,对课题组学校特色办学基础有了初步的了解。

此外,笔者利用课题组每月一次的课题组研讨时间与实验校的校长和老师进行了多轮的讨论,并采取各种非正式的方式,随机对实验校的校长开展了访谈,收集了实验校的校长们对开展学校特色发展活动的一些想法,对实验校校长的特色发展的认识以及各实验校的特色发展基础有了一定的了解。

4. 专家指导,四方合作

2010 年 7 月 22 日,课题组的成员一行 20 人在教育局张越副局长带领下赴吉林长春与东北师范大学邬志辉教授领衔的专家团队签订合作协议,为本书研究提供智力支持和保证。协议明确了专家顾问组成员组成,专家组指导实验校的方式,如课题研究指导、实践指导、互动研讨、同课异构、微型课题研究指导、校长论坛、平台展示等,以及如何促进学校特色化建设和自主发展能力形成,实现名校长、名学校、名教师打造等工作内容,构建了大学(university)、教育行政部门(administration)、教研机构(teaching and research institutions)和中小学(schools)四方合作,区域推进学校特色化发展的"UATS 模式"。

（三）行动研究的进展

1. 学校特色基础与选择

BL 小学基于学校所在社区环境，以及学生娇生惯养、不懂感恩的现状，选择了体验教育为学校特色发展方向。初期阶段，学校围绕体验教育开展了军营生活体验、农村生活体验、卖报纸体验、小鬼当家体验、料理家里三餐体验等活动，对体验过后形成的感受进行交流讨论。中期阶段，学校把电影欣赏与学科教学进行整合，通过影片主人公境遇体验感受社会的多样性和复杂性，增加学生对社会、对他人的理解以及承担社会责任的使命感和义务感。后期阶段，学校把体验教育与学生日常生活相结合，在日常生活中学会理解和体谅他人。譬如学校把举办校庆作为学生体验教育的形式，让广大学生参与校庆的策划和组织工作，"我的校庆，我做主"。虽然后来我们梳理了 BL 小学体验教育发展的几个阶段，但在创建过程中，学校经常面临目标不清晰、不知道体验教育如何在学科教学中落地的问题。

DT 中学面对社会上存在的现实主义、功利主义倾向，以及学生缺乏远大理想的现象，初期阶段，学校提出了浸润式德育的特色发展方向，重视传统文化对学生的影响，期望通过传统文化的"润物细无声"式的影响，让学生有理想、有信念、有情操。中期阶段，学校根据 DT 中学校友、著名经济学家、北京景山学校创办人童大林先生为母校的题词"诗之校"，学校特色发展开展向诗歌教育方向拓展。起初，学校坚持每天在校门口小黑板上书写一首诗歌，后来开发了"诗与歌""诗与舞"两门校本课程，创办了"诗歌报"，举办了诗歌夏令营。DT 中学的"诗之校"有哪些内涵，是诗歌教育还是诗意教育？诗意人生、诗意校园的真正内涵是什么？怎样的校园才是真正的诗意校园？如何评价诗意教育的外显效果？对这一系列问题，学校的认识还不全面。

JJ 小学针对学生同质化发展的现状，初期阶段选择了"三星评价"激励机制，鼓励学生自主发展、自由成长。"三星评价"特色项目比较成熟，使用时间较长，老师同学都比较认可，操作也比较方便。中期阶段，学校发现邮票是一个大千世界，可任由学生探索研究。为此，学校开发了集邮校本课程，全面加强集邮资源、课程体系、师资培养、实践阵地等建设，工作开展得扎扎实实，在全国产生了极大的影响。学校在集邮校本课程建设过程中面临课程资源建设的难题,学校虽然基点较好,但怎么突破瓶颈,在继承的基础上实现创新,一直没找到契合点,在促进学生"多元发展"的规划定位问题上还比较模糊。

其他学校的特色基础也各不相同。如 YE 小学虽然是新办校,但学校的国画校本课程开发研究已经进行多年,初步编出了自己的国画校本教材;LQ小学也是新办校,学校比较重视乒乓球运动,但没有形成规模;LL 小学比较重视体育舞蹈教育;BL 中学科技教育在国家、省、市级比赛中获得了不少奖项,在本地小有名气;BL 小学海洋校本课程开发也持续了多年;YN 小学克服学校没有场地的局限,在各级小学生足球比赛中屡获佳绩,甚至获得了全国小甲 A 冠军等。在调研过程中,课题组和实验校摸清了学校特色发展的底数,了解了校长们对学校特色发展的认识及未来设想,得到了大量质性访谈资料。

2. 访谈资料整理与分析

通过围绕"你怎么认识学校特色发展""你为什么要加入学校特色发展课题组""你校有哪些特色发展的基础""你校特色发展的目标是什么""你校特色发展的优势是什么?"5 个问题,对实验校 9 位校长的访谈,既摸清了校长对学校特色发展的认知程度,又掌握了校长对学校特色发展的思考情况以及对课题组的期待。所有访谈都事先征得校长同意后录音,访谈后对录音资料进行文字整理,又在文字整理基础上进行了三级编码。

首先,对访谈资料进行初步整理、编号,即一级编码。

校长对学校特色发展的基本认识

1. 学校特色发展是落实国家中长期教育改革和发展规划纲要的重要举措,也是时代的需要,是对现实教育的清醒把握。学校特色发展指学校独有的、优于其他学校的属性,但该属性究竟是什么我现在还不清楚。

2. 特色学校和学校特色这两个概念依然很模糊,总觉得,特色学校就应当是特色项目、特色教师、特色环境、特色课堂、特色课程的总和。

3. 学校特色发展就是搞几个项目,为了提升学校的知名度。

4. 我校位于城乡接合部滨海街道曾厝垵社区,曾厝垵原本是一个小村庄,在经济改革浪潮下,该片区涌入大量以务工为主的外来人员,因此我校生源除了本社区居民子女,另有 70% 为进城务工人员子女。我们清楚地认识到,外来务工人员素养参差不齐,因生活压力无暇顾及孩子的教育,导致极大部分孩子家庭教育严重缺失或者相对薄弱,一些孩子文化基础和行为习惯也相对落后,这给我校教育教学带来了很多困难和困扰。根据本校现状,办一所令社区和家长们满意的好学校、努力提升学生的道德文化素养,便成为目前迫切需要解决的问题。因为得知有这样的课题组,我希望通过参与课题改变现状。

5. 特色发展是学校某个优势项目的发展。

6. 学校特色发展是为了更好地实现育人目标,激活各种办学要素,逐步形成不同的发展路径和不同的学校风格。

7. 学校刚开办三年,不具备特色发展的基础。

8. 我希望获得专业团队的引领,以课题研究的方式规范开展特色学校实践研究活动,让学校办学目标与办学特色有机融合。

9. 学校特色发展是学校发展的需要。

10. 当时学校发展方向处于迷茫期,因此我便主动申请加入课题组。

11. 我加入课题组是为了整体建构学校文化,从理论上提升自己,并落实到实践中。

12. 通过参加研究,学习先进理念,对学校发展有更好的规划。

13. 通过参加课题组,加强对学校特色发展的认识。

14. 为老师提供更多的学习机会,提高教师的专业素质。

15. 我刚调任新校,希望以课题为依托,凝心聚力,科研兴校。

16. 学校发展是需要"项目"推进的,能参加区教师进修学校牵头的研究项目是学校再发展的契机。

17. 我认为我校已具备特色发展的基础。学校具有特色发展的硬件基础,师资力量较强,且具有一定的研究意识与研究能力。

18. 学校有特色校本课程"中国画",有两位中国画教师。

19. 学校如果有突出的特色项目就是特色学校。

20. 我校艺体成绩突出:田径队已获得区中小学田径运动会六连冠,深海蓝合唱团曾获得国际合唱比赛银奖,小精灵舞蹈团夺下多届鹭岛花朵金奖……

21. 学校特色发展是为了提升学校的整体办学品质。

22. 我校要在历史传承的基础上,基于办学主体的理性认识,通过对办学资源的整合与优化,有意识、有计划、有组织地实施管理,形成有明确内涵的办学特色。

23. 我校参与特色发展项目就是要在某一领域与众不同。

24. 学校特色发展是为了教师发展、学生成长。

25. 我们进行特色发展是为了追求"学校有特色,教师有专长,学生有特长"的理想境界。

其次,在初步梳理的基础上,寻找这些资料所代表的意义以及资料之间的关系,形成概括性更强的新意义单位,即进行二级编码。

访谈内容意义相近观点归纳

A.学校特色发展是社会发展和学校发展的需要(1、4、9、10、16、19、20、23);

B.学校特色发展是学校特色项目的发展,是局部的特色(2、3、5);

C.学校特色发展会促进教师专业成长和学生发展(6、14、24);

D.学校特色发展要具有一定的基础(7、17、18、19);

E.学校特色发展能促使学校明确发展方向,对学校发展进行整体设计(12、25);

F.学校特色发展需要开展研究,需要专家引领(8);

G.学校特色发展是学校文化建设的需要(11);

H.学校特色发展要基于历史传承(22)。

再次,在二级编码的基础上,对材料进行系统分析,选择一个"核心类属",①也就是所谓的核心式提炼,即三级编码。

意义相近内容归纳后提炼的主题

Ⅰ.学校特色发展的理解和认识(A、B);

Ⅱ.学校特色发展的目标和方向(C);

Ⅲ.学校特色发展方式和手段(D、E、F);

按照扎根理论对以上访谈材料进行处理后可以发现,校长对学校特色发

---

① 陈向明.教师如何作质的研究[M].北京:教学科学出版社,2015:210.

展还停留在特色项目上,认为学校特色就是项目特色,这样的认识还比较片面。大部分学校都认为学校特色发展能促进学校发展,同时也能促进教师成长和学生成长,更多的还是为了学校发展,还没真正把着眼点放在学生全面而有个性地发展上。在学校策略选择上,多数学校从已有特色项目开始,并以此为基础进行整体设计,但怎么开展研究,大部分校长还比较迷茫。

(四)行动研究的反思

学校特色发展的理性认识和基础研究不足。在调研中,发现校长们对学校特色发展问题的认识大部分都停留在特色项目上,只重视部分有特长的学生,特色项目的价值追求是为了学校的名声和发展,较少考虑学生的个性成长需要。另外,在学校特色发展推动策略上,多数学校以开展各种教育活动来带动学校特色发展,把特色活动当成创建活动,缺乏研究意识,理性思考不足,学校特色发展更多的是处于自发的状态,缺乏发现问题、研究问题和解决问题的主动精神。

虽然建立了四方合作机制,但因本书课题是由教研部门主持的,带有行政工作意味,而学校又是研究主体,如何协调课题研究中的多主体关系,确保课题研究的顺利开展本身就是一个需要研究的课题。在区域推进学校特色发展过程中,如何规避因为行政权力的强势带来的急功近利,又能保证学校自主权的彰显以提高研究效率,教研部门如何既以研究者的态度开展研究,又能与教育行政部门配合有序高效地推进工作,学校如何在教育行政部门和教研部门的指导下保持自身的自主性和主动性等,这些都是急需进一步探讨的课题。

二、理念凝练,规划制订

(一)研究问题及研究目标

经过第一阶段的调研和研讨,实验校的校长和骨干教师对学校基础有了初步的认识,对各自开展的学校特色发展工作有了初步的思考和想法,还没有形成系统的研究思路。在"四方合作"机制建立后,东北师大专家为我们的课题研究指明了方向,即先制订各自学校特色发展规划。在学校特色发展规划制订过程中,实验学校继续学习以加深对学校特色发展的理论认识,在认真分析学校特色发展基础的同时,着力思考学校特色发展的方向和目标,凝练学校特色发展理念,并以学校特色发展理念为指引,系统思考学校特色发展的路径和策略。也就是,以学校特色发展规划为抓手,带动实验校各参与主体加强学习,提升学校的学习力和学校特色发展的理论水平。凝练学校特色发展理念,提高校长的设计力,并将理念渗透于学校办学的各个环节和各项内容上,提升学校的执行力。在制订学校特色发展规划过程中,各方力量逐渐磨合形成了"四方合作"的工作机制。因此,在本阶段着重解决和研究了以下问题:

第一,学校特色发展的理论认识问题。理论认识是行动的起点,理论混沌下的行动必然会导致目标不清和行动失序。因此,加强理论学习、提高学校的学习力非常必要。课题组如何组织实验校的主要参与者——校长和骨干教师的学习问题迫在眉睫。

第二,校长特色发展设计力提升问题。起初,校长对学校特色办学理念的凝练更多地期待专家的给予。校长们虽然认识到了特色办学理念对学校特色发展的重要性,但如何从学校实际出发凝练出自己学校的特色办学理念还是一片茫然。一方面,校长缺乏理论积累,在理念的凝练上缺乏理性归纳力和概念提升力;另一方面,校长们大多有一种惰性,希望专家能给他们一个现成的、听起来响亮、说起来漂亮的口号式理念。学校特色发展理念是学校特色发展规划的关键内容,指导学校在分析各自办学条件基础上凝练出办学理念,并系统提出学校特色发展的整体构想,需要提升校长的思考力和设计力,这是本阶段行动的重点。

第三,四方合作各方的角色作用问题。明晰"四方合作"各方的角色责任和工作方式、形成学校特色发展工作的合力是整个课题研究能否高效运转、获得成功的前提和基础。这种合作机制的关键是要激发学校的内生动力,指导学校自主思考,而不是给予学校现成的答案或结果,避免学校急功近利。

(二)行动研究的过程

首先,对实验学校校长开展调研。实验工作刚开始,由于有了"四方合作"机制,校长们对课题研究有了不同的期待,在日常学校走访和非正式访谈中,发现不同的校长对课题组高校专家的期待是不一样的。笔者就"你希望课题

组给学校特色发展提供什么帮助"和"你对课题专家指导组有什么期待"两个问题先后随机访谈了课题组的九位校长,访谈结果如下:

问题一,你希望课题组给学校特色发展提供什么帮助?

(1)全方位指导。

(2)特色学校发展的整体策划。

(3)请进来:邀请知名专家、特色专家下校指导,一步步带我们走向特色。走出去:出去看看,到特色学校去参观,去看看别人怎么做的,我们也学习他人经验。

(4)对学校特色发展提供方向、目标的指引。

(5)手把手教给学校如何操作。

(6)理论和实践指导。

(7)提供学习的平台。

(8)共同制订切实可行的"学校特色发展规划",加强目标管理,进行项目分解,将具体任务、措施落实到人,并适时进行调控。

(9)形成一支致力于研究、实践学校特色发展的共同体,提供展示平台。

问题二,你对课题专家指导组有什么期待?

(1)期待专家开阔学校教师视野,指导课题全程开展。

(2)期待专家为我校提炼特色理念,整体策划研究过程。

(3)专家到校指导工作,对学校如何创建"特色校园"手把手指导、一步步教。不光要有理论支持,更要有实际的行动跟进。

(4)期待课题专家指导组直接给方案、措施。

(5)给予全面指导。

(6)理论和实践指导。

(7)多做讲座。

(8)对特色学校建设专题研究提供理论支持,指导改革实践。

(9)指导学校特色发展规划的制订,指导学校成果的梳理和编辑,培养骨干教师。

从访谈数据可以看出,实验校校长对课题组和专家组的期待更多的是"给予"——给予特色办学理念,给予特色发展方案等,总之实验校总体上处于比较被动的状态。这一点在布置各实验校制订学校特色发展规划时就体现出来了。学校特色发展规划的制订是学校特色发展研究的核心工作，虽然早在课题开题之初，首席专家邬志辉教授就已经对如何制订学校特色发展规划做了专题讲座，大家对此也有了一定的了解，但一旦要求校长着手此项工作时，还是表现出了畏难的情绪，他们纷纷表示自己的理论水平不行，靠自己和自己的团队凝练学校特色办学理念力不从心，希望课题组和专家指导团队能给现成的办学理念。

其次，专家激发学校"内生动力"。学校特色发展规划的制订是本阶段的重点。针对调研中发现的各实验校的消极被动心态，课题组和专家指导团队经过分析后一致认为，要从激发学校内生力开始，促进实验校校长和教师通过学习提升理论水平，促进校长深入思考学校办学基础，发动全校教师参与规划制订，在规划制订过程中实现校长学习力、思考力和设计力的提升，通过研讨论证提升全体教师的理解和认同水平，为下一阶段规划实施工作打下坚实的群众基础。基于这样的思考，课题组和专家指导组着手制定校长日常学习制度和学校定期指导制度。每月一次的学习制度让校长带着问题做研究，思考学校特色创建工作如何开展，并亲自上台为课题组全体成员做讲座，促使校长们要带头学习，带头思考。专家指导团队下校指导更多的是一种追问式的指导，激发校长和老师"头脑风暴"，对学校存在的问题及时指出、指导和纠正，让学校思考有方向、努力有动力，校长老师在这种指导方式下纷纷感到了压力，也增强了信心和动力，改变了校长和老师的惰性，激发了校长和老师学习思考的积极性和主动性，课题研究呈现出了十分罕见的主动研究局面。

再次，建立学习培训制度。每月第四个星期四下午是课题组研修会议时间，研修会议除了布置研究工作、交流计划进展、研讨焦点问题，还组织了丰富多彩的学习活动，进行理论、实践及研究方法培训。

第一，理论学习交流。课题组为了加强所有实验校校长和老师对学校特色发展的理论认识，保证学校特色发展的效果和方向，在进行大量文献综述的基础上，对相关理论概念、创建路径、层次类型等进行了梳理，并通过课题组工作会议对实验校校长、课题组骨干教师和全体种子教师进行培训，提高了各实验校校长和老师对"特色学校""学校特色""特色办学""特色项目"等核心概念的理解，提升了全体参与人员的理论水平，解决了研究中的理论困惑问题。

第二,研究方法培训。针对实验校研究意识不浓、把活动当研究等现象和问题,课题组邀请内蒙古鄂尔多斯市东胜区教研中心副主任、北京市中关村第四小学科研主任、"教师学习与发展共同体"国际合作项目发起人之一李玉平老师给课题组老师做"今天我们如何做研究"的培训,教给老师进行实践研究的方法和思路。

第三,知名专家指导。2010 年 12 月 25 日,邀请重庆市教育评估院院长龚春燕教授做了题为"特色学校:新时期学校发展的抉择"的专题讲座。龚院长结合重庆市区学校特色发展的生动案例,从建设特色学校的意义、特色学校内涵、特色学校的几种关系、特色学校与特色课堂、特色学校文化建设、特色学校评估七个方面对特色学校的内涵理解与发展策略做了系统全面的阐释。重庆市育英小学卞小娟校长以人教社四年级教材"数学广角"这节课,以梧村小学四年级学生为授课对象向实验校师生上了一堂精彩的特色课,并结合育英小学四商(情商、智商、逆商、创商)特色课堂创建对学校特色发展所起的促进作用进行了解说,让人耳目一新。各实验校就学校特色发展中遇到的"显性特色项目如何提升隐性文化创建、学校特色发展如何评估"等诸多焦点问题向龚院长和卞校长请教,两位专家对重庆市创建特色学校工作存在的问题进行了坦诚的交流,为各实验校提供了鲜活可借鉴的实践经验,为下一步深入开展学校特色创建工作奠定了经验基础。2011 年 12 月 16 日,邀请台湾新竹教育大学陈慧邦教授开设"特色学校经营"学术讲座。陈教授分析了学校特色的共同特征、课程发展特征、学校特色经营、学校特色经营条件等问题,并强调"学校特色的建立需要有开风气之先的教育理念,砥柱中流的教育理想与始终如一的实践风格",学校特色发展要重视创意,不仅要重视理念还要重视外显形式,特色学校创建需要特色课程作支撑、要在特色课程建设上做更多探索等,实验学校的校长和教师深受启发。

然后,开展常态化研究指导。构建"四方合作"机制后,东北师大专家团队每学期到我区 7 天为每个实验校开展指导活动。一般情况下,上学期东北师大团队由理论专家以及基层一线名校长和名师组成混合专家组到实验校进行指导,下学期由东北师大教育理论专家和学科教学专家组成混合专家组到实验校进行指导,研究指导既重理论又重实践,深受实验校领导老师们的欢迎。专家团队到实验校与学校人员一起研究探索学校特色定位,确定学校特色规划的基本思路、办学理念、发展目标、建设任务、学校保障等。各实验学校认真配合专家开展调研,与专家一起积极主动探索学校特色发展规划研制工作,提出学校急需解决的难点重点问题,完成《学校特色发展规划(草案)》。2012 年 4 月 23—26 日,来自东北师大和长春市名校长、名教师,如吉林省第二实验学校的宋戈校长,长春树勋小学的金玉茶校长,吉林省教育学院干训办主任蔡京玉博士、吉林省实验中学特级教师、省级学科带头人、全国教育系统师德模范、全国优秀教师卢军良等一行 13 人,分组到我区各实验校开展学校特色发展实践指导工作。

为了保证实验学校在东北师大专家离校后不因为各种事务性工作而忽视项目开展,我们邀请四位厦门本地专家组建本地专家指导团队,每月到实验校对项目开展情况进行跟踪指导,及时发现和反馈各实验校存在的问题,及时督促和指导问题解决,有效地促进了各实验校特色发展实践工作。同时,我们还发挥教师进修学校教研员的专业引领作用,在进修学校教学视导中对实验校特色发展工作给予指导,在教学视导中加入了特色发展内容,如特色课堂、特色课程等,形成了多层次、立体化研究指导、推进工作的合力。

最后,组织特色发展规划论证。在各实验校制定出各自的学校特色发展规划以后,组织来自东北师范大学、重庆教育评估院和厦门本地的专家团队,分三组深入各实验校对学校特色发展规划进行论证,对学校特色发展规划进行把脉,这些指导对保证学校特色发展方向起到了至关重要的作用。

(三)行动研究的进展

首先,构建"学习思考力提升共同体",全面提升校长特色创建工作领导力。目前,学术界比较多的人认同"特色学校是指在先进的教育思想指导下,从本校的实际出发,经过长期的办学实践,形成了独特的、稳定的、优质的办学风格与优秀的办学成果的学校"。[①] 特色学校意味着一所学校综合个性的形成,意味着学校能成功地营造一种有别于他校的特殊的学校文化氛围。特色学校是学校办学的整体特色和个性。校长在特色办学中起着举足轻重的作

---

① 《人民教育》总编傅国亮发表在《人民教育》2009 年 Z1 期上的文章《每一所学校都是潜在的特色学校——关于特色学校的七点认识》说这个定义是重庆教科院胡方发表在《人民教育》上的文章所下的,认为这个定义"非常科学、严谨","也赞同"。

用。特色学校创建要求校长具有较强的学校特色创建战略远景规划能力、较强的特色课程和特色教学领导能力、较强的协调和激发教师团队发挥潜能、参与学校特色创建的能力、较强的争取社区支持学校特色创建的能力，概而言之，即校长的特色创建领导力。美国领导力专家库泽斯与波斯纳（James M. Kouzes & Barry Z.Posner）认为，领导力具有以身作则、共启愿景、挑战现状、使众人行、激励人心五个特征。[①] 校长是学校特色创建工作的领导者，校长在领导学校特色创建中同样需要以身作则，与师生们共启特色创建愿景，挑战学校办学现状，激励广大师生共同创建特色学校。校长的特色创建领导力又以特色创建规划能力最为重要，它是有关学校全局性、长远性和根本性发展问题的重大谋划，校长特色创建要从学校历史、师生状况和周边环境等出发，高瞻远瞩地确立学校特色办学方向和目标，并使其成为学校全员执着追求的共同愿景，推动学校走向内涵发展之路。为此，我们构建了由进修学校（区域教研机构）为主导、高校专家为引领，学校校长为主体、学校核心成员参与的"学习思考力提升共同体"（见图 4.1）。

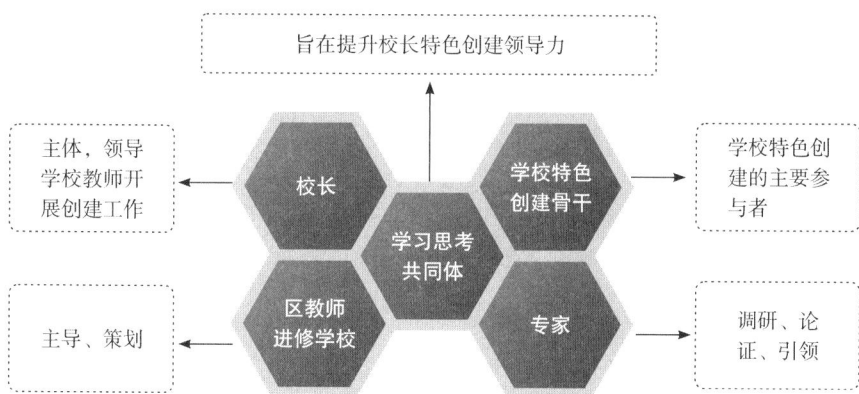

图 4.1　学习思考力提升共同体

这个共同体是以任务驱动的学习、交流和研讨模式来提升校长及其核心成员的学习思考力的。它是从特色创建的时代背景和学校的特定环境出发，以凝练学校办学理念为核心，以发动全体教师参与制定特色发展规划为重点

---

① 詹姆斯·库泽斯，巴里·波斯纳.领导力[M].李丽林，张震，杨振东，译.北京：电子工业出版社，2012：11-12.

的活动中表现出来的领导力。第一,"学习思考力提升共同体"以论坛为主要载体,围绕特色创建工作确定了特色学校与特色规划、特色学校与特色理念、特色学校与特色课程、特色学校与特色队伍、特色学校与特色管理、特色学校与特色文化、特色学校与特色评价等七个主题,由校长根据自己的思考和专长挑选其中某一主题,通过向专家请教、组织骨干教师学习、开展研讨活动等方式形成学习心得体会。论坛定期举行,每期确定一个专题负责人,围绕自己所选主题谈国内外相关研究进展和现状,谈自己对学校特色创建问题的思考和见解,谈自己在学校特色创建过程中遇到的困惑和问题等。之后,再由其他参会校长就主讲校长的报告进行提问、交流、研讨,以达到促进大家共同学习和提高、共享相关学习和思考成果的目的。第二,以制订学校特色发展规划为抓手,促进校长带领学校骨干成员乃至全体教职员工共同提炼基于校情、教情和学情的特色发展理念,形成共同的特色发展愿景。在制订学校特色发展规划过程中,学校核心团队和全体老师必须对特色发展进行再学习、再认识、再讨论、再提高,科学、全面、历史地分析校情,寻找学校办学的优势和不足,整体思考学校运用何种策略、方法和行为来推进特色办学理念在学校课程和教学中的贯彻,以提升课程品质、提高教学质量、增强教师专业能力、增进学生学业水平。思考学校特色创建如何走入社区、面向社会,多方位、多层面赢得各方支持,以此巩固和发展学校特色。在此基础上,通过专家下校调研、组织研讨和规划论证,引导校长及其全体教师思考什么是教育、什么是真正的教育等问题,促进学校对特色发展规划再思考、再提升、再修改,达到提升校长特色创建领导力的目的。

"学习思考力提升共同体"和"四方合作推进创建共同体"建立之后,学校特色发展研究稳步发展,学校逐渐明晰了各自的特色办学方向,凝练出了自己的特色办学理念,制订了各自的学校特色发展规划。同时,课题组在学校初步提出各自办学理念之后,开展了"基线测试",对各实验校的发展起点有了比较准确的把握,提高了区域推进学校特色发展工件的针对性和有效性。

其次,构建"四方合作推进创建共同体",提升区域学校特色创建设计力。区域推进学校特色创建关系着区域教育发展的方向,关系着学校、教师和学生的发展,因此特色学校创建的整体设计必须符合教育规律,符合现代教育发展的方向。什么是整体设计呢?2003年英国教育部长曾宣布,要把每一所中等学校都办成特色学校,不是用一个统一的标准、要求装备学校,而是由政府出面统一规划倡导特色学校建设。① 这里所说的"统一规划和倡导"就是整体设计。所谓的整体设计力指对区域推进学校特色创建工作进行整体规划和倡导的水平和能力。因此,区域性推进学校特色创建需要教育专家的引领和指导,需要教育行政部门和教育科研部门的支持和引导,以保证学校特色创建工作的科学性和方向性。在思明区教育局支持下,区教师进修学校带领区域内实验学校的校长亲赴东北师范大学,同邬志辉教授领衔的专家顾问团队签订了合作协议,构建了高校专家、教育行政、教研机构和中小学合作推进学校特色化发展的"四方合作推进创建共同体"。这个共同体在思明区教师进修学校(区域教研部门)的组织协调下,旨在发挥专家专业引领,行政经费保障和学校自主创建等几个方面力量,在充分调研、深入分析的基础上,提出区域推进学校特色发展的规划方案和行动路线,高位指导学校特色创建工作,促进学校特色化建设和自主发展能力形成,进而促进区域教育整体水平的提高。

在"四方合作推进创建共同体"(见图 4.2)中,学校是特色创建的主体,是创建工作的具体实施者,在共同体中处于中心位置;专家是学校特色创建的引领者和帮助者,帮助学校分析诊断,引领学校寻找正确的办学方向,形成实施方案;区域教研部门是共同体各方力量的协调者,也是学校特色创建工作的促进者和合作者,进行日常管理和指导,与学校共同发现问题与解决问题,制订和实施区域推进学校特色发展方案;区域教育行政部门是保障者和监督者,为特色创建提供政策和经费支持,形成良好的舆论环境,搭建展示平台,监督和管理区域内学校特色创建工作,保证学校特色创建工作有序推进。学校在专家指导下,对学校历史、内外环境、师资队伍、校长理念、办学特长、特色项目进行调查研究的基础上,激发师生共同参与的内驱力,共同思考、相互交流、科学论证学校自己的特色办学理念和特色办学行动计划。在日常工作中,区域教研部门一方面深入学校进行调查和指导,另一方面搭建校长论坛、教师沙龙等交流研讨平台,促进创建工作开展。

在"四方合作共同体"中,教育专家有深厚的理论积淀,视野开阔,发现、研究、分析和解决教育问题能力突出,中小学校教学实践经验十分丰富,各自的

---

① 　傅国亮.特色发展文化育人[J].基础教育参考,2010(07):5.

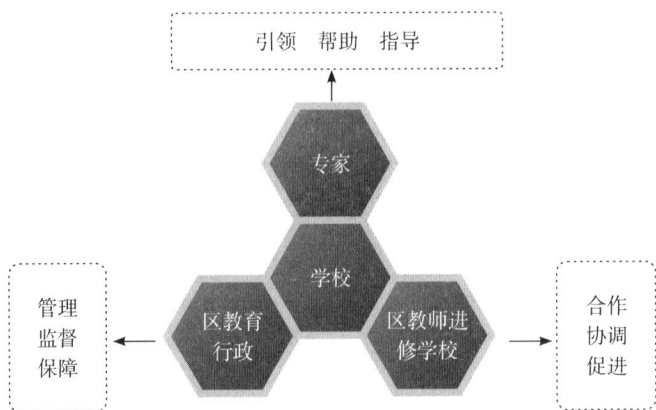

图 4.2　四方联动推进创建共同体

优势又是彼此的不足,如何转变指导方式,取长补短、有效融合是教育专家与学校合作取得成效的关键。

(四)行动研究的反思

首先,如何让教师认同学校特色发展规划,如何推进学校特色发展工作的日常化实施。各实验学校特色发展规划制定出来后,学校提出的办学理念、发展路径和行动步骤如何让教师理解、内化直至认同并自觉践行是课题组和各实验学校都需要认真思考的问题。规划方案制订虽是学校特色发展的关键步骤,但规划如何转化为实践才是最为重要的。理想是美好的,但从理想到实践还需要一个行动的过程,这个行动过程单靠校长及骨干团队是远远不够的,还需要全体教职员工的共同参与和实践。因此,规划如何落地是下一阶段应重点解决的问题。

其次,如何创建学校特色发展成果交流展示平台,如何扩大研究成果的辐射带动作用。随着学校特色发展研究的逐步深入,课题组成员,包括实验学校校长、教师等都有了自己独立的思考,形成了自己的见解,这些来自实践的经验和思考如何发挥作用,如何变成区域推进学校特色发展的共同经验和资源,也是课题组需要解决的问题。一方面,课题组内部已经建立了常态化的交流研讨机制,但这个交流研讨机制每月一次,无法给每个学校和每位教师提供充分的交流机会,虽然课题组内部的经验交流有利于成果分享,有利于互相借鉴、彼此促进,但主题不够突出,时间不够充分。另一方面,课题研究目标是推动全区学校特色化发展,如何及时把课题组和实验校的研究成果向课题组外学校的分享、对其他学校形成示范和推动作用,也是需要课题组进一步研究解决的问题。

三、骨干培养,规划实施

(一)研究问题及研究目标

本阶段是学校特色发展规划制订出来后开始实施的阶段,是本书课题推进的重要阶段,其核心目标是创新区域推进机制,促进各实验学校落实特色发展规划,促进学校特色发展规划的教师的理解和认同,推动教师按学校特色发展规划创新性地开展教学实践工作,及时为校长教师的研究成果提供发表和交流平台,使研究成果及时向区域内其他学校辐射,发挥示范引领作用。这个阶段重点关注了以下几个问题:

首先,如何由规划制订阶段转为全员实施阶段。学校特色发展不是校长、学校领导班子或骨干教师等部分人员的事,而是学校全体教师的事。学校特色发展规划和特色办学理念需要获得广大教师的认同,应由纸上思路转化成具体行动,因为在行动中会有很多问题需要研究和解决,那么如何建构符合实际需求的实施工作机制便成为一个新的课题。

其次,如何把各校实施成果推广给其他学校学习。如何搭建实验学校与非实验学校校长和教师的交流平台,通过交流、研讨、互学和借鉴,把实验学校好的研究成果向全区非实验校辐射、展示,切实推进区域层面整体实现学校特色发展也是一个值得研究的问题。

(二)行动研究的过程

首先,开展前测工作。在专家的指导下,针对学校特色办学涉及的教师、学生、家长等几方面的对象,对学校特色办学理念的解读、办学基础等进行了基线测试,掌握了各校特色发展工作的基础数据,为项目开展提供了科学数据。

其次,培养种子教师。在实验学校完成特色发展规划以后,课题组经过多方征集意见,在区教育局的大力支持下,从实际需求出发,委托东北师范大学开办研究生课程班,每个实验校选出 2 名行政管理教师、3 名课堂教学教师组成了两个班级——管理班和教学班,共计 61 人,每个学员(又称种子教师)必须带一个学校的特色发展研究课题(见表 4.2)参与学习,东北师范大学根据两个班的特点专门设计了培养方案,并为每名种子教师配备了专门的指导教师。

表 4.2　实验校"种子教师"研究课题汇总表

学校	姓名	研究课题
DT 中学	教师 1	"诗之校"诗意课堂建构及实践对策研究
	教师 2	"中学生涯规划"课程的研究与实践
	教师 3	以语文为代表的文科诗意化课堂的构建与生成
	教师 4	"诗之校"理论建设与特色课程开发
	教师 5	学校特色发展过程中的教师合作研究
BL 中学	教师 1	认同与执行——教师教育观念更新与行为转变
	教师 2	初中生诚信品质培养策略研究
	教师 3	"三求"特色校园文化建设研究
	教师 4	在语文课堂教学中渗透"三求"理念的策略研究
	教师 5	初中数学探究教学的实践研究
YF 中学	教师 1	"30＋15"数学课堂教学模式建构的行动研究
	教师 2	YF 中学国家英语课程校本化实施研究
	教师 3	"自主教育"校本课程开发的研究和探索
	教师 4	学生目标管理与多元评价研究
	教师 5	培养学生自主能力　促"五自"校园文化形成研究
DT 小学	教师 1	传承奋进文化　打造精进课堂
	教师 2	文化与美的碰撞
	教师 3	多元学习环境下学生兴趣能力培养研究
	教师 4	家校合作:学校文化的延伸
	教师 5	人本民主与科学规范相融合的管理文化构建研究
BL 小学	教师 1	体验教育的理念建构研究
	教师 2	体验教育的课堂教学策略研究
	教师 3	"教育体验场"的实践探索
	教师 4	体验教育校本课程开发的探索与实践
	教师 5	体验教育理念下小学生评价研究

续表

学校	姓名	研究课题
JJ 小学	教师 1	品格校园文化的建构研究
	教师 2	利用三星评价体系推动学生品格发展研究
	教师 3	家校社共育模式的构建研究
	教师 4	6A 教育原则在品格教育中的运用研究
	教师 5	品格校本课程开发
YE 小学	教师 1	墨香校园文化建设研究
	教师 2	"墨化教育"理念下墨香德育研究
	教师 3	"墨化教育"理念下生本课堂合作教学实施策略研究
	教师 4	"墨化教育"理念下"墨香型教师"发展实践研究
	教师 5	小学中国书画"主题式"教学实践研究
LQ 小学	教师 1	协同家校社教育培养学生良好习惯研究
	教师 2	小学生良好习惯养成的校本课程开发研究
	教师 3	小学生英语听说习惯的培养策略研究
	教师 4	小学生语文阅读习惯的培养策略研究
	教师 5	小学数学合作学习习惯的培养策略研究
SB 小学	教师 1	快乐发展的办学思想解读和建构
	教师 2	快乐发展的校园文化建设实践研究
	教师 3	快乐课堂教学策略研究
	教师 4	快乐课堂教学评价研究
	教师 5	教师快乐成长的策略研究
YN 小学	教师 1	以榕文化为核心构建生态型校园文化的实践与研究
	教师 2	"绿意"教师团队成长路径的实践研究
	教师 3	生态视角下学校德育环境研究
	教师 4	生态教育理念下绿意课堂构建
	教师 5	学校绿意生态课程的研究与应用
LL 小学	教师 1	丰富化教育理念的形成与发展研究
	教师 2	丰富化教育视野下的学校德育研究
	教师 3	基于丰富化教育的小学教师专业发展实践研究
	教师 4	丰富化教育背景下小学高效课堂探索
	教师 5	丰富化教育视野下的校本课程建设研究

续表

学校	姓名	研究课题
SE 小学	教师 1	"用责任与智慧奠基未来"特色理念解读与践行策略研究
	教师 2	SE 小学以责育德实践研究
	教师 3	智慧型教师专业发展的行动研究
	教师 4	SE 小学智慧课堂教学策略实践研究
	教师 5	以"培养责任,启迪智慧"为核心的校本课程开发与实践研究

  2011 年 11 月 17—24 日,教学班"种子教师"赴长春进行"特色学校创建"课题实践研修活动。全体教师分为小学、初中、高中三支队伍,深入东北师范大学附属第一小学、第二小学、附属中学初中部和高中部课堂听课评课,参加讲座、教研等教学常规活动。2012 年 9 月 12—23 日和 11 月 21 日—12 月 2 日,教学班和管理班"种子教师"分别到东北师范大学进行为期 12 天的研究生课程班学习、课程改革优质校考察及研究生班论文开题等活动。教学班种子教师先后聆听东北师范大学教授"课程改革:理念与诠释""校本课程开发""推进教学改革:理念与拓展"等讲座,管理班种子教师先后聆听"学校心理咨询""教育管理学"等讲座。9 月 19—21 日,教学班种子教师在邬志辉教授等专家的带领下先后到沈阳实验学校和鞍山市钢都小学参观考察。11 月 25—27 日,管理班种子教师在笔者带领下,先后到鞍山市钢都小学和沈阳市文艺路二小参观考察。考察过程中,鞍山市钢都小学"名师工作室"等教师自主发展策略引起了"种子教师"极大的兴趣,与钢都小学领导进行了热烈的讨论和交流,收获颇丰。沈阳市文艺路二小"以课程改革为载体,全面提升学生学习力"的课题研究汇报紧紧地吸引着"种子教师"们的眼球,他们的"全脑开发校本课程体系"更是激发了"种子教师"的研究兴趣。在听取了一堂校本课程随堂课之后,"种子教师"带着满满的收获以及对校本课程开发的多层面思考,返回长春继续研究生课程班学习。

  在此次研修活动中,东北师范大学专家先后听取了每位种子教师的课题研究汇报和论文开题报告,并就如何撰写研究报告进行了具体指导,提出了具体修改意见。之后,东北师范大学教育学部李泽宇教授又亲赴厦门对全体种子教师做了"教研成果的表述——规范与要求"的专题讲座,分析了教研中常见的问题与困惑、结题前需反思的几个问题、结题报告的结构与要求、结题报告与学位论文的联系与区别等,对种子教师的课题结题工作具有很强的指导价值。2013年4月22—27日,课题顾问专家组(由东北师范大学的理论专家和来自吉林省教育学院、东北师大附小、吉林省第二实验学校、长春市树勋小学等东北一线名校长名教师等实践专家组成)到厦门就课题研究工作进行具体指导。在短短一周时间里,专家分组深入各实验校听取研究成果汇报,对成果固化进行指导,听取各校"种子教师"研究课题结题报告并进行点评指导,深入课堂听课,对学校特色理念如何在课堂教学中渗透进行指导,最后对各实验学校的特色建设情况提出整体反馈意见。

再次,举办校长论坛。2011年11月25日,由思明区教育学会、思明区教师进修学校主办的"厦门市思明区学校特色发展校长论坛"在厦门市SB小学隆重举行,会议主题是"学校特色发展规划的理论与实践",会议成果之一是形成了一本由区内外校长专家撰写的论文集。我区多位校长在论坛中发言,邬志辉教授对校长们的成长、学校所取得的成效给予了充分肯定,他提出学校特色发展要走内生式发展之路,要求大家重视学校核心价值建设、遵循教育规律、不断思考什么是真正的教育。2012年12月14日在BL小学举办"厦门市思明区第五届校长论坛",论坛主题是"学校特色发展与教师专业成长",共收到论文63篇。BL小学系统介绍了学校特色创建实践,同学们展示了学校"体验教育"所取得的初步成果,LZY老师"利率"一课展示了特色学校建设对教师专业成长的重要影响,南京师范大学道德教育研究所的孙彩平教授对BL小学特色发展工作进行了点评。思明区六位校领导和课题骨干围绕主题作交流发言。东北师范大学邬志辉教授对思明区校长教师发言进行了点评,并从教与学、学生发展、学校发展、专业群体发展四个方面做了主题讲座。思明区教育局张越局长对《学校特色发展策略实践研究》课题取得的成果给予了充分肯定,对全区学校走内涵发展之路寄予了无限期望,对进一步提高论坛水平提出了中肯意见。

复次,开展交流展示。2012年4月27日,种子教师分别在BL中学和LQ小学分"特色发展实践之特色课程(课堂)""特色发展实践之特色活动""特色发展实践之特色文化"三个主题对课题阶段性研究成果进行汇报,24位种子教师做了发言,省内外专家对每个教师都给予了指导,为老师们下一阶段研究指明了方向。除了种子教师课题研究成果汇报,还做了典型示范交流和校际展示交流活动。典型示范交流是在总结实验学校典型经验的基础上,请实验校种子教师做自我成长和学校成长的典型经验交流。譬如请 LQ 小学的 HHZ 老师介绍《协同家校社教育培养学生良好习惯》课题研究的典型经验。H 老师曾在"思明区特色学校创建·特色实践活动论坛"做过发言,得到了东北师范大学专家的高度肯定,被认为"研究味浓厚"。H 老师紧扣学校"养成良好习惯,奠基幸福人生"大课题,开展调查问卷、寻找家校协同有效途径(特别是外来务工子女居多),数据真实、方式多样、贴近家校、效果显著。这个交流给其他种子教师以极大的启发,起到了很好的示范作用。校际展示交流是实验校相互之间展示自己在学校特色创建过程中的成果、收获、困惑与思考,以起到相互借鉴与启发的作用。譬如 2013 年 4 月 26 日上午在 YN 小学、下午在 YF 中学举行的学校特色发展工作阶段成果展示活动。两位校长分别介绍了学校特色发展工作的进展,教师做了特色课堂教学公开展示课,学校展示了特色德育活动和特色校本课程,并印发了学校特色发展过程资料汇编等,长春市树勋小学金玉茶校长和吉林省教育学院蔡京玉博士分别对两所学校进行了点评,让参会者都有所启发、借鉴,并给予了较高评价。在反馈会上,专家顾问组对课题组三年来的工作进行了回顾和总结,分析了各实验校一路走来的心路历程,肯定了大家已经取得的成绩,并提出了未来特色发展工作的努力方向。

最后,开展后测工作。课题组在 5 月份组织实验学校进行了后测,收集到实验校一年半后的变化数据,为前后测数据比较、各实验校进展诊断和突出未来发展重点提供了科学依据。

(三)行动研究的进展

首先,构建"教师行动研究共同体",联动提升教师特色创建工作的执行力。广大教师是学校特色创建的中坚力量,是特色学校创建中最活跃的因素。学校特色发展规划制订后,需要教师认同、理解理念、落实、执行规划,更需要教师在执行过程中根据新问题创造性地研究解决新问题。教师理解学校特色创建的战略意图、具备实现学校预定目标的操作能力是特色学校创建的关键,教师的操作能力包括执行意愿、执行能力及执行程度三个维度。特色学校创建工作是一个长期的有计划的分阶段分步骤的推进过程,会有很多新问题需要研究解决,所以这个过程既是执行的过程,也是研究的过程。"教师行动研究共同体"(见图4.3)由区教师进修学校牵头组织,学校围绕特色创建规划,由学校根据课题研究需要挑选教师组成。它着眼于学校问题解决、着眼于骨干教师培养、着眼于学校内生发展,以促进教师专业成长和学校特色创建工作顺利实施执行为目的。这个共同体的主体是学校筛选出来的骨干教师,以及由骨干教师因课题研究需要而成立的研究小组成员,一般由1位骨干教师领衔3～5位教师组成,而每所学校会有5位骨干教师,共计会组成25位左右的研究共同体成员。我们把这些领衔的骨干教师称为"种子教师",他们是学校特色创建的骨干教师,是学校特色发展的带头人、示范者,又是学校特色办学的探索者、实践者、先行者。每位"种子教师"带领研究小组所要研究的课题均是所在学校特色发展规划实施执行需要研究解决的问题(见图4.3)。

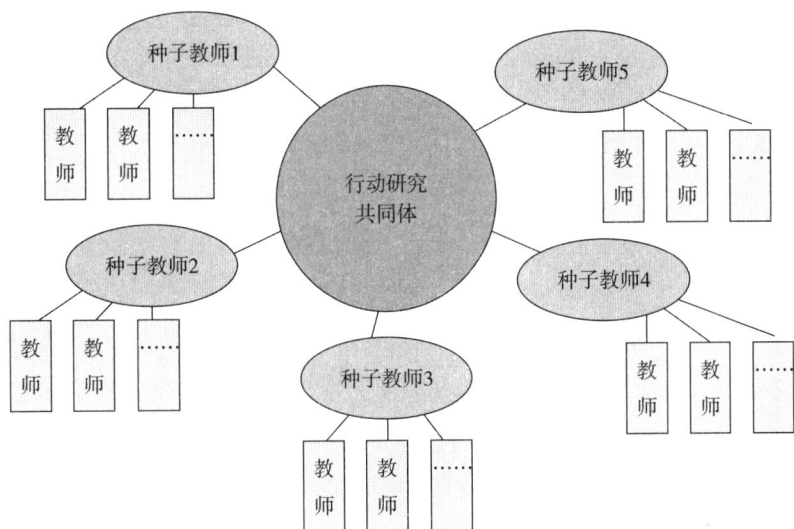

图4.3　"种子教师"行动研究共同体

这些"种子教师"是学校特色创建的"领跑者"。我们以"特色学校创建工作研究生课程班"为载体,采取系统理论学习、微型课题研究和教育教学实践等方式,提高他们将特色理念转化为特色行动的能力,以推动实验校特色创建工作,为学校特色发展打下坚实的实施基础。我们特别注重让参与培训的种子教师带着本校特色创建需要研究解决的问题去学习,在导师指导下开展课题研究工作,在研究过程中学习,在学习过程中研究,学习和研究相互渗透。

譬如 DT 中学的一位"种子教师"在学校组建了自己的研究小组,在导师指导下,依据"诗之校"办学特色,在两年学习时间内非常出色地完成了"诗教校本课程开发与体系建构"研究。通过培养"种子教师",再由"种子教师"带动由学校教师组成的研究团队共同学习、共同研究、共同提高,最终实现以点带面,促进学校特色创建工作遍地开花。因为有专家导师的引领,问题研究解决的理论层位更高,使这些参加培训的"种子教师"的理论水平、执行能力、研究能力都得到了提高,他们既研究解决了学校特色创建中遇到的问题,又带动了学校其他教师的专业成长,较好地达到了以点带面的效果,形成了比较好的示范和带动作用。

其次,搭建"交流研讨平台",促进实验校研究成果在区域内的共享和辐射。搭建"校长论坛"和"教师论坛"等交流展示平台,一方面使实验学校校长、教师的研究成果有了发表交流的园地,有效实现了各实验校研究成果的交流共享和互相借鉴;另一方面定期召开校长和教师论坛也给了实验校校长、教师以研究的压力和动力。为了不至于使自己学校的研究成果在公开场合交流和展示得"太差"或者"一定要表现出色",还有"现场交流展示",校长教师们不仅在理论上会一起研究和思考,而且对课堂教学、特色活动等项目的开展也会更加尽心尽力,这是使学校特色发展规划得以落实的重要机制。同时,每次论坛和展示活动都有一个主题,会围绕主题进行研究和总结,加上专家指导团队的洞察点评,有助于学校深度学习、思考和总结,改变了学校以往把活动当研究、缺乏理性探讨的现象,使学校特色发展研究更扎实,校长和教师专业成长更厚重。每次论坛和交流展示活动不是只在课题组内部进行,而是面向全区所有学校开放,其他非实验校校长和教师都可以参加,并且非实验校校长和教师也可以递交自己的研究和实践成果,同实验校校长教师同台交流。不仅如此,每次论坛和展示活动,我们不仅要求本区域校长教师参加,还邀请来自重庆、北京、长春等地的校长教师参与论坛,使论坛和交流展示活动成为思想碰撞的激发场,让实验校校长和教师的眼界更加开阔,也为非实验校校长教师提供更多的学习交流机会,促进区域内学校学会自主思考和自主行动。

种子教师通过课题研究,带动课题组成员共同研究学校特色发展中的重大实践问题,通过研究使课题组教师不仅理解了学校特色发展的意义,还创新了学校特色发展的实践。在学校特色发展规划框架下,每个实验学校提出五个子课题,由种子教师带动大部分教师参与行动研究,这种形式不仅在无形中带动了大部分教师专业成长,还使学校特色发展有了更广泛的群众基础。因为有了教师们的认同,课题研究就成为学校大部分教师的自觉行动,而不再是校长和几个学校骨干教师的任务,从而使学校特色发展由个别项目走向整体特色和文化特色成为可能。

再次,做好"阶段成果总结",为下一步点上深化面上推广奠定厚实基础。总结过去、谋划未来是学校特色创建工作持续发展的基础性工作。为此,2013年12月15—21日,举行了种子教师课题结题和研究生论文答辩活动,这个活动应该是学校特色发展课题成果的大汇聚、大展示和大交流,对于通过论文答辩的教师,还举办了研究生课程班结业仪式并颁发了证书。三年实验学校特色创建工作的成果,不仅使学校办学特色更加鲜明,而且校长教师的专业能力得到显著提升,更为可喜的是,还涌现了一批专著、论文、报告、个案等研究成果,这对中小学教师和校长来说是非常难能可贵的。2013年12月22—23日,厦门市思明区教育局同北京师范大学、东北师范大学联合举办了"校长领导力与学校特色发展"学术研讨会,国家总督学顾问陶西平、北京师范大学教授裴娣娜、西南大学原校长宋乃庆、华东师范大学教授陈永琨、中国教育学会副会长张绪培、东北师范大学教授邬志辉等国内知名专家、学者和领导到会发言指导,实验学校的研究和实践成果也得到了集中展示,受到与会专家的一致好评。

(四)三年研究的收获

至此,不仅课题到了结项的时间,而且与东北师大的合作期限也已到期。在三年合作过程中,各实验校与师大专家结下了深厚的情缘,更重要的是在师大专家的指导下,区域推进学校特色发展研究取得了丰硕的成果,各实验校特色发展成效虽然有所不同,但都在原有的起点上取得了长足的进步,区域推进学校特色发展的成果引起了国内外学校和专家的广泛关注,不仅广州、贵州、北京等地学校纷纷到实验校参访,而且新加坡一所女子学校也慕名到实验校参访;实验校校长教师不仅受邀走上了全国论坛,交流自己创生发展学校特色的经验,获得国内外专家的高度认可,而且有一批实验校校长和教师获得了福建省中小学名校长、福建省十三五中小学名校长培养对象、福建省十三五教学名师培养对象,还一批骨干教师或是成长为思明区各学校校长、副校长,或是成长为思明名教师;课题组校长和教师不仅在理论研究上取得了丰富的成果,发表了一批学术论文,有的还发表在 CSSCI 刊物上,一些实验校出版了专著,更重要的是实验校师生在"成事"中"成人"获得了发展。

在课题研究和合作合同即将结束的时候,我对各实验校校长进行了访谈,以期了解他们三年研究后的收获以及对未来发展的看法。总体来看,实验校收获巨大,自主发展动力得到激发。

第一,校长对学校特色发展的理论认识得到了提升。校长已经认识到,学校特色发展是一项整体性的综合改革,学校特色不仅指学校的局部优势或某些项目特色,还是学校特色文化建设、学校内涵发展的方式,它不仅是学校发展的目标,也是手段。不同学校可以有不同的发展路径和策略选择,校长们对学校特色发展的理解和认识从点状的简单思维已经走向综合融通的面向整体的复杂思维。

YE 小学的 CKL 校长说:我在做学校特色发展课题之前对特色学校和学校特色这两个概念依然很模糊,总觉得,特色学校就应当是特色项目、特色教师、特色环境、特色课堂、特色课程的总和。现在我认为特色学校是走一条内涵式的发展道路,学校特色之所以"特",核心在于"文化"。一所学校令人回味、品味的就是其深厚浓郁的文化,文化是凝聚和激励学校群体成员进行教育教学改革的重要精神动力,也是深入实施素质教育的最为深沉持久的力量。其实,建构特色学校的过程就是"文化"生成、积淀、厚积薄发的过程。

YN 小学的 ZL 校长说:我原来认为学校为了更好地实现育人目标,激活各种办学要素,逐步形成不同发展路径和不同学校风格;现在我认为学校特色发展是一场深刻的变革,是学校整体变革的新取向,它需要从形到神、从外向内,不断积累和发展。

第二,学校特色发展规划从"虚"走向"实"。学校已经从过去做规划是为了应付各级检查和评比、缺乏认真思考和系统行动的状态,变为把学校特色发展规划作为学校定位发展目标、规划发展路径和决定发展方式的有效手段,制订规划不仅仅是校长或几个骨干教师的事,还是学校广大教师集体智慧的结晶,凝结了众人的智慧;规划制订出来后不再束之高阁,形同一纸空文,而是变成了学校实实在在的行动指南。

SE 小学 LCQ 校长说：在教育评估时，学校会被要求有三年或者五年规划，那时候更多的是临时应付，只是为了应付检查用，除了学校几位校领导，大多数老师都不知道学校有发展规划，现在我们不仅在制订的时候大张旗鼓地要求老师参与讨论，参与出谋划策，(而且)在制订出来之后还要提交学校教代会讨论，并经全体教代会代表表决通过，成为学校重要的文件，需要大家共同遵守执行，并落实在学校各个处室、教研组、备课组等每个学期的工作计划中。

第三，学校特色发展理念实现"内生"。学校特色发展理念是核心要素，它凝聚着学校大多数人对学校发展的期望，是学校特色发展的指明灯，学校已经从寄希望于专家和课题组直接给予或帮助提炼的想法转变为通过认真学习、提高认识，在分析学校各种办学条件的基础上自主凝练、自觉行动，学校特色发展理念的提出是学校"内生"的结果。虽然，有些学校特色发展理念还显稚嫩，还很不成熟，但这是学校自己孕育出来的，未来随着思考和研究的深入，它还会不断地生长和完善。

BL 小学的 LJZ 副校长说：经过课题研究，我们基本明白了学校特色发展的内涵，了解了许多名校特色发展之路，从中汲取了养料。慢慢地，在实践中内生了 BL 小学的特色文化，从学校建校初期的自主教育到体验教育，再到现在的行真教育，都是我们自主思考、自主探索的结果。

YE 小学的 CHL 校长说：让教育简约，让教育走进学生心灵的有效方式便是让学生在生活中体验教育的真谛。我们提出的"墨化教育"，以"中国画"教育为切入点，引领学校教师学生学习中国传统文化知识，通过传统文化的熏陶，在学校教育教学过程中，以润物无声的方式将中国传统文化之中正确的道德观理念，无痕地让教师学生学习、体验、感知，形成学校特色德育模式。

第四，校长意识到自己在学校特色发展中的重要作用，并开始走向行动自觉。三年的研究让校长们认识到学校特色发展是一项关系学校整体变革的重要研究，需要自己成为学校特色发展的领导者、设计者和指挥者。校长原来以为课题研究只是学校发展之外的一项额外工作，只要分管副校长或教科室主任参与一下就可以了，自己只要知道是怎么回事就好了，现在已经自觉地意识到要把学校特色发展作为发展自己学校的一个重要抓手。

DT 小学 WJ 校长说：课题研究之初，我更多的是为了借课题研究促进学校年轻教师成长，一开始我是让我们的 H 副校长带队参与的，后来课题组负责人与我做了深谈，我了解到学特色发展是怎么回事之后，我就亲自带着老师们学，带着老师们做。三年研究下来后，我深切知道了自己在学校特色发展中的重要作用，校长不能置身事外，必须亲自参与，亲力亲为。

在这里讲一个小插曲，当课题组意识到学校特色发展需要校长亲身参与的时候，便从学习抓起，布置要求校长亲自带领学校的骨干教师按照课题组的主题分工进行收集资料、研究文献并亲自就所选主题向课题组老师和领导做报告和讲座的任务。有一位校长当天晚上就给笔者打电话，表示自己思考不成熟，希望退出课题组。实际上，这样的研究方式给校长带来了压力，增加了校长的负担，让一些校长打起了退堂鼓，但最后除了那一位打电话的校长，其他的校长还是坚持下来了，并且都在课题研究中获得了成长。

第五，校长们认识到学校特色发展的目标是为了学校中"人"的成长。一开始，大多数校长参加课题研究的动机更多的是为了学校的发展，为了改变学校落后的局面，更多的考虑的是学校的层面。但随着研究的深入，校长们逐步认识到学校特色发展的落脚点是"人"，是学校中"人"的成长，当然这里的"人"既有学生也有教师，甚至还包括校长自己和学生家长等。

SB 小学的 LYB 校长说：一开始我认为学校发展是需要"项目"推进的，参加学校特色发展这个研究项目是为了抓住再发展的契机。现在我认为，我们学校特色发展是为了实现以下发展目标：学生愉快发展、教师自主发展、学校持续发展，以实现"为每一孩子的快乐成长奠基"的办学目标。让学校成为一所"学生盼着来上学，老师乐于投入工作"的快乐校园。

YN 小学的 ZL 校长说：当时我刚调任新校，希望以课题为依托，凝心聚力，科研兴校。到后来，我认为通过参与这个课题研究，学校在新形势下获得不竭的发展动力，推动学校在新课程改革背景下继承近百年优秀文化传统，实现学校优质发展。追求"学校有特色、教师有专长、学生有特长"的理想境界，真正提升学校的整体办学水平。

第六，从关注表面热闹到关注深层变革。研究一开始的时候，很多校长一讲起学校特色发展,津津乐道的是自己学校开展了多少小社团或课外活动,他们认为这样就是学校特色发展,到了研究后期,校长们越来越觉得学校特色发展不是追赶时髦,而是真真正正地思考清楚学校的发展路径,从最核心内容抓起,进行整体变革,只有这样才能真正实现学生全面而有个性的发展,学校发展才会可持续,才不会热闹一阵子后一切又都回到原来的样子。大家共同关注了学校特色发展理念对学校课堂教学改革和校本课程开发的引导,研究日益深化。

DT 小学的 XJJ 副校长说:一开始的时候,我们主要思考的是如何在历史传承的基础上,基于办学主体的理性认识,通过对办学资源的整合与优化,有意识、有计划、有组织地实施管理,形成有明确内涵的办学特色。到后来,我们开始进一步思考和研究的是如何在学校"奋进砺人"特色理念指引下,从环境文化、管理文化、教师文化、课堂文化、学生文化、合作文化等多层面开展探索和实践,以丰富学校的文化内涵,打造文化高品位、师资高水平、学生高素质的特色学校。

SB 小学的 LYB 校长说:"为每一个孩子的快乐成长奠基"是我们学校特色发展的核心价值追求。我们矢志不移地追求让"快乐发展"文化根植内化于心,形成师生正向价值取向。因此,我们一直在思考如何提炼快乐课堂教学模式?但是,目前快乐课堂教学研究深度不够,尤其是课后教研组研讨中心不突出,课堂变化不明显。我还在思考快乐课堂该做何评价?如何在管理层面促使老师始终保持一颗激情快乐的心?现在,我们快乐发展的校园静态环境文化受到资金短缺的影响,从物质文化上推进办学特色比较缓慢,所以我更重视从精神层面考虑如何发展动态的快乐校园氛围。

通过以上分析可以发现,校长们经过三年的学习、思考和实践,对学校特色发展的认识从原来点状的、割裂的状态已经走向了现在综合的、整体的状态;对学校特色发展目标和内容的理解更加丰富了,他们目中有"人"了;对自己作为一校之长在学校特色发展中应该发挥的作用有了比较深刻和清醒的认识。在课题组研究即将结束的时候,他们对研究依依不舍,校长从三年研究中尝到了甜头,他们对专家和课题组有了更多理性的、符合学校发展实际的期待。对比之前,我们可以很清晰地发现研究带来的变化。

(五)行动研究的反思

课题三年行动研究为区域推进学校特色发展迈出了扎实的第一步,但学校特色发展是一个长期的过程,实验学校也应不断总结、不断提升、持之以恒。以本书课题来说,学校特色发展规划得以分阶段、有步骤地实施,学校特色发展项目得到学校教师的广泛支持与参与。但是,对于学校特色发展来说,三年的时间毕竟太短了,至少需要十年八年的持续努力才能真正有所收获。那么,学校特色发展的下一步做什么? 重点抓什么? 原有的成果如何在实验学校深化? 学校特色发展项目如何实现区域的全覆盖? 这些都有很长的路要走。为此,经与东北师大专家商议,本书课题组确定了"点上深化,面上推广,聚集重点,实现突破"的总体思路和原则。

四、重点突破,聚焦课程

(一)研究问题及研究目标

学校特色发展是促进学校内涵发展的要求,而抓学校内涵发展就不能不关注学校课程建设,因为课程承担着使学校特色落地生根的重任,是学校特色发展的重要抓手。研究和总结特色校本课程建设与学校特色化办学之间的关系和联动机制就成为第四阶段工作的重点,以特色校本课程为载体推进学校特色创建工作的深化。本阶段重点研究以下三个问题:第一,校本课程开发的本质是什么? 校本课程开发与学校特色发展之间是什么关系? 第二,基于学校特色发展的校本课程开发有什么特点? 第三,基于学校特色发展的校本课程开发策略是什么?

本阶段研究是在前期研究基础上开展的,这时与东北师大专家指导团队的三年合作期已经结束,但是原来的实验校研究团队并没有解散,因为大家有了共同的研究兴趣和发展目标而自发组合在一起开展研究,大家的研究自觉性和主动性都比较高,没了行政监督和管理,进入了自己主动研究的新境界和新阶段。在此阶段,东北师大专家指导团队依然关注我们的研究,对我们在研究过程中出现的问题积极给予指导和提供帮助。在校本课程开发方案论证的时候,郭志辉教授和李伯玲教授亲临厦门指导工作,解决了我们遇到的许多问题和困惑,为我们的研究指明了方向。

(二)行动研究的过程

首先,加强理论学习,促进课题组成员专业发展。学习永无止境,发展永无止境。通过开发校本课程推进学校特色发展,这是一个新的领域,需要课题组成员具有较高的理论素养和学术眼界。课题组确定了通过理论学习、专题培训和现场学习等方式来推进校长教师理论水平的不断提升。

表 4.3　思明区教师进修学校组织教师进修学习一览表

研修时间	研修主题
2014 年 4 月 18—19 日	校本课程高级研修班课程学习
2014 年 5 月 9—10 日	校本课程高级研修班课程学习
2014 年 6 月 13 日	校本课程高级研修班学习——读者剧场
2014 年 7 月 7 日	专题讲座——校本课程组织、实施与评价
2014 年 9 月 26—27 日	校本课程高级研修班培训
2015 年 10 月 14 日	专题讲座——基础教育校本课程建设的愿景与行动

其次,开展专题研讨,推进实验学校校本课程开发。在掌握校本课程开展基础理论的基础上,如何结合学校特色创建实际,开发校本课程、实现国家课程校本化便成为重点性工作。为此,原课题组负责人继续深入实验学校,合作开展校本课程开发的行动研究,对各位老师的校本课和各位校长的研究报告进行了热烈的讨论,提出了很好的指导意见。

表 4.4　课题组深入学校开展校本课研讨活动一览表

时间	地点	人物	内容
2014 年 5 月 22 日	QP 小学	HZY 老师	"奇妙的'鸟嘴'"校本课
		GAF 校长	"博雅理念下校本课程开发的实践探究"研究报告
2014 年 5 月 22 日	YE 小学	YLL 老师	"扇面画"校本课
		CKR 校长	"墨化教育理念下的校本课程研究与实践"研究报告

续表

时间	地点	人物	内容
2014 年 10 月 9 日	SB 小学	LIC 老师	"通往广场的路不止一条"校本课
		GJJ 老师	"做情绪的主人"校本课
2014 年 11 月 13 日	GY 小学	SHF 老师	"滚铁圈"校本课
		YLF 老师	"印象歌仔戏——品味闽南韵"校本课
2015 年 1 月 8 日	ML 小学	DYR 老师	"我是小义工"校本课
		ZFY 老师	"寻找校友的足迹"校本课
2015 年 4 月 23 日	YN 小学	XYY 老师	"走近市树市花"校本课
		CHW 老师	"学做叶脉书签"校本课
		WMP 老师	"高尔夫球"校本课
		ZHL 校长	"校本课程开发如何促进特色学校建设"研究报告
		ZZS 校长	"特色校本课程规划的制订"学术报告

再次,加强互动研讨,促进能力提升与思路明晰。课题组秉承在互动研讨过程中不断提升课题组成员研究能力和推进校本课程建设的思路,积极开展各种活动。其一,进行项目分解,确定互动研讨主题。譬如校本课程理念及校本课程开发,校本课程开发原则与程序,校本课程开发策略与实施,校本课程开发与特色学校建设的关系,如校本课程开发如何促进特色学校建设,基于学校特色发展的校本课程开发特点,基于学校特色发展的校本课程实施策略等。各实验校校长分别承担一个主题,促进课题组成员学习的积极性和有效性,促进课题组成员提升能力与明晰思路。其二,开展项目研究,展示学习研究成果。经过研究,实验校校长和老师分别做了"校本课程:学校特色发展的内涵""教育科学研究中的文献综述:概念、查找、分析与评述""开发校本课程促进学校特色发展""基于学校特色发展的校本课程开发实施策略""校本课程开发如何促进特色学校建设""特色校本课程规划的制订"等专题交流。通过对校本课程建设规划的论证和对校本课程开发纲要的研讨,各实验校的校本课程建设思路和发展方向日益明晰,资源共享和资源保障得到加强。课题组还召开了多场研讨活动,探讨如何制定校本课程规划方案和特色校本课程纲要,对校本课程在全校范围内实施起到了奠基性的作用。

　　然后,加强面上推广,促进实验学校和非实验学校共同发展。2014 年 12月 11 日下午,课题组在 LQ 小学举行区级展示会。LQ 小学的 LXJ 和 HYM两位老师分别上了"养成与人沟通的习惯""养成爱护环境的习惯"两节校本展示课。LQ 小学校长做了"基于学校特色发展的校本课程开发特点"的专题讲座,笔者做了"开发校本课程推进学校特色发展的思考与行动路径"的专题讲座。福建省普教室 LWC 老师和厦门市教科院 PSF 老师做了现场指导。2015年 9 月 30 日,课题组在 YN 小学举行市级展示活动。YN 小学 XMM、ZCY、ZJF 三位老师分别上了 3 节校本展示课。这三节课是 YN 小学基于学校特色办学理念所开发的"'榕文化'特色校本课程"的组成部分,分别指向知榕树文化、树榕树品格、悟生命价值三个课程目标维度。其后,YN 小学 ZHL 校长做了"生命化教育理念下榕文化校本课程的规划与开发"的专题讲座,她报告了学校特色办学理念——生命化教育的提出过程,提出了"让绿意点亮生命"的教育主张,生发了扎根型(向下打根基)、拔节型(向上生长)、伸展型(向外拓展延伸)三类课程的整体框架,把"榕文化"校本课程作为实现学校特色办学理念的直接载体。笔者做了"基于学校特色发展的校本课程规划制订"的专题讲座,他从学校特色发展与校本课程开发的关系辨析出发,提出校本课程开发是推进学校特色发展的内在机制,校本课程规划是学校特色发展主要抓手的观点,市教科院教研员李老师进行了精彩点评,对 YN 小学的探索给予了充分肯定。

　　最后,加强顶层设计,促进校本课程规划落地转化。2017 年 1 月 3 日,"特色校本课程规划"及"特色校本课程纲要"论证会议分别在 GY 小学和 BB小学举行,共有 7 所学校进行汇报(见表 4.5)。本次论证活动邀请了东北师范大学邬志辉教授和李伯玲教授作为指导专家,全区各小学校本课程建设分管领导及负责人参加了研讨活动。

表 4.5　2017 年实验学校校本课程规划和校本课程纲要汇报一览表

汇报人	内容
GY 小学 ZHY 校长	"幸福教育校本课程规划"和"幸福教育校本课程纲要"
LQ 小学 CSD 校长	"'行创'校本课程规划"和"'行创'校本课程纲要"
YR 小学 YYJ 老师	"墨化教育校本课程规划"和"墨化教育校本课程纲要"
ML 小学 CMZ 校长	"小公民教育校本课程规划"和"小公民教育校本课程纲要"

续表

汇报人	内容
BB 小学 ZLF 校长	"阅读校本课程规划"和"阅读校本课程纲要"
SB 小学 LYB 校长	"快乐学校校本课程规划"和"'快乐 de 成长'情绪管理课程纲要"
YN 小学 ZHL 校长	"生命化教育校本课程规划"和"榕文化校本课程纲要"

在点评中,两位教授强调,特色课程不是项目,而是一种育人优势,是一种超越别人的育人探索,是一种不断将优势转化成教学的能力。要合理处理国家课程、地方课程和校本课程之间的关系,体现合力育人的价值;要正确理解校本课程开发,加强对课程统整问题的研究;要正确处理校本课程建设的时间与空间、结构与功能、规划与纲要、目标与队伍之间的关系;要理顺课程规划、课程体系和课程实施之间的关系,把课程资源建设、教师队伍建设和课程教学模式改革当作重点。许多观点给人留下了深刻的印象。

(三)行动研究的进展

首先,梳理了校本课程开发的三种形态。在实践中,校本课程开发在很多学校受到了重视,成为学校工作的一项重要内容。许多学校积极从实际出发开发校本课程,取得了很好的效果。但由于对课程理解和认识的不同,出现了三种不同的实践形态。

第一,自由散在型。校本课程开发处于自发状态,基本上是有什么样课程资源就开发什么样课程的状态,学校有某一方面专长的教师往往会承担起校本课程建设任务。在内容上,"局限于一些选修课、活动课或是兴趣小组的开设,只是将其局限于规范化的选修课与活动课的开设"[1]。

第二,追赶潮流型。校本课程开发缺乏对学校所处社区、学生需求、学校教师以及学校外界的社会、经济和文化变化等的敏感性,存在对影响学校办学因素的整体分析和校本课程开发的价值评估不足,忽略了学校课程基础和学生需求,缺乏课程专家、教师、学生及家长的参与,处于什么时髦就开发什么的状态。校本课程开发只立足于引进、购买,出现追求潮流、赶时髦的现象。校

---

[1]　叶波.论校本课程开发与特色学校建设[J].教育发展研究,2011(20):11-14.

本课程开发没有明确的方向和目标,处于逐潮状态。

第三,特色发展型。校本课程开发作为学校特色发展的重要抓手和关键路径逐渐为人们所认识,他们认为"校本课程开发是特色学校建设题中应有之义",①"校本课程开发的重要目标是形成学校特色"。② 校本课程开发是为促进学校特色发展服务的,是学校主动自觉的办学行为,这样的校本课程开发是在学校特色发展顶层设计基础上,以明晰的学校特色发展理念为指导,校本课程开发是为了实现"培养什么样的人"和"办什么样的学校"的预期,使学校呈现出个性化的文化风貌。

学校特色发展是在学校办学理念指导下,挖掘和发扬自身办学优势或针对学校发展中存在的问题,充分利用和优化配置学校办学资源,以满足学生个性全面发展需要,形成学校整体面貌上的个性文化的过程,学校特色发展既是学校发展的方式,也是学校发展的目标。校本课程开发是"校本"的课程开发,它既可以是学校对国家预留课程空间的开发,也可以是学校"校本化"实施国家课程和地方课程开发,正是通过校本课程开发的特色化处理才使特色学校成为可能。③

其次,形成了基于学校特色发展的校本课程开发理论认识和实践模式。实验学校校长和教师对校本课程开发的地位和作用有了新的认识,对基于学校特色发展的校本课程开发理论有了自己的思考;对如何编制校本课程规划和校本课程纲要有了基本的方向。各实验学校在清晰的理论指导下制定了《校本课程开发规划》和《校本课程机要》,形成了符合自己学校特色实际的课程建设方案。课题组在认真调研的基础上,加强针对性指导,使学校特色课程建设走上了正道。譬如 GY 小学先从凝练学校发展理念出发,在全校探讨校本课程开发如何为学校特色发展服务,如何落实学校特色办学理念方面,统一了认识,形成了方案,探索了实践模式,取得了良好效果。再譬如 YN 小学根据学校特色发展理念,在学校特色发展已经取得长足进步的基础上,重点开发

---

①　刘正伟,仇建辉.校本课程开发与特色学校建设:以宁波市江东区为中心的考察[J].教育发展研究,2007(05):77-79.

②　朱新吉.论校本课程开发与学校特色的构建[J].新疆教育学院学报,2009(09):23-25.

③　叶波.论校本课程开发与特色学校建设[J].教育发展研究,2011(20):11-14.

整理校本课程,建构符合学校特色发展、能促进学校特色发展理念落地的校本课程结构,形成了富有自己特色的校本课程体系并付诸实施。

(四)行动研究的反思

我们努力追求实现"特色发展型"的校本课程开发,这种类型的校本课程开发以学校特色发展为主要内容、重要载体和实施抓手,越来越受到理论界和实践界的重视,但在实践中也存在着一些偏差,使校本课程开发对学校特色发展的作用受到了影响。

首先,重视理念倡导,缺乏整体规划。有的学校在制订课程规划时,只重视学校办学理念的提出和倡导,课程目标、课程内容与学校办学理念之间的内在联系不紧密,学校办学理念中"培养什么样的人"的教育目标没有在课程目标及课程内容上得到较好的体现,还有的学校忽视了课程建设作为学校特色发展的内容、载体和抓手的应有作用,仅仅考虑课程建设的内容,忽视了课程资源的开发和利用、教师队伍的培养和提升、课程内容的整合与统整、课程实施的改革与创新、课程评价的设计与使用等,缺乏通过系统设计使校本课程开发带动学校各项工作开展的意识。

其次,强调共性要求,忽视个性需求满足。特色校本课程开发的目的是实现"培养什么样的学生"的教育目标,因此学校会根据自身课程资源和师资状况,开发能满足全体学生共同需求的基础性课程,期待通过共同基础课程的学习,学生的素质结构符合学校的培养目标。但共同的基础课程是对全体学生共同的要求,而每个学生又都有自己的个性爱好和个性需求,因此加强能满足学生个性发展需要的可选择性课程建设就显得尤为必要,但有的学校在实践中重视共性要求忽视个性需求。

再次,重视学校课程开发,忽视国家课程、地方课程的校本化建设。特色校本课程开发应把国家课程和地方课程校本化与学校课程开发统筹为一个整体,形成教育合力,因为仅占国家课程计划很小比例的学校课程开发是难以承担起学校特色发展重任的,但有人认为是校本课程开发只是"对国家和地方课程的重要补充",将校本课程开发狭隘化地理解为学校自主课程,割裂了三类课程之间的联系。学校热衷于开发和建设学校自主课程,对国家课程和地方课程如何体现学校特色发展理念缺乏研究和思考,在学校课程规划制定中也都将之忽略不计。

最后,关注学习效果评价,忽视对整体课程建设的反思评价。在特色校本课程评价的价值取向上应着眼于学校特色发展整体,不仅要对学生的学习效果、课程目标的达成度和课程自身建设的情况进行评价,还应把校本课程开发对学校特色发展的贡献度、关联度作为评价的重要指标维度,譬如对课程资源建设、教师专业成长、国家课程校本化实施、社区参与情况等的评价。学校在进行校本课程开发评价时往往重视学生的学习效果和校本课程开发本身的评价,忽视对课程实施主体——教师成长发展的评价,评价不能真实、全面地反映出校本课程开发在学校特色发展中的作用。

以上问题呈现出碎片化、割裂式的特点,这些特点的背后根源是学校封闭、单一、片面、静止、线性的思维方式,可以说,简单思维方式是以上问题存在的主要原因,需要引起高度重视。

第五章　区域推进学校特色发展的阶段成效

怎样评价学校特色发展的阶段成效是一个值得探讨的问题,它不仅是对学校特色发展状态的评价,而且通过评价是促进学校特色发展的有效手段。通过评价学校特色所处的进程状态,可以了解学校特色发展取得的进展,发现学校特色发展存在的问题,为学校特色发展行动提供新的思路和依据,更好地促进学校特色发展。

第一节　学校特色发展阶段成效评价模型

学校特色发展是学校内涵发展的一种方式,本质上是学校特色文化建设的过程,它需要逐渐积累、沉淀,因此是一个长期的发展过程,有时甚至需要几代人的努力,学校特色发展的成效才能逐渐清晰。既然学校特色发展需要一个长期的发展过程,那么,怎样评价不同阶段学校特色发展的进展和状态呢?不同学校的特色发展起点不同,学校特色发展路径不同,特色发展层次也不同,对不同学校特色发展的阶段成效如何评价,需要我们提出评价的思路和视角。因此,本书构建了基于整体学校特色发展的阶段成效评价模型(见图5.1)。

由于学校特色发展呈现出复杂性特征,阶段成效的考察和评价就需要有别于其他的教学管理评价。它不是专注于结果性的评价,而是更专注于过程性的评价;它不是为了将学校特色发展分出各种不同的等级,而是为了对学校特色发展的状态进行诊断性评价,为的是促进学校特色发展。所以,对学校特

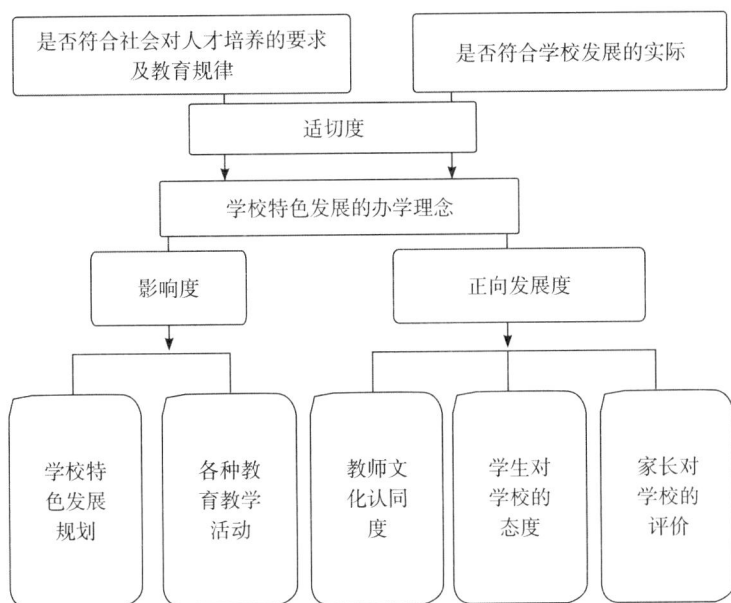

图 5.1　学校特色发展阶段成效评价模型

色发展的阶段性评价需要我们把握住学校特色发展的本质,抓住核心主线,进行整体建构。目前,从已公开发表的文献来看,学校特色发展评价更多是为评选各种"特色校"服务的,虽说这其中也包含一定的诊断性评价成分,但它的终极目的是对学校特色发展的结果进行等级评价。在有关特色发展评价的指标内容或评价模式的构建中,将学校特色发展与学校发展割裂开来,分为"学校的基本发展"和"学校特色发展项目"等结构,没有系统整体地看待学校特色发展,是一种简单思维方式的表现。

如何基于整体视角评价学校特色发展的阶段成效,要从学校特色发展的本质来进行整体的考量。前文已述,学校特色发展的本质是学校特色文化建设。在学校文化构成中,学校的精神文化是学校文化的核心,而在学校精神文化的组成要素中,学校的办学理念又是核心,影响着学校文化建设的各个方面。学校特色发展追求的、努力的方向应该是学校整体的特色——学校文化的特色,而不是特色项目,更不是特色活动的开展等,而应该是围绕学校特色办学理念关照下的学校各项工作的开展情况及成效。因此,本书认为学校特色办学理念是评价学校特色发展的核心。

孙绵涛教授认为,"学校办学理念是实施学校战略管理的集中体现,是对学校发展重大的、带有全局或决定全局的整体把握,是学校发展的宏伟目标和蓝图的理性筹划"①。学校特色办学理念是学校从发展历史、时代背景、所处社区、校长和教师对学校发展的共同愿景等办学实际出发,回答"办什么样的学校"和"培养什么样的学生"等学校办学宗旨和教育价值的问题,它规定了学校发展的精神、使命、宗旨、功能与价值,并根据学校当下的办学资源提出符合学校办学现状的发展路径和目标,它包含着学校特色发展的教师观、学生发展观、教育质量观等内容。因此,学校特色办学理念是对学校特色发展的整体而系统的思考,是对学校特色发展的学校、教师和学生等办学主体发展目标的集中回答,学校特色办学理念是学校特色发展的核心要素,是学校特色发展的灵魂,具体规定着学校特色发展的方向,指引着学校特色发展的实践。

学校特色发展必须立足于学校特色办学理念对学校的外显物质文化、师生共同的行为文化和保障学校特色发展的制度文化进行整体的设计,落实在学校管理、教育教学活动、校园文化氛围营造,总务后勤服务等各个环节,落实在各个学校特色发展的子系统中。虽然各个学校发展的历史和起点不同,各个学校特色发展的路径选择可以有所不同,但学校的特色办学理念是必须明晰的。

一、学校特色办学理念的适切度

所谓学校特色办学理念的适切度指学校特色办学理念的提出与时代、区域、学校的发展现状和教育教学规律的合适程度以及对学校特色发展目标的切合程度。它考察的是学校特色发展目标、定位的科学性和针对性,重点关注以下两个方面。

(一)学校特色办学理念必须符合人才培养要求以及教育规律

孙绵涛教授认为,"教育是为未来社会培养人的活动,是孕育未来社会的事业。学校是教育的基本单位,学校办学理念是学校管理未来活动的预期结

---

① 孙绵涛.校长办学理念的价值取向研究[M].北京:高等教育出版社,2012:9.

果,应立足于当前,着眼于未来,而不能沉湎于当前,更不能拘泥于历史"①。一方面,校长要站在学校发展的战略高度,立足于宏观和整体,在系统分析学校特色发展的内部与外部,历史、现实与未来各种问题的基础上,理顺学校特色发展的各种关系,找出决定学校特色发展走向的主要矛盾,优化配置各种办学资源,以学校的可持续发展和学生的全面而有个性的成长作为学校特色发展的出发点和归宿,提出学校未来发展的方向,确立学校特色发展的办学理念。学校特色办学理念的本质是学校特色文化中精神文化的凝练,给全校教职员工和全体学生在心理、观念、理想、信念、价值观等方面带来影响,对学校教师的教育教学行为、学生的学习活动和学校特色发展的各方面管理产生深远的影响。另一方面,"学校教育是由专职人员和专门机构承担的有目的、有系统、有组织的,以影响入学者的身心发展为直接目的的社会活动"②。学校是培养人的地方,学校教育有自己的发展规律,这个规律就是关于人成长的规律。学校特色发展是学校发展的路径、手段,也是学校发展的目标,所以学校特色办学理念必须具有科学性,要有利于学生全面而有个性的成长并因此而形成学校自身的文化特色。确立学校特色办学理念既要考虑教师的教,也要考虑学生的学,既要考虑学校教育管理,又要考虑"立德树人"教育目标的实现和学生核心素养的培养。

(二)学校特色办学理念必须符合学校的发展实际

学校特色办学理念是学校特色发展的目标和方向,是学校特色发展的行动指南,指引学校根据国家教育方针的要求,根据学校的实际,朝着学校特色发展目标开展各种教育教学工作,实现学生全面且有个性的成长。学校特色办学理念的凝练要在对所处时代的社会、政治、经济和文化,以及教育发展趋势进行分析的基础上,要对学校所处的区域环境、办学历史和现状、学校未来发展期望等进行分析和预测,对学校发展方向进行规定,使学校和教职员工在特色办学理念的引领下自觉开展各项教育教学活动,增强学校在新形势下管理组织的自适应和自律性,形成独特的个性风貌。可以说,学校特色办学理念

---

① 孙绵涛.校长办学理念的价值取向研究[M].北京:高等教育出版社,2012:9.
② 叶澜.教育概论[M].北京:人民教育出版社,1991:9.

是学校个性特征的集中体现。但学校特色办学理念必须获得教师的文化认同,在共同理解的基础上,学校的全体教职员工自觉地内化并践行于日常的教育实践中。因此,学校特色办学理念必须基于学校,立足于学校实际,要批判继承学校的办学传统,要能符合学校师生发展的需要。

二、学校特色办学理念对学校特色发展各方面工作的影响度

学校特色办学理念规定了学校特色发展"要办什么样的学校"和"培养什么样的学生"的问题,作为学校特色发展的核心要素是否真正影响了学校特色发展的各方面工作,这对学校特色发展工作来说起着至关重要的作用。学校特色办学理念如何不流于形式,不成为空洞的口号,确实地对学校特色发展各个环节产生影响是学校特色发展阶段成效的重要评价点。

(一)学校特色办学理念在学校特色发展规划中的影响度

目前,学术界对学校发展规划有两种认识:一种认为学校发展规划是为实现学校发展目标所做的整体发展方案;另一种认为学校发展规划既是一种静态的文本发展方案,又是学校发展的活动或过程,是一种动态的学校管理行为。楚江亭教授认为,"学校发展规划既是一种学校管理方式的更新,又是通过学校共同体成员来制订和实施学校发展综合性方案的过程,是为学校发展提供支持能力,并不断探索学校的发展策略,持续改进教育教学质量而进行的管理行动"。[①] 学校特色发展规划方案的制订是对学校如何围绕特色办学理念开展各项教育教学管理活动和后勤保障工作等所做的系统思考和规划,既回答了学校特色办学理念提出的依据、内涵和发展方向,同时提出了学校特色发展的各个维度,如德育工作、课堂教学、课程建设、总务后勤等如何落实学校特色办学理念的各阶段工作目标和实施路径等。学校特色发展规划是学校特色发展的系统思考和整体设计,既回答了学校特色办学理念提出的依据,又解释了学校特色办学理念的内涵,同时也对如何贯彻学校特色办学理念做了整体设计和系统安排,可以说是学校特色发展的行动纲领或计划书。

---

① 楚江亭.学校发展规划:内涵、特征及模式转变[J].教育研究,2008(02):81.

因此,从学校特色发展规划可以看出学校特色办学理念的影响度。这是对学校特色发展的系统思考和顶层设计,是学校特色发展的总设计图,是一个重要的评价点。

(二)学校特色办学理念对教育教学活动的影响度

学校特色发展虽然有不同的路径,有的从整体发展着手,有的从局部特色项目出发,但不管是从整体着手还是从局部着手,特色办学理念要在学校中得到贯彻,就必须使各种具体的教育教学工作体现出学校特色办学理念,如学校的课堂教学、国家课程校本化、校本自主课程开发、德育活动、社团活动等如何围绕学校特色办学理念进行设计,使学校各项活动能体现和渗透学校特色办学理念。总之,学校开展各项教育教学活动,应体现学校特色办学理念对学生发展、学校发展的期望。

学校特色办学理念对学校各项教育教学工作的影响度,主要表现在:学校全体教职员工能理解学校特色办学理念,并在课堂教学上践行,学校的各项教育活动不是为了活动而活动,而是围绕学校特色办学理念提出的发展方向进行整体设计和实施;学校各项活动的开展着眼于学生全面而有个性的成长,着眼于学校特色办学理念对学生成长的期望;学校开展的各项活动之间相互联系、整体系统,能从学生学习生涯不同阶段的发展目标和成长需要来进行设计和开展活动。

三、学校特色办学理念引领下的相关主体正向发展度

所谓学校特色办学理念引领下的相关主体正向发展度,指与学校特色发展相关的对象——教师、学生和家长等切身体会到的正向变化情况。教师是学校特色发展的主力军,教师对学校特色发展的正向认同变化、积极认识理解是评价学校特色发展理念是否发挥引领作用的重要指标;学生是学校教育的对象,也是学校特色发展的直接作用对象,因此学生对学校特色发展态度的变化状况是评价学校特色发展阶段成效的落脚点;家长是学校特色发展工作的密切关注者,他们对学校特色发展前后变化的观察,也是观测和评价一个学校特色发展成效的重要指标。

(一)教师对学校特色发展的文化认同度

学校特色发展必须重视教师的作用。在学校发展主体中,教师群体是重要的发展力量,他们是学校教育教学工作的具体执行者,学校各项具体工作的落实需要依靠教师。教师是学校特色发展的中坚力量,"他们通过自己的教育教学活动与文化的继承和演变,实现学校组织文化的组织和改造"①。教师对学校特色发展文化认同与否,决定着学校特色发展能否顺利、持续而有效地开展。学校特色发展规划制订后,需要老师理解和认同学校的特色办学理念,然后认真执行规划,更需要教师们在执行过程中根据新问题创造性地研究和解决新问题。教师们对学校特色发展战略意图的理解,对实现学校预定目标的操作能力,是特色学校创建的关键,它包含教师们执行完成特色发展规划的意愿,完成特色发展任务的能力,以及认真完成特色发展目标的程度。在学校组织中,校长是主要领导者,但只有学校组织中的成员——教职员工对学校特色办学理念有了文化认同,理念才有可能落实在教师的教育教学行为中,学校特色发展才能成为可能;学校特色发展本身不是仅仅为了学校的发展,其终极目标是学生的全面发展,连接学校特色发展与学生全面而有个性成长的是教师,因此,教师对学校特色发展的理解、内化和实践是特色学校创建的关键环节。学校特色发展中的教师文化认同是一个复杂的问题,牵涉的因素比较多,但其核心是学校的教育哲学,它体现着学校特色发展的办学理念和办学方向。教师对学校特色发展的认同问题,大概表现为四种状态,如图5.2所示。

图 5.2　学校特色办学方向与教师的认同

① 胡方.特色学校建设:学校文化的选择与建构[J].中国教育学刊,2008(04):25.

教师对学校特色发展可能认同也可能不认同,不能简单地认为认同就是好的,不认同就是不好的,需要具体问题具体分析。在这四种状态中,理想的状态是学校特色办学方向正确、教师认同和学校特色发展方向不正确、教师不认同;消极的状态是学校特色发展方向不正确而教师认同,以及学校特色发展方向正确而教师却不认同。分析教师对学校特色发展方向认同的真实状态,有利于学校找到特色发展过程中存在的真实问题,及时调整,切实有效地促进学校特色发展。

(二)学生对学校态度的变化度

学生对学校态度指学生对学校的喜欢或逃避程度。[①] 姚计海认为:"学生对学校所持的评价和行为倾向,是由学生对学校的认知、情感与意向构成的较持久的个体内在结构。"[②]学生对学校的态度,包括四个方面的内容:学生对学业生活的积极态度、学生对学业生活的消极态度、学生对校园生活的积极态度、学生对校园生活的消极态度。有研究表明,"参与学校课外活动的学生,其学校态度更为积极","学校师生关系和同学关系氛围越好,学生对学校的喜欢水平就越高"。[③] 学校特色发展需要学校遵循特色办学理念,营造良好的校园生态环境和和谐的师生交往环境,改善师生关系,开展各种教育教学和教研活动,目标直接指向的是学生的健康成长。在充分考虑学生个体身心发展特点的基础上,要激发学生的学习兴趣、提升学生成长的幸福感。学生在学校生活中最核心的内容是学业发展情况和学生对学校生活的体验,这两个方面是否正向发展在一定程度上可以映射出学校特色发展的总体状态,是评价学校特色发展成效的一个重要指标。

学校特色发展的落脚点是学生全面而有个性地发展,学校特色发展各项活动的开展,首先要考虑的是学生的成长,是为学生全面而有个性发展服务

---

① 屈智勇,邹泓,王英春.不同班级环境类型对学生学校适应的影响[J].心理科学,2004(01):207-211.

② 姚计海.中小学生考试态度与学业成绩和学校态度的关系[J].教育科学研究,2010(06):58.

③ 张兴慧,王耘.中国四—九年级学生学校态度影响因素多层线性分析[J].中国学校卫生,2017(06):811.

的。"春江水暖鸭先知",学校所开展的各项特色发展活动的质量和对学生的影响度如何,可以从学生对学校态度的变化中看出端倪。学校特色发展的阶段成效如何关系到学生对学校态度的变化,正是学校特色发展是否具有学生立场的体现,也是学校特色发展教育价值是否落实在人的发展上的具体表现。

(三)家长对学校特色发展"满意情况"的正向变化度

家长对学校特色发展的评价主要依靠"家长满意度"调查,它指家长对自己孩子所就读学校特色发展工作的满意程度,其中关键是学校特色发展对学校教育教学质量和各项教学管理工作的促进程度。家长作为学生的监护人,对学校教育质量提升的关注程度很高,对学校特色发展状况有比较直接的感受。学校需要向家长宣传特色办学理念,以获得家长的理解和支持,学校所开展的各项教育教学改革活动,家长可以通过自己孩子的成长、进步情况加以判断,通过与孩子的日常交流获得对学校开展的各项特色发展活动成效的评价;学校还可以通过"家长会""家长志愿者"等活动让他们了解学校特色发展的进展情况,参与学校特色发展活动。家长对学校特色发展的满意度在一定程度上可以反映出学校特色发展的阶段成效。因为对孩子成长的高度关注,家长成为对学校特色发展情况进行评价的特殊群体,他们对学校特色发展的"满意状况"的正向变化是学校特色发展状态的重要指标之一。

我们用"家长满意度"测验反映家长对学校特色发展状态的满意程度,具体内容包括七个方面:家校合作、教学质量、德育质量、艺术教育质量、课外活动质量、教师素养及总体满意度。除了总体满意度,其他六个方面是学校特色发展的主要内容,是学校特色发展会给家长带来明显的感受变化。

第二节　思明区推进学校特色发展的阶段成效

一、各实验校明晰办学方向,制定出行动路径

在专家的指导下,区域内实验学校从各自学校实际出发,对学校的办学理

念进行了深入的探讨,提出了各自的特色办学理念,并分别从多个角度进行了内涵分析。在此基础上,从学校特色办学理念出发,结合学校办学实际,提出了学校特色发展理念在学校各个层面落实和实施的措施和路径,明确了责任人,详细安排和规定了工作目标,并提出了实施保障措施等,使学校特色发展方向更加明确,实施路径更加清楚,为学校特色发展打下了坚实的基础。

(一)明晰了发展方向,提出了各自的特色办学思路

在专家的指导下,不同学校根据各自不同的校情,凝练出了特色办学理念,找到了学校特色发展的目标和方向,迈出了学校特色发展坚实的一步。虽然不同学校的校长及其团队对学校特色发展的理解深浅不一,因理论水平不足导致的理性思考深度不够,提出的各自学校特色办学理念可能不是很合理,也不是很到位,有的甚至还有不少瑕疵,但不管怎么说,这毕竟是学校自己跨出来的坚实的一步,这一步虽然很艰难,却是学校自己"内生"出来的。现以两所特色发展实验学校的办学理念为例来作说明。

1. 厦门市 SB 小学

厦门市 SB 小学是一所建于 1994 年的新办校,虽然建校时间不长,却成长很快,在厦门市也小有名气,特别是学校的田径队已获得区中小学田径运动会的六连冠,学校的"深海蓝合唱团"曾获得国际合唱比赛银奖,"小精灵舞蹈团"夺下多届鹭岛花朵金奖等,形成了学校自己的项目特色。学校从这些项目特色出发,挖掘取得这些成绩背后的原因。他们认为,这些成绩的取得,首先是来自师生的勤奋付出。学校接着思考是什么促使这些师生自觉自愿地付出。他们经过分析发现,能让老师和学生自觉自愿付出辛苦努力的是快乐的体验以及由此产生的精神动力,是"快乐"支撑着老师和学生专注、投入,全身心地奉献,并展现出优异的成绩。他们培养孩子们的特长,不仅是为了责任而教,更是为了快乐而教。基于这样的发现,学校提出了"快乐发展"的办学目标,并进一步提出"快乐发展"不能只强调"快乐",不能为了"快乐"而"为所欲为"。"快乐"是一种心情,"快乐"是一种表现形式,"快乐"是一种生活态度。在确定了学校办学理念为"快乐发展"后,学校又进一步根据校情,对教师和学生分别提出"快乐生活,激情工作""快乐探究,阳光成长"的发展目标。

对于厦门市 SB 小学提出的"快乐发展"特色办学理念,有很多专家并不

认同,觉得学习不可能是快乐的,不同的人对快乐的感受和理解也是不一样的,快乐更多的是一种感受,作为一种理念不是很合适。但不管这个理念有什么不足,它毕竟是学校自己总结出来的,体现着学校对未来发展的憧憬,他们有着属于自己的教育理解,虽不完善却为学校找到了特色发展的起点,并且可以在未来的发展过程中不断修正完善。

2. 厦门市 BL 中学

厦门 BL 中学创办于 1990 年,也是一所新办校,在不长的办学历史中却取得了辉煌的成绩,办学质量在厦门市初中教学质量评估中连续 9 年名列前茅,是厦门市民眼中的好学校。学校除了教学成绩令人瞩目,科技创新教育也取得了不俗的成果,学生在全国、省、市、区各级青少年科技创新大赛及其他科技活动中获奖(其中,全国青少年科技创新大赛金牌 1 枚、银牌 4 枚、铜牌 2 枚),被确认为首批"厦门市科技教育基地校"、首批"福建省科技教育基地学校"。在取得这些耀眼成绩的同时,学校也在思考如何可持续发展的问题,为此他们把特色发展作为学校未来持续发展的突破口。学校在回顾总结 20 多年发展道路的基础上,提炼出"求真、求实、求新"的特色办学理念,并对这个理念做了如下解读:求真——坚持真理,探求客观规律,学做真人;求实——从实际出发,重在落实,讲求实效;求新——不断开拓新思路,谋求新发展,创造新成果。

学校把这个理念简称为"三求"。这个理念很平实,可贵的是它也是在总结和思考学校办学历程的基础上提出的,是对自己未来发展的行动宣言,这个理念具有学校自己的个性,这种个性来自对自己办学优势的清醒认识,并将这种优势提升为理念的高度,反过来用于指导学校各方面的工作,成为学校面对新挑战的发展策略。

(二)围绕特色办学理念,制定了切实可行的行动策略

学校在凝练出各自特色办学理念后,通过进行富有各自特色和符合教育价值的解读,并在此基础上对学校如何践行特色发展理念,提出了特色发展目标,制定了各自的行动策略,使学校特色发展的行动路径清晰起来。下面依然以厦门市 SB 小学和厦门市 BL 中学为例来进行说明。

1. 厦门市 SB 小学

厦门市 SB 小学根据"快乐发展"的办学理念,对学校各个层面都做了系

统的思考,如何让"快乐发展"理念体现在学校办学的各个层面呢? 他们创造性地提出了以下实施策略。

第一,建设快乐育人的校园环境。围绕"快乐发展"理念,对校园廊道、卫生区、室内环境、各专用教室进行重新布置。构建绿色生态校园,实现人与自然的和谐;提升校园文化品位,实现人文氛围和谐;拓展个性发展空间,实现自主发展和谐。

第二,凸显愉快学习的课堂教学。学校提出要在课堂中建立和谐的师生关系,教师要尊重学生的主体性,研究学、会学、主动学、创造学的施教策略,促进学生发展。要求每个学生在课堂上要尽量做到提出一个不懂的问题、发表一个不同的见解、参加一个讨论、做好一次试验、获得一次成功的体验,为学生快乐学习创造条件。

第三,开发体现"快乐探究,阳光成长"的校本课程。建立了"百草长廊",种植上百种中草药,同时从中草药发展史、中国古代名医、中草药典故、中草药介绍、食疗漫画等方面让师生走进中国传统文化。引导学生走出课堂,亲近自然,认识常见中草药的特征及功效,探究其生长特性及栽培方法,传承古代名医不畏艰险、开拓创新、关心民众的精神品质,增长利用中草药自我保健的知识,学以致用,终身受益,培养学生对中医药文化的兴趣和继承民族传统文化的信念。

第四,开展快乐向上的教育活动。针对生源实际,结合重大节日,开展系列以"爱"为主题的教育活动。设置书香走廊、书香班级开展"快乐阅读"活动,开展各类竞赛与交流活动,以增强学生读书兴趣,体验读书的快乐;开展"快乐星期四"活动,满足学生的兴趣和特长发展需要。开设心理咨询站,帮助问题学生解决学习畏难、心理自卑、习惯不好等难题,建立自信,明确学习目标。

第五,建设一支激情飞扬的教师队伍。把激发教师自主发展的愿望、促进教师自主发展的能力作为工作重点,实施"名师"工程、"青蓝"工程、"育人"工程、"质量"工程、"形象"工程等,激发积极向上的工作态度和主动发展的内驱力,取得了较好的成效。

2. 厦门市 BL 中学

厦门市 BL 中学在确立了"求真、求实、求新"的特色办学理念后,确定了"突出科研先导、打造特色文化、促进教师发展、注重课堂落实"的发展策略,并提出了以下实施思路:

第一，科研先导。校长挂帅，教研室领军、骨干教师参与，带动全体教职工开展特色研究；开展校本课题研究，引导全体教职工关注教育前沿，把握正确的发展方向，为实现学校特色发展奠定理论基础。

第二，打造校园文化。重新规划布置校园的宣传环境，充分利用网页、电子屏、宣传栏、宣传画、名人名言、板报等形式，建设"三求"氛围浓烈的特色校园文化。充分利用晨会、班会、团队活动、讲座、研讨会、座谈会等形式宣传、研讨"三求"文化，在实践中渗透"三求"文化，不断丰富特色文化内涵、扩大特色文化影响，让特色文化深深地根植于师生的心里。

第三，促进教师发展。依托思明区教师进修学校和东北师大举办的种子教师培训班培养培训一批"种子教师"，并通过"种子教师"带动广大教师在特色学校建设过程中发挥积极作用；通过各种讲座、培训，统一教师的思想和意志，大部分教师能够自觉地在教育教学工作中渗透"三求"特色理念，实现教师专业发展。

第四，注重课堂落实。在平时的课堂教学活动中渗透"三求"理念，通过开展特色主题学习活动和主题探究活动，学生亲身实践，陶冶学生情操，逐步培养学生形成正确的人生观，每个学生都努力实现自己的人生价值。

以上两所学校提出的行动策略，共同的优点是能围绕学校特色办学理念，思考和设计学校整体工作，并能贯彻到学校办学的主要工作中，虽然思考还显稚嫩和粗浅，但却符合学校实际，具有可操作性，也能有效反映学校特色办学理念对各项工作的指引作用。

二、围绕特色办学理念开展卓有成效的课题研究

学校特色发展规划制订后，课题组为了确保获得教师的理解、认同和执行，与东北师范大学研究生院合作举办研究生课程班，课程班学员分别是来自各实验校的"种子教师"，每个实验校 5 位，共计 60 名学员。各个实验学校的"种子教师"在参加研究生课程班时都带着学校特色发展需要解决的问题来学习，并作为自己的研究课题，也作为研究生课程班结业的论文选题。这样，每个实验校都把学校重点研究课题与种子教师学习相结合，用科研来带动学校特色化发展。为了有效推动种子教师的研究生课程班学习，东北师范大学为

每位种子教师配备了一名研究生导师,实行一对一指导,使课题研究更有科学性和针对性,研究过程更加规范,研究质量更有保障。由于"种子教师"开展课题研究的需要,在各实验校再由"种子教师"作为召集人,形成志同道合的学校课题研究小组,带动学校其他教师参与学校特色课题研究工作,最大限度地保证了学校特色发展规划能得到大多数老师的理解和实践,学校特色发展更有群众基础,学校特色发展规划更能真正实施。

在研究生课程班学习过程中,对所研究课题的相关理论做了系统、深入的学习,为研究打下了坚实的理论基础。同时,在导师指导下,"种子教师"们又立足于自己所从事的教育教学工作实际,在实践中开展基于学校实际工作的研究,在工作中研究,在研究中工作,研究贴近学校特色发展实际,具有很典型的草根特点,解决了学校特色发展中遇到的难题,推进了学校特色发展。如厦门市 LQ 小学 HHZ 老师从"养成良好习惯,奠基幸福人生"特色办学理念出发,结合外来人员子女多、家长文化水平较低、父母工作忙无暇照顾孩子,存在管教孩子心有余而力不足的现象带来的家校协同难题,提出了"'家校社'协同育人有效途径优化研究"课题,经过三年的研究,形成了一系列家校社协同育人可资借鉴和参照的理论成果,有效引导了"家校社"协同育人方向,切实加强了"家校社"协同育人机制,明显优化了"家校社"协同育人途径等。在研究过程中,课题研究小组结合研究开展了许多家校社协同育人活动,如定期召开各类家长会、"教师进家庭"、"家长进学校"、走进社区等,确保形成学校、家庭、社会三位一体的未成年人思想道德教育、良好习惯养成的教育网络。召开分类家长会:对于不懂得教育方法的家长举办家教方法讲座;对于关心孩子习惯养成的家长,召开小范围家长会,指导家长如何在家里培养孩子的良好习惯……成效显著,家长会过后,家长们依然能够久久地记住如何同学校教育配合,优化了"协同"教育路径,同时也有效落实了学校"养成好习惯,奠基幸福人生"的特色办学理念。

三、学校特色发展的正向发展度提高

为了了解开展区域推进学校特色发展的状态,我们于 2011 年 11 月即区域推进学校特色发展研究思路梳理清晰之后,学校基本制订出学校特色发展规划,即将开始实施的时候,邀请东北师范大学专家帮助设计了系列调查问卷,开展了前测工作,并于 2013 年 5 月即课题研究开展一年半后,课题即将结题时进行了后测。问卷设计包含了教师问卷、学生问卷、家长问卷以及学生水平测试。在教师、学生和家长问卷中都有开放性或半开放性测试题,内容包括对学校特色办学理念的理解和认知、校内各方力量协作情况、学生学校态度和家长学校满意度等,测试对象分别是各校四年级和八年级两个学段的学生及家长,实验学校全体教师。学生、教师通过网上电子问卷作答,家长发放纸质问卷填写后收回,人工录入。

特别需要说明的是,我们在课题研究开始一年半后才做的前测,之所以没有在课题研究一开始就做,是因为开始时的工作重点是开展基础调研,在此基础上指导学校分析学校特色发展的基础,思考学校特色办学的方向,凝练学校特色发展的理念,制订学校特色发展的规划,这些工作占用了一年半的时间。可以说,实验校是在学校明确了各自的特色办学方向,清晰了各自的特色发展理念,整体设计了实施方案之后才真正开始学校特色发展实施工作的。我们选择在学校特色发展规划完成之后进行前测,是认为这时才是学校整体动员、整体实施的开始。因为课题研究的期限是三年,所以我们在课题研究的第三年,也就是前测之后的一年半才进行的后测。

前测和后测结束后,我们对数据进行了整理和清洗,并对前后测干扰因素多、不能客观反映是否给学校特色发展带来影响的数据进行了剔除,如两次测试学生不是同一批的水平测试数据,对教师职业幸福感和职业满意影响不大的数据。此外,所测学校 9 在学生学校态度选项中出现了某一个选项全部学生均系相同答案的情况,答案真实度不可靠,我们也进行了剔除。在进行了这些分析和整理之后,我们对教师、学生和家长的学校特色认知和实践情况以及学生的学校态度进行了统计分析;用 SPSS 24.0 数据分析工具对家长满意度进行了数据处理,并对问卷答案赋予一定分值作为权重,同时乘以相应的作答人数比例,将各个选项相加得到每个学校的问卷调查总分。最后,将每个学校前测、后测的总分进行对比分析。表 5.1—表 5.6 中的 1~12 分别代表了不同的学校,其中 2、4、11 是中学,其他均为小学。

表 5.1　厦门市思明区 12 所学校学生对学校特色发展实施情况的评价（%）

学校		1	2	3	4	5	6	7	8	9	10	11	12
填写此问卷以前，基本不知道学校以此为办学特色	前测	11.80	27.40	5.10	6.50	13.10	7.80	16.60	10.00	7.62	14.40	14.00	26.30
	后测	3.90	41.10	1.00	5.80	7.70	7.30	13.30	2.30	0.00	1.70	16.80	4.20
	变化趋势	−66.95	50.00	−80.39	−10.77	−41.22	−6.41	−19.88	−77.00	—	−88.19	20.00	−84.03
虽然以前就知道学校的这一办学特色，但一直不太理解该特色的含义	前测	11.80	13.10	6.00	8.70	12.30	6.50	10.10	7.20	1.90	21.20	13.50	18.80
	后测	7.10	13.20	3.50	10.70	6.10	9.50	6.60	2.60	0.00	3.30	16.20	4.20
	变化趋势	−39.83	0.76	−41.67	22.99	−50.41	46.15	−34.65	−63.89		−84.43	20.00	−77.66
以前就知道并理解学校的这一办学特色，但并未感受到它重要	前测	1.60	5.90	0.90	3.80	6.30	2.00	7.40	2.80	0.00	4.00	6.20	3.00
	后测	3.10	3.10	1.20	1.20	2.90	2.60	2.80	1.30	0.00	1.30	4.90	0.00
	变化趋势	93.75	−47.46	33.33	−68.42	−53.97	30.00	−62.16	−53.57	0.00	−67.50	−20.97	−100.00
以前就知道并理解学校的这一办学特色，而且也认为它重要，但并未感受到学校在这方面有实际的举措	前测	14.70	17.20	14.90	11.40	22.70	19.80	19.00	14.40	4.76	17.20	20.20	15.80
	后测	17.60	13.70	7.90	10.10	15.80	23.30	25.10	6.70	0.00	16.30	20.80	9.40
	变化趋势	19.73	−20.35	−46.98	−11.40	−30.40	17.68	32.11	−53.47		−5.23	2.97	−40.51
能感受到学校在这方面有一些实际的举措，但对本人没什么直接的影响	前测	10.20	8.30	6.20	28.30	6.80	7.40	5.00	7.70	0.00	9.60	9.80	4.90
	后测	6.00	9.60	4.10	25.00	6.10	5.30	4.70	3.20	0.00	2.30	8.90	3.10
	变化趋势	−41.18	15.66	−33.87	−11.66	−10.29	−28.38	−6.00	−58.44	0.00	−76.04	−9.18	−36.73
能感受到学校在这方面有一些实际的举措，并且从中受益明显	前测	49.80	28.10	67.00	41.30	38.80	56.40	41.80	57.90	85.71	33.60	36.30	31.20
	后测	62.20	19.30	82.40	47.10	61.40	52.00	47.50	84.10	100.00	75.00	32.40	79.20
	变化趋势	24.90	−31.32	22.99	14.04	58.25	−7.80	13.64	45.25	16.67	123.21	−10.74	153.85

表 5.2　厦门市思明区 12 所学校学生在学业方面对学校态度的变化趋势(%)

学校		1	2	3	4	5	6	7	8	9	10	11	12
非常消极	前测	1.90	5.10	0.40	1.30	1.50	0.20	1.20	0.80	问卷数据有问题(某个题项全都为一个答案)	1.20	1.70	1.20
	后测	2.10	12.20	0.40	3.90	0.60	0.70	0.80	0.50		0.00	3.30	1.00
	变化趋势	10.53	139.22	0.00	200.00	-60.00	250.00	-33.33	-37.50		-100.00	94.12	-16.67
比较消极	前测	4.80	13.20	2.50	4.50	4.80	2.40	4.00	5.00		3.60	10.30	6.00
	后测	3.30	16.30	2.30	6.20	4.20	4.10	2.80	3.30		1.30	12.20	0.00
	变化趋势	-31.25	23.48	-8.00	37.78	-12.50	70.83	-30.00	-34.00		-63.89	18.45	-100.00
比较积极	前测	18.20	24.60	7.90	20.80	17.10	9.40	11.20	11.30		6.80	21.60	22.20
	后测	15.10	26.80	7.40	19.20	15.40	11.10	14.60	7.20		2.30	30.60	8.30
	变化趋势	-17.03	8.94	-6.33	-7.69	-9.94	18.09	30.36	-36.28		-66.18	41.67	-62.61
非常积极	前测	75.10	57.10	89.20	73.40	76.60	88.00	83.50	82.90		88.40	66.30	70.60
	后测	79.50	44.70	89.90	70.70	79.70	84.20	81.80	89.00		96.30	53.90	90.60
	变化趋势	5.86	-21.72	0.78	-3.68	4.05	-4.32	-2.04	7.36		8.94	-18.70	28.33

表5.3　厦门市思明区12所学校学生在非学业方面对学校态度的变化趋势（%）

学校		1	2	3	4	5	6	7	8	9	10	11	12
非常消极	前测	1.40	3.90	0.60	1.00	2.40	0.40	0.60	0.30		0.40	1.00	0.40
	后测	1.50	13.70	0.20	1.90	0.30	0.90	0.80	1.00		0.70	2.10	1.00
	变化趋势	7.14	251.28	-66.67	90.00	-87.50	125.00	33.33	233.33		75.00	110.00	150.00
比较消极	前测	5.30	8.10	2.90	3.90	5.40	3.60	6.50	3.40	问卷数据有问题(某个题项全都为一个答案)	2.80	9.30	7.50
	后测	5.20	7.60	2.70	3.10	4.20	4.60	3.30	2.30		1.30	8.50	0.00
	变化趋势	-1.89	-6.17	-6.90	-20.51	-22.22	27.78	-49.23	-32.35		-53.57	-8.60	-100.00
比较积极	前测	20.60	18.90	7.90	15.60	16.90	11.60	15.60	12.10		10.40	25.10	21.00
	后测	14.50	25.90	8.10	13.60	10.00	13.80	12.20	9.50		3.70	27.30	5.20
	变化趋势	-29.61	37.04	2.53	-12.82	-40.83	18.97	-21.79	-21.49		-64.42	8.76	-75.24
非常积极	前测	72.70	69.00	88.60	79.50	75.30	84.40	77.30	84.30		86.30	64.60	71.00
	后测	78.60	62.40	89.00	81.40	84.90	80.70	83.70	87.20		94.30	62.10	93.80
	变化趋势	8.12	-9.57	0.45	2.39	12.75	-4.38	8.28	3.44		9.27	-3.87	32.11

表5.4 厦门市思明区12所学校教师对学校特色宣传普及程度的看法（%）

学校		1	2	3	4	5	6	7	8	9	10	11	12
尚未在全校教师会议上明确提出该特色	前测	1.32	0.92	2.13	1.82	1.64	0.00	0.00	2.15	4.55	0.00	0.00	0.00
	后测	0.00	2.50	1.00	2.70	0.00	0.00	0.00	0.90	0.00	0.00	2.70	0.00
	变化趋势	-100.00	171.74	-53.05	48.35	-100.00	0.00	0.00	-58.14	-100.00	0.00	—	0.00
校领导在全校教师会议上提及过这一办学特色,但并没有对其内涵进行系统而深入的解析	前测	1.32	8.26	5.32	2.73	3.28	12.00	2.38	4.30	0.00	8.33	9.09	3.85
	后测	0.00	32.50	1.00	0.00	3.00	2.90	5.80	0.00	0.00	3.10	13.50	2.90
	变化趋势	-100.00	293.46	-81.20	-100.00	-8.54	-75.83	143.70	-100.00	0.00	-62.79	48.51	-24.68
校领导在全校教师会议上对这一办学特色进行过全面的解析,但教师尚未形成深刻而一致的理解	前测	7.89	35.78	8.51	24.55	24.59	28.00	35.71	25.81	31.82	50.00	54.55	42.31
	后测	22.20	0.00	1.90	22.50	12.10	14.50	13.50	11.10	5.90	14.10	29.70	5.70
	变化趋势	181.37	-100.00	-77.67	-8.35	-50.79	-48.21	-62.20	-56.99	-81.46	-71.80	-45.55	-86.53
在教师中已形成深刻而一致的理解,但在学生和家长中还没有形成准确而一致的理解	前测	89.47	55.05	84.04	70.91	70.49	60.00	61.90	67.74	63.64	41.67	36.36	53.85
	后测	77.80	65.00	96.10	75.80	84.80	82.60	80.80	88.00	94.10	82.80	54.10	91.40
	变化趋势	-13.04	18.07	14.35	6.90	20.30	37.67	30.53	29.91	47.86	98.70	48.79	69.73

表 5.5　厦门市思明区 12 所学校特色发展中校内各力量的协作情况（%）

学校		1	2	3	4	5	6	7	8	9	10	11	12
领导和教师之间	前测	2.9605	2.477	2.9894	2.7	2.803	2.8	2.738	2.849	2.909	2.667	2.705	2.692
	后测	2.764	2.613	2.99	2.649	2.924	2.826	2.904	2.932	2.971	2.938	2.459	2.971
	变化趋势	-6.64	5.49	0.02	-1.89	4.32	0.93	6.06	2.91	2.13	10.16	-9.09	10.36
班主任和科任教师之间	前测	2.9474	2.385	2.9043	2.491	2.574	2.7	2.548	2.71	2.682	2.208	2.409	2.423
	后测	2.75	2.625	2.951	2.486	2.864	2.696	2.846	2.88	3.029	2.859	2.405	2.943
	变化趋势	-6.70	10.06	1.61	-0.20	11.27	-0.15	11.70	6.27	12.94	29.48	-0.17	21.46
学校各部门之间	前测	2.9737	2.569	2.9894	2.655	2.738	2.8	2.738	2.86	2.955	2.688	2.614	2.654
	后测	2.75	2.7	2.981	2.64	2.909	2.696	3	2.915	2.941	2.984	2.486	3
	变化趋势	-7.52	5.10	-0.28	-0.56	6.25	-3.71	9.57	1.92	-0.47	11.01	-4.90	13.04
教师和家长之间	前测	2.8947	2.138	2.8191	1.991	2.492	2.52	2.333	2.441	2.5	1.729	1.705	2.269
	后测	2.708	2.4	2.864	2.072	2.818	2.609	2.558	2.624	3.029	2.672	1.784	3
	变化趋势	-6.45	12.25	1.59	4.07	13.08	3.53	9.64	7.50	21.16	54.54	4.63	32.22

表 5.6　厦门市思明区 12 所学校教师对学校特色实施阶段的评价(%)

学校		1	2	3	4	5	6	7	8	9	10	11	12
尚未确定办学特色	前测	0.00	1.80	0.00	0.90	0.00	0.00	0.00	0.00	0.00	0.00	4.50	3.80
	后测	0.00	1.30	0.00	3.60	0.00	0.00	0.00	0.00	0.00	0.00	5.40	0.00
	变化趋势	0.00	−27.78	—	300.00	—	—	—	—	—	—	20.00	−100.00
已确定办学特色,但是关于如何落实这一特色,还没有形成具体计划	前测	0.00	12.80	1.10	7.30	1.60	6.00	2.40	5.40	0.00	31.25	6.80	19.20
	后测	0.00	7.50	0.00	5.40	1.50	4.30	1.90	1.70	2.90	0.00	5.40	0.00
	变化趋势	0.00	−41.41	−100.00	−26.03	−6.25	−28.33	−20.83	−68.52	—	−100.00	−20.59	−100.00
已形成打造一特色的具体行动计划,但基本上还没有开始实施	前测	1.30	7.30	1.10	4.50	4.90	8.00	4.80	1.10	0.00	25.00	6.80	7.70
	后测	0.00	6.30	0.00	0.00	0.00	0.00	0.00	2.60	0.00	0.00	5.40	0.00
	变化趋势	−100.00	−13.70	−100.00	−100.00	−100.00	−100.00	−100.00	136.36	—	−100.00	−20.59	−100.00
已经围绕该特色初步开展了一些实际行动,但还没有在全校范围内深入和推广	前测	0.00	17.40	7.40	18.20	23.00	22.00	16.70	30.10	13.60	20.80	27.30	26.90
	后测	0.00	13.80	1.00	12.60	1.50	8.70	7.70	3.40	0.00	6.30	10.80	0.00
	变化趋势	0.00	−20.69	−86.49	−30.77	−93.48	−60.45	−53.89	−88.70	−100.00	−69.71	−60.44	−100.00
已经围绕该特色在全校范围内进行了深入的推广,但生见发展状况上尚未看见明显成效	前测	10.50	22.90	8.50	25.50	42.60	4.00	40.50	26.90	22.70	6.30	43.20	30.80
	后测	2.80	15.00	5.80	20.70	30.30	13.00	19.20	23.10	2.90	20.30	40.50	14.30
	变化趋势	−73.33	−34.50	−31.76	−18.82	−28.87	225.00	−52.59	−14.13	−87.22	222.22	−6.25	−53.57

152

续表

学校		1	2	3	4	5	6	7	8	9	10	11	12
我校的这一办学特色已经在学生发展上有了明显的效果，但在全区范围内还没有形成较有知名度	前测	23.70	11.00	13.80	17.30	23.00	26.00	26.20	28.00	27.30	12.50	6.80	7.70
	后测	16.70	18.80	8.70	24.30	33.30	39.10	46.20	34.20	2.90	18.80	24.30	2.90
	变化趋势	−29.54	70.91	−36.96	40.46	44.78	50.38	76.34	22.14	−89.38	50.40	257.35	−62.34
我校的这一办学特色在区范围内已经有了较高知名度	前测	28.90	15.60	29.80	14.50	3.30	12.00	2.40	6.50	36.40	4.20	4.50	3.80
	后测	54.20	16.30	21.40	18.90	28.80	24.60	19.20	20.50	23.50	21.90	0.00	34.30
	变化趋势	87.54	4.49	−28.19	30.34	772.73	105.00	700.00	215.38	−35.44	421.43	−100.00	802.63
我校的这一办学特色在全市范围内已经有了较高知名度	前测	35.50	11.00	38.30	11.80	1.60	22.00	7.10	2.20	0.00	0.00	0.00	0.00
	后测	26.40	21.30	63.10	14.40	4.50	10.10	5.80	14.50	67.60	32.80	8.10	48.60
	变化趋势	−25.63	93.64	64.75	22.03	181.25	−54.09	−18.31	559.09	—	—	—	—

(一)学生对学校特色发展实施情况的评价

按照看法1—6的权重乘以人数,将各个看法得分相加得出总分。看法1是填写此问卷以前,基本不知道学校以此为办学特色;看法2是虽然以前就知道学校的这一办学特色,但一直不太理解该特色的含义;看法3是以前就知道并理解学校的这一办学特色,但并不认为它重要;看法4是以前就知道并理解学校的这一办学特色,而且也认为它重要,但并未感受到学校在这方面有实际的举措;看法5是能感受到学校在这方面有一些实际的举措,但对本人没什么直接的影响;看法6是能感受到学校在这方面有一些实际的举措,并且从中受益明显。对比学校特色办学实施前后进行的两次测量,得出前测总分和后测总分,并生成以下柱形(见图5.3)。

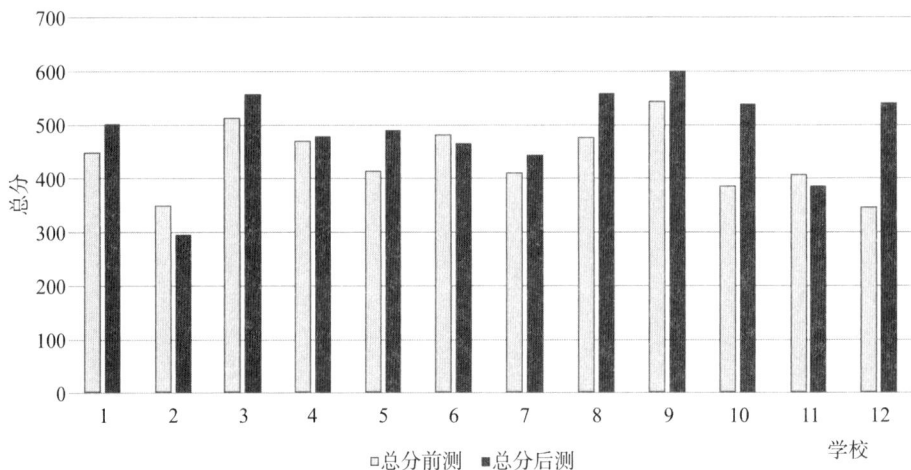

图5.3 学生对学校特色实施阶段的评价

通过分析图5.3发现,1、3、5、7、8、9、10、12这8所学校后测总分高于前测总分,其中学校10、12提升幅度较大,表明经过一段时间学校特色发展规划的实施,学生对此有了一定的了解,并认为自己可以从中受益;学校4前测总分与后测总分基本一致,说明实施学校特色发展规划以来,学生对实施效果感受不明显;学校2、6、11后测总分低于前测总分,表明学生并不认为此措施重要。对比12所学校干预后总分,学校9、8、7、12总分较高,学校2、11较低。

总体来看,学生对学校特色发展工作的认识在项目实施后都有了不同程度的提高,其中出现倒退的 2 和 4 学校都是初中校,数据呈现的结果与实际观察的一致,这个结果反映了不同学校学生对学校的认识程度不同,与学校对办学特色的宣传不足、举措不力乃至认识不到位有关。这些学校在接下来的特色发展工作中要面向所有学生宣传学校的特色办学理念,开展各种宣传活动并对个别未了解办学特色的学生、未从办学特色中获益的学生进行重点关注,提升办学特色对学生的影响。

(二)学生的学校态度(学业和非学业)变化

"学校态度"测验用于反映学校实施特色发展项目前后,学生对学校态度的变化。问卷包括四个方面的内容:学生对学业生活的积极态度、学生对学业生活的消极态度、学生对校园生活的积极态度、学生对校园生活的消极态度。通过学生学校态度的变化,观察学校特色发展各项教育教学改革和各种教育教学活动对学生的影响情况。

1. 学生对学校态度(学业)的总体趋势

按照"非常消极、比较消极、比较积极、非常积极"的权重乘以人数,将各个看法得分相加得出总分。在学校特色办学实施前后进行两次测量,得出前测总分和后测总分。通过数据整理得到柱形图 5.4(图中学校 9 为数据存在问题而剔除的学校)。

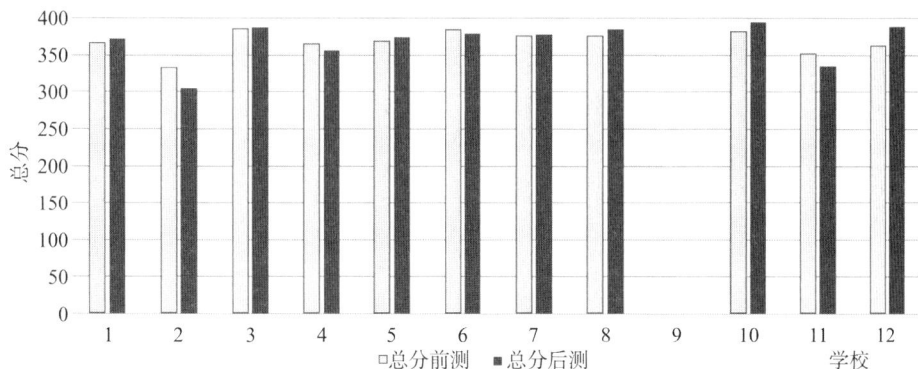

图 5.4 学生对学校态度(学业)的总体趋势

通过调查 12 所学校学生的评价发现,学校 10、12 后测总分略高于前测总分,1、3、5、6、7、8 这六所学校前测总分与后测总分基本一致,学校 2、4、11 前测总分低于后测总分。调查表明,经过一段时间的特色办学,大部分学校学生态度没有改变,甚至有所下降,表明学生并不认为特色发展项目重要,且不认为自己可以从中受益。对比 12 所学校干预后总分,学校 8、10、12 总分较高,学校 2、11 较低。

通过分析发现,学校特色发展项目实施一年半以来,大多数学校学生在学业方面的态度没有发生大的变化,小学总体比中学好,中学生在学业方面的态度没有进步反而后退。可以看出,学校特色发展开展以来,各个实验校在课堂教学方面的改革还没显现出成效或者是还没开始,学生在对待学业成绩方面的态度处于"无感"状态。各个实验校在这一方面还需要进一步努力,中学客观上受外部升学压力的影响更大一些,学校特色发展项目的开展难度也更大一些。

2. 学生对学校态度(非学业)的总体趋势

按照"非常消极、比较消极、比较积极、非常积极"的权重乘以人数,将各个看法得分相加得出总分。在学校特色办学实施前后进行两次测量,得出前测总分和后测总分(因学校 9 问卷数据有问题:某个题项全都为一个答案,故不做分析),并生成柱形图 5.5。

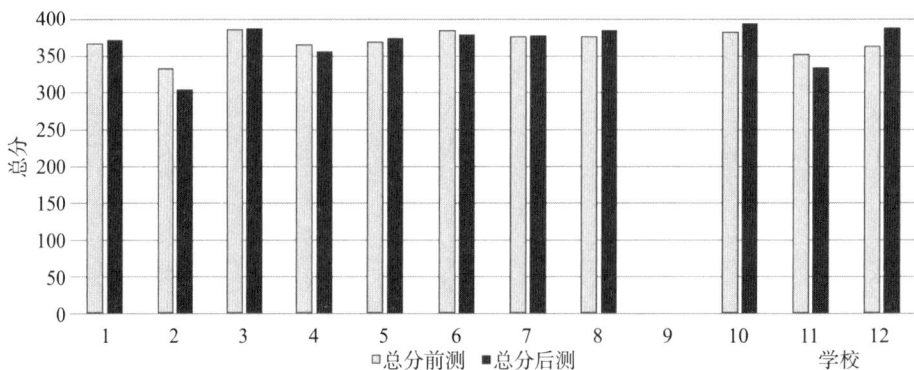

图 5.5　学生对学校态度(非学业)的总体趋势

通过调查发现,学生对学校态度(非学业)总体趋势的情况是,学校 1、2、5、7、10、12 的后测数据略高于前测总分,学校 3、4、8 的前后测基本持平,学校 6、11 后测略低于前测。通过对比发现,大部分学校经过一年半的特色发展活动开展,学生非学业方面的态度有了积极的变化,虽然变化幅度不大,但可能与前后测时间间隔短有关。

数据分析表明,学校需要针对学校特色发展做进一步的宣传,开展让更多学生了解学校特色发展的活动,让学生在各种丰富多彩的活动中改变对学校的看法,形成积极的学校态度。

(三)学校特色宣传普及程度

按照看法 1—4 的权重乘以人数,将各个看法得分相加得出总分。在学校特色办学实施前后进行两次测量,得出前测总分和后测总分(看法 1:尚未在全校教师会议上明确提出该特色;看法 2:校领导在全校教师会议上提及过这一办学特色,但并没有对其内涵进行系统而深入的解析;看法 3:校领导在全校教师会议上对这一办学特色进行过全面的解析,但教师尚未形成深刻而一致的理解;看法 4:在教师中已形成深刻而一致的理解,但在学生和家长中还没有形成准确而一致的理解),生成柱形图 5.6。

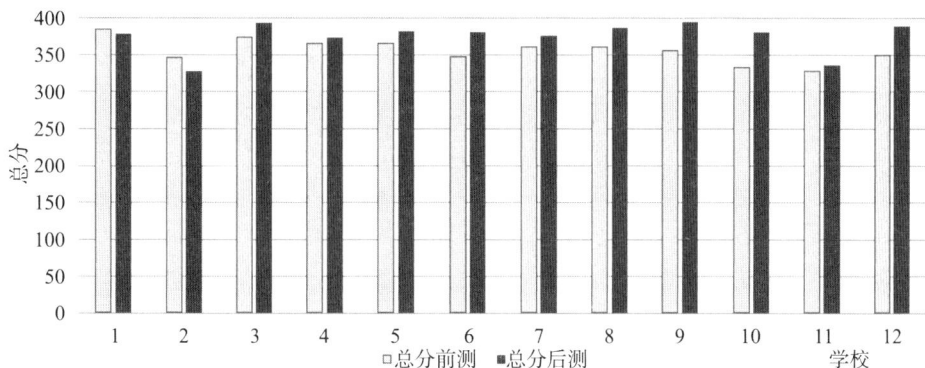

图 5.6　学校特色宣传普及程度

通过调查学校特色的宣传普及程度发现,学校 3、5、6、7、8、9、10、12 前测总分低于后测总分,其中学校 9、10 提升幅度较大,说明干预前后,学校对于办学特色的宣传、举措等方面都有了一定的提升,教师、学生、家长对其理解较为深刻;1、4、11 三所学校前后测总分基本一致,学校 2 有较为明显的下降,说明学校还需进一步普及宣传特色办学策略,让更多教师、学生、家长了解办学特色的内容和含义。对比 12 所学校干预后总分,学校 9、3、12 总分较高,学校 2、11 较低。

这一指标后测与前测总分的比较,积极的变化比较明显,可以看出学校在开展特色发展项目一段时间以来,积极开展各种宣传活动,对老师、家长等形成积极的学校特色发展理解和支持起到了明显作用。

(四)校内各方力量的协作情况

按照"领导和教师之间、班主任和科任教师之间、学校各部门之间、教师和家长之间"的权重乘以人数,将各个看法得分相加得出总分。在学校特色办学实施前后进行两次测量,得出前测总分和后测总分,生成柱形图5.7。

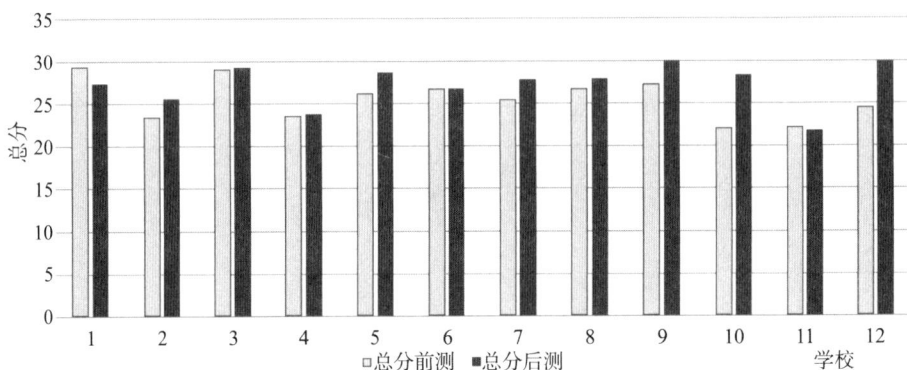

图5.7　校内各方力量的协作

通过比较我们可以清晰看出,学校2、5、7、8、9、10、12的后测高于前测,其中学校10、12提升幅度最大,3、4、6、11这四所学校干预前后基本一致,学校1干预后总分略有下降。

通过对比可以发现,学校特色发展开展以来,学校领导和教师之间、班主任和科任教师之间、学校各部门之间、教师和家长之间教育协作得到了加强,表明校内各方力量对学校特色发展形成共识,并在教育教学活动中开展了一致的行动,形成了教育的合力。

(五)教师对学校特色实施情况的评价

按照看法1—8的权重乘以人数,将各个看法得分相加得出总分。在学校特色办学实施前后进行两次测量,得出前测总分和后测总分。看法1是尚未确定办学特色;看法2是已确定办学特色,但是关于如何落实这一特色,还没有形成具体计划;看法 3 是已形成打造这一特色的具体行动计划,但基本上还没有开始实施;看法 4 是已经围绕该特色初步开展了一些实际行动,还没有在全校范围内深入和推广;看法 5 是已经围绕该特色在全校范围内进行了深入的推广,但在学生发展状况上尚未看见明显成效;看法 6 是我校的这一办学特色已经在学生发展状况上有了明显的效果,但在全区范围内还没有形成知名度;看法 7 是我校的这一办学特色在区范围内已经有了较高知名度;看法 8 是我校的这一办学特色在全市范围内已经有了较高知名度。根据数据形成了图5.8。

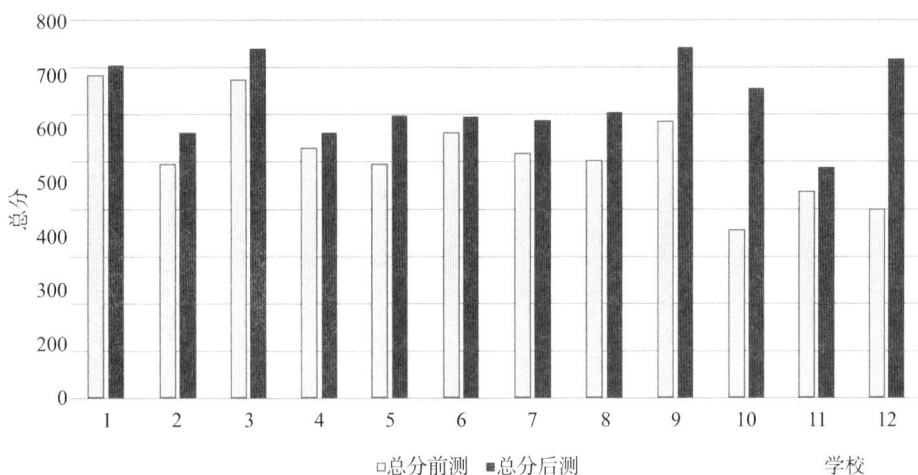

图 5.8　教师对学校特色实施情况的评价

通过对比发现,12 所学校后测总分均高于前测总分,其中学校 5、8、9、10、12 的教师评价有大幅提升,学校 2、3、4、6、7、11 提升幅度较小,学校 1 干预前后基本一致。对比 12 所学校干预后总分,学校 9、3、12 较高,学校 11、2 较低。

通过比较我们可以看出,教师对学校特色发展项目开展以来所取得的成效的评价比较高,在教师队伍中已经逐渐形成一致的积极评价,为教师对学校特色发展的文化认同打下了较好的基础。

(六)家长对学校特色发展各方面工作的总体满意度

通过对家长问卷的统计,我们发现家长对学校特色发展的主要工作,如家校合作、教学质量、德育质量、艺术教育质量、课外活动质量、教师素养及总体满意度均呈现显著性差异,$P<0.01$(见表 5.7)。同时,对比前测后测各维度均值,发现满意度均有提升(见表 5.8)。

表 5.7　总体前测后测独立样本 t 检验

维度	t	自由度	显著性(双尾)	平均值差值	标准误差差值
家校合作	-11.977	9322	.000**	$-.20720$	.01730
教学质量	-11.521	9323	.000**	$-.19300$	.01675
德育教育质量	-11.637	9319.549	.000**	$-.20579$	.01768
艺术教育质量	-11.607	9322.606	.000**	$-.22955$	.01978
课外活动质量	-11.544	9316.737	.000**	$-.21294$	.01845
教师素养	-9.257	9286.938	.000**	$-.15773$	.01704
总体满意程度	-10.360	9324	.000**	$-.187$	.018

注:＊＊表示置信水平 $P<0.01$;＊表示置信水平 $P<0.05$。

表 5.8　总体前测后测各维度均值

维度	前测	后测	前测标准差	后测标准差
家校合作	3.7750	3.9822	0.87275	0.78982
教学质量	3.7768	3.9698	0.84017	0.77095
德育教育质量	3.8440	4.0498	0.90261	0.80506
艺术教育质量	3.7437	3.9732	0.99713	0.91260
课外活动质量	3.7200	3.9329	0.92058	0.86060
教师素养	4.1733	4.3311	0.88747	0.75715
总体满意程度	4.0600	4.2500	0.92600	0.80100

在学校特色办学实施前后进行两次测量,计算出了家长满意度前测得分和后测得分(学校 2 缺失后测数据),得到柱形图 5.9。结果发现:学校 1、3、9 后测得分明显高于前测得分;学校 5、10、12 后测得分略高于前测得分;学校 6、7 后测得分低于前测得分;学校 4、8、11 前测得分和后测得分基本一致。对比 12 所学校干预后得分,学校 1、3、9、12 总分较高,学校 11 较低。

总结以上分析,我们可以发现大部分学校在实施学校特色发展后,教师、学生对学校特色发展的理解和行动都出现了积极的变化,一年半的学校特色

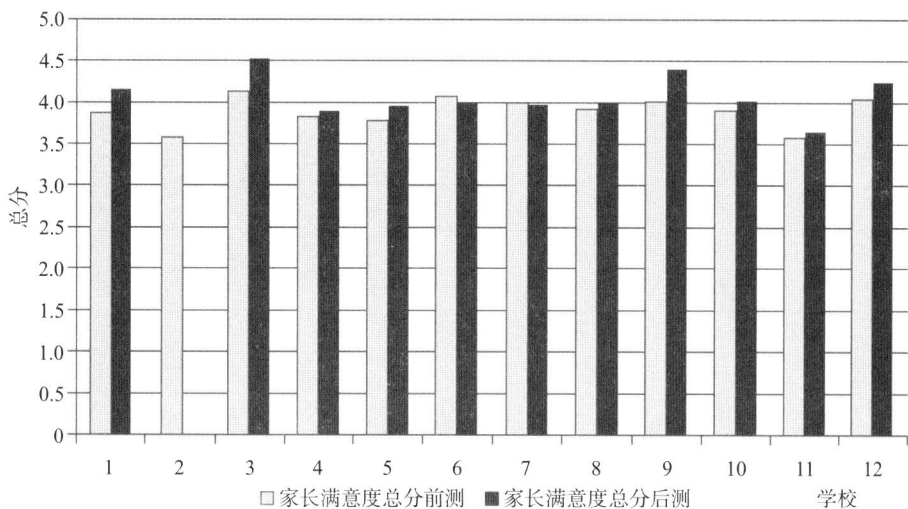

图 5.9 家长总体满意度

发展取得了一定的成效。但同时我们也看到,有的学校特色发展在中学取得的成效不明显甚至呈现倒退现象,这可能与学校面临的外部考试压力、还没有处理好学校特色发展与升学考试之间的关系有关,因为考试压力,中学特色发展的开展不是很积极主动。另外,学校特色发展因为开展时间比较短,学校课堂教学改革正处于起步阶段或者还没有开始,学生对学校的态度,特别是学业方面的态度变化不明显属于正常现象,今后需要继续强化推进。

第三节 思明区学校特色发展的典型个案

区域推进学校特色发展项目实施三年后,实验学校根据各自学校的发展起点进行了学校特色发展理念的凝练,找出了各自的发展目标和方向;同时围绕特色发展目标,立足于学校发展实际,实验校开展了学术研究和教育教学改革活动,取得了长足的发展。现以厦门市 DT 小学为个案,整体呈现学校特色发展研究三年来的思和行,以及取得的成果,从这个个案中可以看出区域推进学校特色发展的成效之"一斑"。

之所以只选择 DT 小学作为 12 所实验学校的代表,不仅是因为篇幅所限无法对所有学校进行一一呈现,最重要的是 DT 小学在这些实验校中具有一定的代表性和典型性。DT 小学在 12 所实验校中处于中间位置,其学校特色发展工作能反映大部分学校的情况。虽然 DT 小学是一所百年老校,有很深厚的历史传承,但学校年轻老师多,面临突破自我、超越发展的新瓶颈,故仅以此校代表之。

一、厦门市 DT 小学学校背景

(一)学校底蕴及当前面临的挑战

厦门市 DT 小学始建于 1906 年,学校有 100 多年的办学历史,在这个过程中学校历经曲折和磨难,锤炼了一代代的 DT 人。学校于 1925 年把"奋进"定为校训。学校办学成果突出,走出了童大林、李尚大、舒婷等一大批享誉海内外的知名人士,深受社会的认可和赞誉。DT 小学建校 100 多年来,一代又一代的大同人始终以"爱国"为核心教育思想,将"奋进"校训铭刻于心,成为大同人的主流意识。学校不仅有着深厚的历史积淀,而且还形成了学校生存和发展最稳固最有活力的基础——DT 文化。DT 小学形成了忠公报国精神、勤奋向上精神、和亲一致精神、求实创新精神、严谨刻苦精神。正是这五种精神,使 DT 小学魅力独特,有不一样的精神追求,更有别样的理想情怀。这种独特的学校文化,形成了 DT 人严谨、向上、求实、创新的工作态度和工作作风。良好的校风使 DT 人具备了奋发向上的进取心,拥有了取之不竭的前进动力。但在发展中,也面临以下新的挑战。

首先,学校环境文化有待进一步提升。校园环境的外显布置缺乏整体设计的意识,无法彰显学校的办学理念,育人效果有限。将环境布置与学校文化高度契合,使环境的艺术性与功用性完美结合,在体现环境美化功能的同时,亦能将隐性的育人作用充分发挥,呈现环境文化的形象、生动与灵动,折射旗帜鲜明的办学理念成了学校新时期发展的新方向。

其次,学校制度文化有待进一步完善。学校制度执行效能弱化、激励效能欠佳、人本属性彰显不足、文化渗透不全面,影响了制度在师生群体中的认同感,弱化了师生的自觉执行力,隔断了制度转变成习惯、内隐为文化的进程,降低了制度在感化人、激励人和发展人方面的功效。

再次,学校教师队伍建设急需加强。学校教师素质参差不齐,部分教师教学基本功不扎实,不具备整体把握教材的能力。部分教师缺乏创新意识,教学设计受传统经验的束缚,灵活性、针对性差;个别教师缺乏自主发展的内驱力,产生了不同程度的职业倦怠,失去了在教学和育人工作中继续前行的助推力,课堂设计有欠精心,教学技艺有待锤炼,教学效果有待提升。

(二)学校特色办学理念及解读

DT小学从历史积淀出发,结合自身存在的问题,提出了"奋进砺人"的特色办学理念。学校对"奋进砺人"做如下解读:"奋进"指忠于祖国、勇于探索、善于合作、敢于创新的精神,"砺人"指激励人、陶冶人、磨炼人、发展人的愿景。"奋进",通俗地讲就是"在路上,永不止步"。无论是学校管理、教师发展还是学生的进步之路,均是"不断追求,永无止境"的动态过程。学校管理的"永不止步"体现为"求新,向前"。"求新"即大胆维新、走向文治之路。"向前"即面向未来,谋求深度发展。教师发展的"永不止步"体现为"求精,向优"。"求精"即追求精博的理论积淀,精湛的教学技艺,精心的课堂设计,以达到"创精品"的终极目标。"向优"即不断优化,力图优质。学生发展的"永不止步"体现为"求进,向上"。"求进"即学生学识修养的进步与"进取"态度的确立。"向上"即学生时刻发乎心、显于行的昂扬之姿。三个"求",立足于行为;三个"向",立足于状态。通过践"奋进"之行,展"奋进"之态,再由状态进一步促进及优化行为,形成良性循环。无论是定睛于当下还是放眼于未来,无论是着眼于学校管理、教师工作、学生学习,还是展望学校的发展之路、师生的人生之路,"在路上,永不止步"的"奋进"精神均是不可或缺的营养补给与鞭策前行的不竭动力。

学校按照"奋进砺人"的特色理念,从环境文化、管理文化、教师文化、课堂文化、学生文化、合作文化等多层面开展探索和实践,以促进学校内涵发展,打造文化高品位、师资高水平、学生高素质的学校特色发展之路。

二、厦门市 DT 小学特色发展的实践探索

（一）打造优美励志的环境文化，实现校园处处是课堂的育人目标

学校根据"奋进砺人"特色办学理念的要求，积极构建优美、励志的校园环境，突出环境的育人功能，力求让校园的自然环境和人文环境体现出学校文化的特有底蕴，润物无声，让学校的一草一木、一砖一瓦都成为知识的载体，使墙壁说话，让花草发声，使教育成为一种自然的存在。让学生在诗情化、艺术化、哲理化、人性化的校园人文空间中提升境界。如以"百年 DT"为脉络的校史室、浮雕群和荣誉墙，记载着从 1906 年至今 DT 人的神圣历史，凸显出了百年 DT 不断发展的文化底蕴。

（二）完善充满人本气息的管理文化，提升管理品格，实现无为而治

学校在制度建设中重视人文精神的发挥，努力构建"以人为本，以教师、学生、家长共同发展为目标，以服务教师、学生、家长为宗旨，以教师、学生、家长共同成长为价值观，发展至上"的学校管理文化，营造健康和谐、积极向上的文化氛围，变被动管理为自我约束、主动发展。学校以"奋进为导向，人本为理念，激励为动力，发展为目标"，通过制度建设方式的创新，制度内容的维新，打造优质的静态文本制度。通过赋予制度特有的文化内涵，将制度建设与特色理念相融合，使外显的规章制度和师生自身的"隐性文化认识"相统一，与师生的内在需求、个性发展相一致，从而彰显制度文化的激励与鞭策、引导与促进、熏陶与感染的效能。

（三）打造博爱、精修、圆融、智慧的教师团队，让师者做更好的自己

学校根据教师的成长需求，构建了步调一致、刻苦钻研、尊重他人、善于反省的团队文化。开展依托经典导读、美文共赏、随笔交流、读书笔记展示等特色活动，营造读书的氛围，提升教师的理论水平；以教师教学实践中最困惑、最直接、最具体、最迫切需要解决的问题为对象，以课堂为主阵地，开展教师间的对话、分享、协商和反思等实践活动，促进教师个体和团队的发展；以"聚焦有

效教学,构建生命课堂"为主题,搭建教学平台,追求实效作为教研的出发点,在风格迥异中实现个性的张扬,激发了教师个体潜能的开放,促进教师自主发展的热情,实现教师的专业化发展;用发展的眼光看待教师,用发展的策略支持教师,用发展的观念评价教师,使全体教师在原有基础上,都能有所提高、有所发展、有所成长,打造了一大批名师,不断走向"卓越"。

(四)加强课堂实践策略研究,打造自律、自信、自主的课堂文化

学校通过学情分析,优化教学,不断反思,对不同学科、不同学段在"奋进砺人"理念进课堂过程中产生的共性经验进行提炼,优化课堂评价细则,树立转识成智的课堂观;优化课堂心理环境,创造心灵融通的交流场;优化教学设计,唤醒学生主体参与的内驱力;优化教学策略,架起通向广阔思维的彩虹桥。总结出八个具有可操作性的课堂教学策略,即创设情境策略、动力激发策略、动手操作策略、自主探究策略、合作学习策略、分层训练策略、开放拓展策略和自我评价策略,这些策略在教学中的选用和优化来彰显"奋进砺人"的理念。

(五)培育全面发展有特色的学生,营造多元智能的学生文化

学校围绕特色办学理念,创新德育实践活动策略,建立多元评价机制,促进和巩固学生自觉能力的养成;通过挖掘德育活动的教育价值,学生自觉践行行为规范;建立成长档案,记录成长故事,成就学生自信的资本;授予学生展示平台,提升学生的自我认同感;开展微型实践研究,点燃学生自主发展的动力;构筑"心理健康"防火墙,提高学生的自信心等,促进学生自信发展的精神面貌,丰富探究性课程策略,促进学生自主创新意识和能力的发展,建构多元智能的学生文化。

三、厦门市 DT 小学特色发展的成果

(一)在百年传承基础上赋予学校新的时代内涵

学校是一所百年老校,校训是"奋进",学校在思考特色办学定位时非常纠结,认为学校的校训是在革命战争时期、艰苦卓绝年代提出来的,在现代经济

发展背景下,加上学校教师队伍年轻,对"奋进"的理解不深刻、不到位,学校的生源较好,学生家庭生活相对比较优越,在这种背景下提"奋进"是否过时?学校在纠结中先提出了"文化化人"的理念,但所谓的"文化"是什么,却不能很好地说清楚。后来在专家指导下,学校认识到,学校特色发展必须立足于学校传统文化,立足于学校发展现状,只有这样,学校特色发展才能有根基,才会更好地焕发出时代的生命力。因此,学校赋予了"奋进"以新的时代内涵,提出了"奋进砺人"的特色办学理念,并将这一特色办学理念渗透到学校办学的各个方面、各个体系并落脚到学生的素质培养上。DT 小学特色办学理念的认识和发展形成过程是非常艰难的,在办学历史较长的学校中具有较强的典型性,是如何在传承的基础上创新这一类问题的代表,具有一定的示范意义。

(二)构建与学校特色发展理念相一致的文化环境

学校根据"奋进砺人"特色办学理念,以奋进精神作为环境文化建设的主旋律、以和谐优美作为环境文化建设的主基调、以校本课程开发作为环境文化挖掘的主渠道,全面加强三维校园文化建设。需要特别指出的是,学校不仅关注校园物质文化建设,还特别重视校本课程开发。在学校自主课程开发中,努力把内隐的育人功效外显化,使其可读、可品、可悟,转换成直观生动的图片或文字,成为有人文内涵、彰显知识性和思想性的校园环境,通过外显和内隐相互彰显,静态渲染和动态更新相互作用的形式,使课堂生活开放鲜活,充分发挥独特的育人功效。同时,学校还重视国家课程校本化建设,充分挖掘教材中有利于开展奋进教育的素材,优化教学设计,以实现课堂教学知识性与人文性的融合。提倡充分把握并适度凸显那些能够对学生进行"奋进"德育渗透的素材,把良好学习习惯养成、不怕困难意志品质塑造、自主学习能力培养、有效解决问题策略指导融入全部教学环节,为奋进理念走进课堂提供了契合点。学校的软硬件建设紧紧围绕"奋进砺人"特色办学理念,营造浓厚的学校文化氛围,使学校特色发展不仅直观可见,同时又拥有了丰富内涵。

(三)打造与学校特色办学理念要求相一致的课堂文化

DT 小学不只注重表面活动轰轰烈烈地开展,而且还根据"奋进砺人"特色办学理念要求,把课堂教学改革作为学校特色发展的重点,提出了"精进"课堂文化建设目标,着眼于四个"优化",提高课堂教学效率。他们提出:教师要对话文本,融合奋进特质,科学设计课堂教学;预设教学必达目标和弹性目标,以满足学生不同的精进需求;教学过程要富有教学激情,师生平等对话,培养常规学习习惯和能体现精进特质的习惯,实施多元评价;课堂教学后积极反思总结提升,不断求进。学生要精神饱满,自信大方,不怕挫折;课堂上要积极参与、真诚合作、客观评价;课后要及时总结所学,尝试改进不足。立足于奋进目标,制定"课堂教学评价表",并总结出八个实际教学策略。

　　学校特色办学只有扎根于课堂教学,落实在学生身上,才能呈现出旺盛的生命力,学生全面而有个性的发展这一目标才能真正落到实处。

第六章 结论与反思

经过多年持续开展区域推进学校特色发展的行动研究与实验工作，区域内实验学校特色发展取得了长足的进步，成效显著。在推进区域内学校特色发展研究和实践过程中，逐步形成了一些思考和认识，有结论性的，也有反思性的。

第一节 结 论

一、学校特色发展是一个结构化的体系——学校特色发展内容结构模型

首先，笔者开宗明义地表示，学校特色发展是为了学生全面而有个性地成长，对学生个性成长的尊重和张扬是学校特色发展的立足点。基于实践和思考，本书认为学校特色发展的内在机制如图6.1所示：

图6.1中的圆圈代表的是整体性的学校特色发展和其所包含的主要内容及其之间的相互关系。学校特色发展的主要内容或相关要素的目标指向都是学生，都是为了学生全面而有个性地成长。学校特色发展是为了学生全面而有个性地成长，重点体现在学校的办学理念上，因为学校办学理念回答了学校发展目标和学生培养目标背后的价值诉求，办学理念是学校根据学校所处时代和地域、学校办学历史和现状以及学校校长、老师的教育情怀和追求而凝练

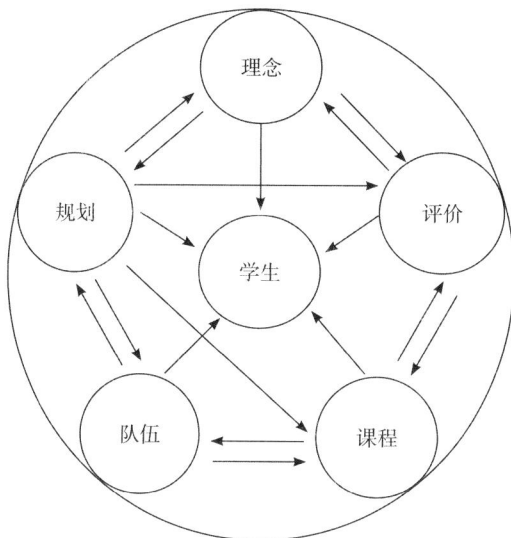

图 6.1　学校特色发展的内容结构模型图

出来的,是学校价值追求的集中表达,因此是学校特色发展的核心,它既是学校特色发展的出发点,也是学校特色发展的归宿。在此基础上,学校根据自身的情况和所能动员和配置的教育资源对学校特色发展进行整体规划,对学校教师队伍建设、课程资源开发、课堂教学改革以及教育教学评价等工作提出要求和规定,制订出具体的具有可操作性的实施计划和行动步骤,形成了一个多维度、多向的互动工作机制,从而实现学校各个部门协同工作和各项资源优化配置,最终促进学生全面而有个性地成长。

其次,学校特色发展与学校一般发展有所不同,但又有联系。学校特色发展与学校一般发展,在学校办学的各要素或内容上是大致相同的,不同之处在于学校办学要素和办学内容之间的逻辑关系和发挥的作用程度不同。学校特色发展紧紧立足于学校的办学实际,对学校发展的优势和不足有足够清晰的认识,学校在办学理念的指引下,在系统思考的基础上围绕学校办学理念提出"办什么样的学校"和"培养什么样的学生"的办学目标,制订出学校特色发展规划,提出符合学校办学实际的特色发展路径和不同阶段的发展目标,系统地对学校各种教育资源配置进行优化,使之能真正为学生的个性成长服务。一般学校发展也同样具有学校特色发展需要的各种办学要素和内容,但差别在于要么这些办学要素和办学内容之间的内在相互关系强化不足,要么是服务学生个性成长的指向不够清晰。但在一般学校发展过程中,学校可能会因为某种办学要素或内容的强势发展,使学校办学在局部内容或项目上形成比较明显的办学优势,这种优势不断得到放大和强化。如学校可能是某个教师或教师团队有某方面的特长,进而带动学校教育教学工作在某一方面得到长足发展,形成学校局部项目的特色。这样学校便由一般发展的状态向局部特色发展的状态转化,在局部特色发展中,随着局部特色发展越来越得到强化。学校从局部特色中获得相关教育价值取向的启示,在局部特色中凝练出符合学校实际的办学理念,形成了学校自己的教育哲学,并自觉地进行整体规划,这样学校逐渐从局部的特色走向了整体的特色发展。

因此,经过行动研究及其对自身的反思,本书对学校特色发展形成了以下三点认识。

(一)学校特色发展是多层次、多路径、多起点的

首先,学校特色发展的多层次性。区域推进学校特色发展是一个复杂的系统过程,不仅因学校个性不同导致有不同的特色,而且因每所学校不同的办学历史、师生状况、社区资源等也导致有不同的特色,从而呈现出复杂性的特点,这就决定了学校特色发展的多层次性。

学校特色发展是学校根据党的教育方针,为了实现学生全面而有个性地发展,立足于学校办学历史和现实,提出符合学校发展的特色办学理念,并将特色办学理念渗透在学校办学的各个层面,优化学校资源配置,发挥学校办学优势,弥补学校办学短板,解决学校发展问题,促进学校内涵发展,实现学校走向可持续优质发展,呈现出独特的个性风貌。从短期看,学校特色发展是学校办学发展的路径,但从长期看又是学校发展的奋斗目标,既是过程,也是结果。因此学校特色办学是所有学校都可追求的,"每一所学校都是潜在的特色学校"。[①]

在学校特色发展的研究和实践中,比较多的提法是"学校特色"或"特色学校"。有学者认为,"学校特色"指的是特色项目,是局部的特色;"特色学校"是

---

① 傅国亮.每一所学校都是潜在的特色学校:关于特色学校的七点认识[J].人民教育,2009(Z1):20-22.

整体的特色,两者处在学校特色发展的不同阶段,属于不同层次。学校特色(特色项目)是学校特色发展中的一个或多个特色项目,它可以是教育活动的特色,也可以是某种教育教学方式的特色,但这样的特色只是学校办学的局部特色,只能让一部分学生受益,只是学校特色发展的初级阶段。学校在特色项目的基础上,对特色办学进行总结提升,形成自己对特色办学的独特理解,凝练出基于特色项目的办学理念,并以此面向全体学生提出发展目标,渗透于学校办学整体,形成特色学校文化,这才是学校特色发展的高级阶段。在实践中,还有一类特色学校专门培养学生的特殊技能,如音乐学校、美术学校等,因为这类学校是专门化学校而不是普通化学校,它们需要特殊的政策和资源,对大多数普通学校不具备借鉴意义,因此不在我们的讨论范围。

其次,学校特色发展的多路径、多起点。根据研究和实践,学校特色发展本质上是学校特色文化建设,它是一个长期的发展过程。在实践中,学校特色发展有顶层设计出发型、办学优势发扬型和问题改进发展型等三种实践路径。

顶层设计出发型指学校可以从所处社区、师生情况及校长办学思想等多起点启动学校个性化发展路径,对学校特色发展理念、发展步骤等进行统筹安排,制订特色发展规划,并根据规划组织实施。这种类型比较适合缺乏特色发展基础的新办校。

办学优势发扬型指学校在已有特色办学项目基础上,探求背后蕴含的办学思想,凝练学校特色办学理念,并在此基础上制订特色发展规划,统筹安排实施,使学校特色项目优势实现由局部辐射到整体辐射,从一部分学生受益发展为让所有学生受益。这种类型比较适合有一定办学积淀、有一定优势特长的学校。

问题改进发展型指学校根据学校特色办学理念,针对学校办学中存在的问题,系统思考如何改进,由此带动学校整体工作提高,在问题改进过程中走出了一条自己独特的解决之道,并在这个过程中形成了自己独特而积极的正向个性风貌。这样类型比较适合办学基础比较薄弱的学校。

在三种不同类型中,不同学校的逻辑起点是不一样的,有的是学校特色办学理念,有的是学校特色办学目标。在具体实施中,特色发展工作的起点也可以有多种选择。如"可以从教育目标(如南京琅琊路小学的"小主人"教育)、教育内容(如上海建平中学的体验德育、南通师范二附小的"情境教育"、北京大兴县庞各庄小学的田园教育)、教育改革(如吉林省第二实验学校的潜能生教育、上海闸北八中的"成功教育")、教育管理(如北京十一学校的"国有民办"办学体制改革、浙江台州书生中学的"股份制"办学体制改革)等多个角度切入"。① 在我们课题组中,12所不同的学校,在学校特色发展规划制订后,都分别根据自己学校的特点,采取了不同的实施重点,如厦门市 DT 中学从校本课程开发着手,抓住课程这个中心,以"诗歌教育"为起点,走向"诗意教育"和"诗性教育",厦门市 LQ 小学根据学校生源薄弱、学生习惯养成问题突出的现状,以学生行为养成为起点,形成了家校社共育的协同育人模式。不同的学校根据自己的实际情况和办学积淀,选择自己的发展起点。

(二)学校特色发展是长期的发展过程

人民教育总编傅国亮先生认为:"特色学校是优化了个性的学校,每一所学校都是潜在的特色学校。"②因此,学校特色发展是有意识地优化学校自己个性的过程,优化就是发挥优势、改进问题、寻求独特的发展路径的过程。每一所学校只要有意识地优化自己的个性,就处在特色发展之中。首先,学校特色发展之于学校的关系需要一个认识过程,对于什么是特色发展,为什么需要特色发展的理性认识,需要一个学习和思考的过程,使自己明白学校特色发展的不同发展起点和发展层次,在此基础上,盘点自己学校的办学历史和办学现状,为学校特色发展目标的制定寻找基点,凝练学校特色发展理念,制订学校特色发展规划,并分阶段分步骤地开展学校特色发展实施工作。其中,认识学校的个性并形成自己的办学理念需要长期的过程,逐步找到能体现自己学校个性的特色理念的最佳表达,并在实践中不断落实深化。学校特色发展理念要渗透在学校各个层面和各个环节也需要很长的过程,教师要认识、理解、认同和形成信念并在行为中转化,自觉地落实在自己的日常教育教学行为中,这个过程也不是一蹴而就的,需要一个漫长的涵养过程。

学校特色发展是动态的过程,特色学校不仅是呈现出了个性风貌的学校,还是在全面贯彻党的教育方针过程中,积极寻找独特办学思想和办学理念,并

---

① 邬志辉.学校特色化发展的重新认识[J].教育科学研究,2011(03):26-28.

② 傅国亮.每一所学校都是潜在的特色学校:关于特色学校的七点认识[J].人民教育,2009(Z1):20-22.

用之指导学校的整体工作,使学校往优质、独特、稳定方向发展的学校。从短期看,学校特色发展是学校发展的一种动力和路径;从长期看,它也是学校发展的目标和方向。它是学校寻找到的一条独特的发展路径,并逐渐形成独特的个性风貌和文化气质的过程。学校特色发展是一个长期积累的过程,是一个在发展过程中不断产生新问题再不断解决问题的发展过程。因此学校特色发展始终处于不断发展的状态,只要学校不消亡,它就处于生长的状态,只是在发展过程中被分割成若干片段而已。从长远来看,学校特色发展是没有终点的,它伴随着学校发展一直存在着,学校特色发展永远在路上。

"特色永远在路上。"不管是一所学校还是一个区域,特色永远是引领发展的一盏明灯。学校特色发展之路不会是平坦的,只有擦去功利的尘垢,心无旁骛地前行,路才会越走越宽,才能欣赏到沿途的美丽风景!

(三)学校特色发展需要理性看待

我国基层学校自觉地实践和研究学校特色发展也就是近些年的事,可以说是一项新的教育改革形式。学校特色发展作为新的形式必然会和现行的教育体制和人们的原有认识产生冲突,在区域推进学校特色发展过程中,我们不断在反思,不断地对遇到的问题进行总结和解决。

首先,给学校更多的办学自主权。国际 21 世纪教育委员会向联合国教科文组织提交的报告《教育:财富蕴藏其中》指出,"促进学校拥有真正的自主权","学校自主是开展地方一级行动的一个必不可少的因素,因为通过共同决策,可以打破通常一些老师与另外一些老师隔绝的现象"。[①] 学校特色发展实质上就是学校自主发展。学校特色发展是学校遵循党的教育方针,根据学校办学基础,结合自己的办学思考,整合和优化学校办学资源,在发扬优势、解决问题的过程中发展学校,逐渐形成自己独特的个性风貌的过程。这个过程是学校自主思考、自主建构、自主实施的过程,是学校自我发展意志的实现。因此,学校特色发展需要发挥学校的小学自主性,以学校为本位,以学校为主体;学校管理重心需要下移,教育行政部门应给予学校更大的办学自主权。学校

---

① 　国际 21 世纪教育委员会.教育:财富蕴藏其中[M].联合国教科文组织总部中文科,译.北京:教育科学出版社,2001:153.

特色发展需要赋予校长必要的办学自主权,以便校长能自主地根据学校的实际,规划和设计学校特色发展目标,自主开展学校特色发展活动,解决学校特色发展过程中遇到的问题;学校特色发展要赋予教师必要的专业自主权,让教师能根据学校特色发展目标和学生特点,自主选择和开发课程,自主进行教研和教学,依法进行教育活动。

但在现实中,来自学校外部的具有功利性的往往滞后于学校特色发展理念的教育督导和教学评价,经常对教师的课程选择和实施造成干扰,导致教师无所适从——既要考虑学校特色发展需要,又要应付来自外部的各种考核和评价,并力求找到最佳的平衡点,这无疑对学校自主办学造成了影响。同时,由于教育行政部门出于区域教育公平的目的,实行了校长任期制度,校长在一个学校任职一段时间后就要异校交流,但学校特色发展是一个长期的过程,是一个文化逐渐积淀的过程,校长频繁调动对学校特色发展是非常不利的。有时,学校特色发展刚刚起步,就因校长的更换而"另起炉灶",造成了对学校特色发展的干扰。因此保持校长任职期限的适度稳定也是学校办学自主权的具体体现。

其次,学校特色发展的过程与结果一样重要。在区域性推进学校特色创建工作中,我们发现特色办学理念的提炼是工作的重点和难点,也是校长们在思考特色办学时必须解决的问题,可以说是创建特色学校的核心。特色理念的凝练,要求校长们在先进教育理论的指导下,从各自学校的办学历史、师生情况、社区环境等出发,思考各自的教育哲学或理念体系。

教育行政领导对区域推进学校特色发展的结果是有期待的,但更应关注学校特色发展的过程,只有在过程中学校、教师、学生才能实现共同成长、获得共同发展。作为研究课题总有一个期限,但课题结束了并不意味着学校特色发展工作的结束,虽然在学校特色创建过程中并不是所有的学校都取得了预期的结果,但是我们要求学校学会享受过程,享受阶段性成果。如果学校特色创建过程的每个阶段是扎实的、有效的,那么学校就一定会有所收获。

学校特色发展需要一个长期的过程,不是一蹴而就的。很多人包括校长在内经常有一个疑问:我们这个课题在三年期限结束以后,我们就能成为特色学校吗?谁来判定我是否成为特色学校了呢?大家一开始想到的就是结果,而且这个结果紧紧地盯在特色学校这个概念上。的确,在课题刚开始时,许多校长考虑的就是结果,即有关部门能给我们为学校一个认定,挂上一块"特色学校"的牌子。实际上我们恰恰忽略了过程,因为在学校特色发展过程中,实现学生、教师和学校的共同成长才是最重要的。

二、区域推进学校特色发展需要加强三级共同体建设——学校特色发展共同体机制

在区域推进学校特色发展实践中,我们构建了三级共同体。第一层级的共同体是大学(university)、教育行政部门(administration)、教研机构(teaching and research institutions)和中小学(schools)四方合作、区域推进学校特色化发展的"UATS"共同体。这个共同体是在思明区教师进修学校(区域教研部门)的组织、协调和参与下,旨在发挥专家专业引领、教育行政政策和经费保障、学校自主特色创建等几个方面的力量,更好地规划、支持、指导和促进学校特色创建工作,促进学校特色化建设和自主发展能力的形成,推进学校特色化发展,促进区域教育整体水平的提高。这个层级的共同体是区域推进学校特色发展的共同体,涉及来自区域内外的不同指导力量和不同的推进主体。第二层级的共同体是由各个参与学校的校长和骨干教师为代表的学校特色发展领导团队组成,这个共同体是基于日常学习、研讨和交流的共同体,大家形成共同研究的氛围,在专家离场后保持着学习和研究的状态,确保学校特色发展的日常开展。第三层级的共同体是学校内部的"教师研究共同体",它是由各校的"种子教师"围绕学校特色发展需要解决研究问题而领衔立项设立的课题研究小组所组成的共同体。这样的研究共同体使学校特色发展中遇到的难题能得到集中攻关,同时也通过成立若干个以课题研究为核心的研究共同体促进全校最大多数教师学习学校特色发展规划,思考和研究学校特色发展需要解决的问题,并在日常教育教学活动中转化为实践,形成教师对学校特色发展的文化认同。

这三个层级的共同体,在各自的层面上起着各自不同的作用,不同层级共同体的组成方式、参与对象和运行机制是不同的,在区域推进学校特色发展过程中所发挥的作用也是不同的,前文已论,此不赘述。这三个层级的共同体之间相互促进,共同形成了区域推进学校特色发展的动力,从学校的具体实施层

面到区域的整体推进层面,形成了立体的区域推进学校特色发展的研究形态,这个三级共同体形态如图 6.2 所示。

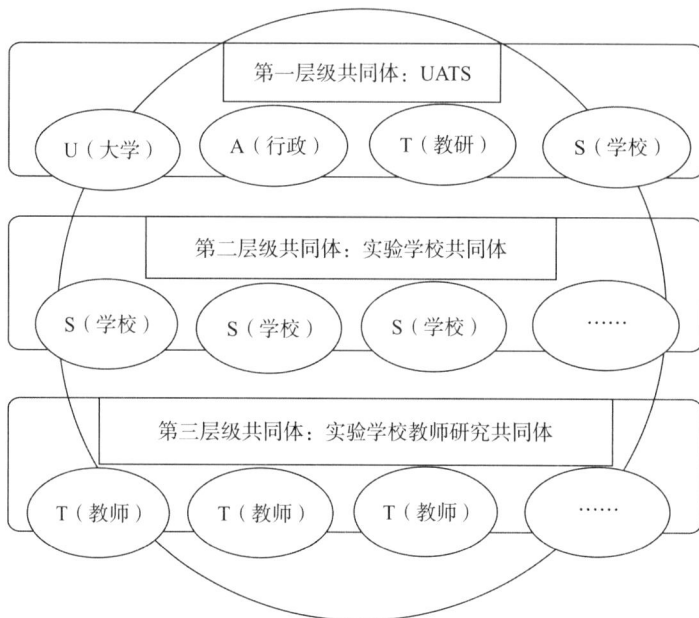

图 6.2 区域推进学校特色发展三级共同体模型

(一)区域推进发展共同体的合作机制

学校特色发展需要学校对办学历史进行系统研究,需要对教师、学生甚至家长等相关主体进行研究,也需要对学校特色发展面临的问题进行研究等。以研究的姿态对待学校特色发展,一方面有助于充分彰显学校的主体地位,发挥学校的主动性,另一方面也有助于以一种理性的、非功利性的姿态看待学校特色发展。在实践中,学校特色发展的推进方式有学校自发、区域教育行政意志统一推进及课题研究引领区域内学校共同体推进等。学校自发推进的优点在于学校主体地位得到了发挥,不足之处在于资源引进有限,智力支持不足。区域教育行政统一推进方式可以整合资源,给学校特色发展以各种支持,形成区域特色发展的最大示范效应,能极大地推进区域内学校特色发展,不足之处在于忽略了学校特色发展的规律性问题,容易出现功利性特色发展行为。以课题研究引领区域内学校共同体推进方式既有区域行政统一推进的优势,也关注到了学校特色发展的规律性问题、发展性问题及长期性问题,能对学校特色发展推进中出现的问题进行深入研究,是一种较为理性的选择。区域整体推进学校特色发展的方式既体现出区域教育行政部门对本区域教育发展的走向判断和价值导向,还体现出区域教育行政部门的教育发展意志,因此与学校自发自主的特色发展方式相比具有一定的优势。首先,它更易于营造学校特色发展的氛围,为学校特色发展打下认识基础。区域教育行政部门通过出台相关政策,组织各级培训,使校长和老师在思想上、认识上对学校特色发展有了更深入的理解和认同,通过举办区域学校特色发展的展示交流、学术论坛等活动为学校特色发展行动提供示范和榜样。其次,整合资源,形成合力,为学校特色发展提供物质和智慧支持。学校特色发展的主体是学校,但学校特色发展涉及办学基础评估、特色教学理念的思考与凝练、教师培训、学校特色活动设计等环节,关系到学校发展的科学性和方向性问题,就难于完全依靠学校自身力量进行解决,而由区域牵头整合各方资源,如财力资源、人才资源等可以为学校特色发展供专家等指导力量,对学校特色发展进行指导、论证和评估。

因此,大家因为课题研究形成了一个学校特色发展研究的共同体,在这个共同体中,大家的共同目标是促进各自学校特色发展。由于区域内学校特色发展所具有的复杂性,各不相同的实验学校在发展中会遇到各不相同的问题并形成各不相同的研究课题,有时还会遇到一些共性问题,如对学校特色发展的认识、学校特色发展规划如何制订、学校特色办学理念如何凝练、学校特色发展课题如何研究、学校特色发展阶段成果如何交流展示等,这些问题需要大家彼此交流、共同研究,这样就分别形成了不同的学习共同体和研究共同体等。在总课题这个大的共同体中,又因为不同的任务和需要形成了一些新的次生共同体。每所学校内部,也根据学校特色发展研究和推进的需要,建立起了各自的学习共同体、研究共同体和实施共同体等。共同体在区域推进学校特色发展中有各种不同层次和样态的存在,为区域推进学校特色发展工作发挥了重要的作用。

推进学校特色发展,最重要的是要激发学校的内生力,学校发展最终还是要靠学校自己。学校特色发展是一个漫长的过程,学校特色发展不能因为课题的结束而结束,不能因为专家的离场、教研部门的撤离而停止学校特色发展工作,因此在研究过程中,激发学校的内生力是学校持续开展特色发展工作的关键。激发学校的内生力,就要培养从校长到一般教师的学习力、思考力、行动力和研究力等,使他们具备面对未来各种新教育发展形势能独立进行研究和思考的能力,能形成自己新的发展,保持一种蓬勃的奋发状态。只有学校特色发展具备了内生力,才能像扎根在学校发展沃土上的大树一样不断茁壮生长;学校特色发展才不会像墙上的贴纸,只是一时的美观,历经时间的洗礼和"南风天"潮湿天气的作用,墙纸脱落而露出墙壁本来的面目,美观不再。

(二)充分发挥多主体的合力建设作用

学校特色发展是一项关系到学校整体改革的系统工程,是推动学校走内涵发展之路的重大工程,是学校改进的切入点之一,涉及较多的理论前沿问题。区域推进学校特色发展涉及学校量多面广,且学校之间存在起点不同、校情不同等复杂情况。因此,这项工作既需要区域教育主管部门的支持和管理,也需要区域教研部门的日常指导和引领,还需要教育专家的介入和指导,更需要实验学校的具体实施和推动,通过多主体的全力作用促进学校创建工作开展的科学性和方向性。教育行政部门、教研部门、高校专家和中小学校是区域推进学校特色发展的四位主要参与者。其中,学校是学校特色发展的主体,必须激发他们的内生力和主动性,促进学校特色发展活动的校本化开展,其他三者都是为学校特色发展服务的,不能"越俎代庖"。但这四个主体如何找准自己的定位,既发挥各自的作用又形成推进学校特色发展的合力,实现服务学校特色发展的效能最大化,是一个值得探讨的问题。

教育行政力量的介入是推进各项工作的强大动力,是很多工作得以贯彻落实的保证,但是教育行政部门也有追求政绩的"冲动",容易超越学校办学主体,追求功利化,国内一些地方的区域推进学校特色发展实践,就曾出现过这样的现象。大学专家在研究意识、研究方法、问题诊断和问题解决方面有他们独到的专业优势,有他们的介入,学校特色发展会在方向上有所保证,推进过程更扎实有效。但是专家每学期、每学年到学校现场进行指导的次数是有限的,有时专家对学校办学的真实情况和真实情境的了解是不及时、不全面的,这也会影响专家即时指导的效果。因此,在专家离场后的较长时间里,学校特色发展就成了空白点,谁来有效地跟踪和指导区域学校特色发展活动,就成为一个结构性的问题。

在"UATS 共同体"中,区域教育行政部门起保障和监督作用,为学校特色创建提供政策支持,为形成良好的舆论环境,搭建展示平台,提供经费保障,并且监督区域内学校特色创建的实施和开展情况,及时进行管理,保证创建工作的推进。在实践中,教育行政对我们区域推进学校特色发展的课题研究不规定目标,也不强制学校参与,而是由学校自己申报,对虽然参与申报但行动消极的校长,不用行政权威做硬性要求,行政领导也以课题组成员的身份参与研究研讨,与课题组的各位参与者是平等的关系。这样做营造了民主尊重的氛围,唤醒了研究团队成员参与研究的内生动力,在参与中磨炼,在磨炼中成长,在成长中超越,起到了行政刚性要求无法达成的效果。

中小学校是学校特色发展的主体,是特色学校创建工作的具体实施单位。大学专家是学校特色创建工作的引领者和帮助者,他们帮助学校诊断分析,引领学校寻找正确的办学方向,形成实施方案,帮助和促进中小学推进学校特色创建工作的开展。区域教研部门是各方工作的协调者,协调大学与中小学的关系,协调教育行政部门与中小学的关系,协调教育行政部门与大学的关系,进行日常管理和指导工作,与学校共同发现问题、解决问题,实施区域推进整体设计方案,在大学、教育行政部门和中小学三者中起中心枢纽的作用(见图 6.3)。

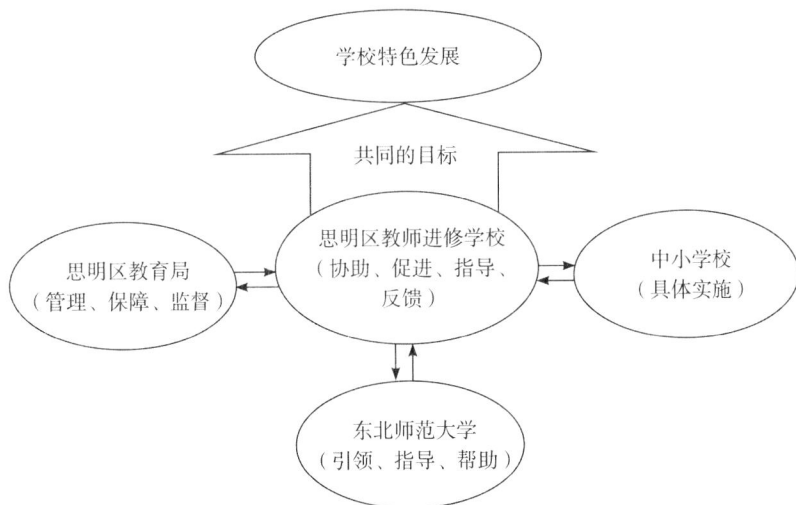

图 6.3　本书采取的"UATS 模式"四方关系图

（三）在多层级共同体中,区域教研部门(进修学校)发挥了重要作用

首先,发挥"枢纽"协调作用。思明区教师进修学校(区域教研部门)作为本书研究课题的立项人,一方面代表了思明区教育局,在一定程度上反映了行政的意志,另一方面扮演着转化、带动教师、校长乃至学校发展的角色。它是学校变革的代理人,是联系的中枢,起到了对大学与中小学合作进行组织、管理、协调和参与的作用,有效促进了双方的合作。在思明区教师进修学校(区域教研部门)的组织协调下,各实验校开展了各种形式的调研和研讨活动,以发挥大学专家专业引领、教育行政部门政策经费保障和学校自主特色创建等几个方面的力量。如每次专家下校开展调研活动之前,思明区教师进修学校就在其中进行协调、沟通,对专家下校的实践和形式进行安排,包括到校的时间和调研形式,并主持调研之后的反馈会等,使学校特色创建工作能顺利开展。此外,思明区教师进修学校在专家离场之后,还承担起学校特色创建的管理和指导工作,与学校共同发现问题、解决问题,或将收集的问题与教育行政部门、大学专家进行协调、沟通、解决,寻找对策。

其次,发挥"在地"指导作用。开展区域教学研究是思明区教师进修学校的一项主要工作,正是这项功能使教师进修学校在大学专家离开学校之后,对学校日常特色创建工作进行跟踪指导成为可能,实现了专家不在学校教育现场时的指导作用。在特色学校创建之初,因为校长们对特色学校的系列理论了解不到位,所以限制了他们对学校特色理念的凝练和特色规划的制订。我们根据校长的工作特点,围绕特色学校创建工作确定了七个学习专题:特色学校与特色规划、特色学校与特色办学理念、特色学校与特色课程、特色学校与教师队伍建设、特色学校与特色管理、特色学校与学校文化、特色学校与评价制度改革等,建立了"月论坛"学习交流研讨制度。在专家"离场"之后,我们继续督促和指导学校开展以凝练特色理念为核心的特色规划制定工作,指导校长们在先进的教育理论指导下,从各自学校的办学历史、师生情况、社区环境以及办学理想等出发,思考各自的教育哲学或理念体系,使以凝练特色办学理念为核心的学校特色规制订工作得到有效的落实。

最后,发挥"中介"联络作用。学校特色发展需要提供个性化的信息服务,

以解决不同学校在特色发展过程中遇到的问题。因此,教师进修学校充分利用自己的教研机构优势,在与东北师范大学专家进行合作的同时,围绕"培育特色理念,创建特色学校,推进内涵发展"主题与其他大学、教研机构的专家开展合作,通过邀请其他大学、教研机构专家学者到思明区开讲座、做报告、与校长教师交流等方式获得他们的帮助和指导。这样的合作是随机的,根据需要邀请,没有固定的内容和任务,主要合作形式是开讲座、做报告、与校长教师交流等,形式比较单一,内容并不固定,承担这种形式合作任务的专家责任相对比较模糊,可能仅仅局限在本次讲座、本次交流,对学校今后发展不具备充分的评价价值,却为中小学在稳定的、制度化的合作方式之外提供了多种信息和知识的"超市",由学校根据各自的需要进行"选购",为中小学提供更多的资源和知识,满足中小学的发展需求,更好地促进学校的改进。除了教师进修学校这样的教研机构在学校、专家和教育行政部门三者中间发挥有效的协调、管理和指导作用,专家对学校特色发展的有效指导也起着至关重要的作用。我们发现,改变专家与学校之间单向给予式的指导方式为学校与专家双向互动式的指导方式,能实现指导效果的最大化。

(四)专家指导立足于发挥学校主观能动作用

在实践中,我们发现学校对专家往往处于被动接受的状态,学校在刚开始思考各自的特色办学理念时,校长和老师往往希望专家能给学校一个现成的理念,以让学校特色发展"立竿见影"。在国内的许多实践中,专家或是将自己认为合适的理念直接给学校,或是将自己的教育理念硬塞给学校,但是,由于这种给予式指导远离学校的办学实际而较难有生命力,要么无法获得老师们的认同,要么随着专家的离开而逐渐被淡化甚至完全消失。因此,改变给予式的单向指导,充分发挥学校的主观能动性,变学校被动等待为主动"内生"发展,是保证学校特色发展有效、可持续的重要推动力。

在开展区域推进学校特色发展的研究过程中,课题组邀请大学专家每年到学校指导两次,每次 7 天。在有限的时间里,专家们通过访谈、座谈、深入课堂听课、召开研讨会等方式,了解、指导学校开展特色发展工作。在调查、交流、研讨过程中,由于校长、教师等个体的学识水平、思考问题的习惯、个人情感以及出发点等的不同,校长、老师和学生在描述、叙述、说明时会出现偏差,专家又缺乏直接的观察、接触,对学校的问题、亮点的捕捉显得不够深入。如厦门市 YN 小学在凝练学校特色理念时,有专家根据学校地处老城区,学校四周古榕树环绕,办学空间很有限,但学校足球队却连续十年获"厦门市小学生足球比赛冠军"甚至是"全国小甲 A 冠军"等情况,建议学校以"立根树人,开放至为"为学校特色办学理念。但老师们对这一理念的理解不是很到位,影响了理念对实践的指导作用。针对这个情况,首席顾问专家邬志辉教授提出:学校的特色办学理念必须根植于学校,只有学校"内生"的才容易为师生理解、接受和认同,只有这样的特色办学理念才是生长的,才符合学校实际,才有生命力。在专家的指导下,学校发动教师、家长和学生参与讨论,从扎根于古城墙上榕树顽强的生命力、学校办学传统和学校师生实际,提出了"顺应学生天性、满足成长需求、等待生命花开,生命之美在绿意中诞生,生命之力在绿意中蓬勃"的办学追求,并以老师们易于理解和接受的言说方式,提炼出"像榕树一样,脚踏实地,蓬勃向上"的校训和"让绿意点亮生命"的办学理念,获得了师生、家长的认可,学校特色发展工作也顺利开展起来了。尊重学校的意愿,弥补学校的理论不足,提升学校集体的学习力与思考力,促进学校生发出自己能理解和接受的办学追求、办学理念系统,这样的指导也更受学校的欢迎。

(五)特色改进立足于促进学校内生能力提升

中小学对与大学专家的合作是抱有期望的,学校希望得到专家的诊断、指导以提升学校的教育教学品味,提升学校的办学效益,但前提是二者能有效地融合在一起。提升学校的思考力,教会学校运用理性的思考方式思考问题是专家指导学校发展的关键,"授人以鱼,不如授人以渔"。学校发展缺乏的不是教育实践,而是理性的教育实践,缺乏用理论指导实践的能力,在实践基础上总结、反思和提炼的能力。专家对学校的指导,不在于给学校开了多少讲座,讲了多少课,做了多少指示,关键在于如何教会学校在实际中进行有针对性的思考,寻找解决问题、提升学校办学效益的方案,这都需要一定的理性思考能力。因此在专家与校长、教师的实际交流对话中,让他们体味到理论的力量和思考的力量,引导学校学会理论与实践相结合,逐渐形成理论自觉。

在专家的指导下,学校根据所制订的特色发展规划,确定了推动学校特色发展的"种子教师",建立了以"种子教师"为骨干的"教师行动研究"团队。课题组也举办了"种子教师"研究生课程班,"种子教师"在参与研究生学习过程中,每位"种子教师"都有一位大学专家作为导师,在导师的指导下开展以学校特色发展为方向、以工作中遇到的问题为课题的研究工作。在课题研究过程中,从寻找问题,确定课题、查找资料、文献综述、确定方法,到提出研究思路、做出研究设计、实地开展研究等各个环节,专家手把手地带着"种子教师"们开展课题研究,将研究置于学校特色发展的真实场景中,结合老师们平常的教育教学实践,实实在在地带着老师们解决问题,深受老师们的欢迎。在研究中让老师们获得了成长和自信,解决了学校特色发展需要解决的问题,推动了学校特色发展。在这个过程中,专家没有太多高深的理论阐述,而是把课题研究作为任务驱动手段,让老师们实实在在地学会了理论与实践相结合,学会了如何做规范的教育科学研究。理论对老师们不再是高不可攀,而是变成了研究不可或缺的工具,理论实实在在地指引着老师们的教育教学实践。这样,在研究中学习,在学习中研究,通过学习系统提升了"种子教师"的理论水平,研究解决了学校特色发展进程中遇到的问题,为学校特色发展打下了坚实的基础。厦门市 LQ 小学 H 老师,在专家指导下,针对学校提出的"养成良好习惯,奠基幸福人生"特色办学理念,组建了课题研究小组,带领小组成员运用行动研究法一起开展"协同家校社教育,培养学生良好习惯"的课题研究,结合学校教育教学实践,在研究行动中总结、反思、调整,寻找符合学校生源情况的家校协作的最佳方式,取得了良好的效果。H 老师的研究不仅解决了养成学生良好习惯的家校协同问题,而且研究成果发还表在 CN 刊物上,她本人也从学校的骨干教师变成学校的中层干部,并最终成长为学校领导。

结合学校发展中面临的具体问题,带领学校教师开展研究,在研究中改变学校,这种以教师为主体的行动研究方式是专家指导学校的重点。在学校的真实教育教学场景中,专家与学校一起发现问题,由学校组织老师开展课题研究,在研究中培养老师形成先进的教育教学理念和与之相适应的教育教学行为,在研究中成就教师,在行动中改变学校,促进学校与教师共同成长、融合发展,为学校可持续发展打下了良好的基础。这种在真实场景中指导老师认识问题、解决问题,改进教师的教育教学行为,对学校和教师的发展都是最有效的方式,深受学校和老师们的欢迎,这样的指导方式更有说服力,也更容易为教师们所接受,在"成事"的同时也在"成人"。

三、理性与情感交融是区域推进学校特色发展的有效方式——学校特色创建共同体的动力模型

区域推进学校特色发展的参与主体众多,有教育行政的领导,进修学校的教研员、学校领导和学校的教师,参与者众,如何将这么多参与者凝聚在一起,形成合力,有效地开展研究、推进工作,是一项值得关注和研究的问题。

(一)指导过程立足于双方人际关系融合互动

专家与学校不应该仅仅是指导与被指导的关系,彼此应该成为学校发展的共同伙伴,共同伙伴关系有助于提升大学专家与中小学教师合作的效度。传统的指导方式大多是专家将理论单向传输给学校,学校处在被动接受的状态,由于学校教师理论水平不高,彼此的话语方式不同,往往处在各说各话的状态。当专家俯下身来把自己与学校的发展联系在一起时,走入课堂、深入老师中,成为共同研究的朋友和伙伴,与老师们一起平等地探讨、研究。他们不仅是学校发展的指导者,还是学校发展的参与者和合作者,以"家人"的身份参与学校的活动,在情感上更容易获得学校的认可,也在很大程度上激发了学校自身投入课题研究的积极性和主动性。朋友式的情感及伙伴关系,让学校与专家的沟通更有效、更深入,问题的探讨也更深入。这样的转变打破了理论与实践的隔阂,融洽了教师与专家的关系,专家与学校成了学校特色发展共同体的一员,是共同的伙伴,合作的效果显而易见。

在合作过程中,专家与学校之间建立了良好的合作关系,专家与学校的领导老师打成了一片,大家不仅是一种合作关系,更是一种朋友式的互助关系。每年两次到厦门开展课题指导成了专家们最期盼的工作,虽然每次在厦门一周的工作量十分繁重,但专家们依然乐此不疲。专家们到学校开展指导工作的时间成了学校重要的节日,学校领导、老师觉得如果特色发展课题做不好会对不起老朋友,会让这些专家朋友失望,在专家"离场"的时间里,校长对专家提出的问题总是十分在意,认真组织老师进行研讨思考,积极落实;有的学校把每周一作为学校特色发展课题的学习、交流、研讨时间,校长与老师们共同学习,共同讨论,一起商讨解决问题的方案,消化和解决专家指导时提出的问

题;有的学校成立了若干个工作坊,对专家指导时的讲座、发言录音进行认真整理,并进行再学习、再思考,学校特色发展工作因此而成效显著。

待人亲和、作风踏实、与学校老师建立起朋友式的情感关系往往比循循善诱有着更好的指导效果。在合作中,顾问组的专家以其东北人的豪爽、直接、踏实、勤奋的工作作风深受课题组实验学校的领导和老师们的认可和喜欢,专家们与学校的领导、老师建立了亲密的研究伙伴关系和朋友关系。朋友式的温情成了课题合作研究的润滑剂和促进力,随着课题研究的深入,这种密切的朋友式的情感,对双方的合作、共同的研究起到了越来越重要的作用。

(二)理性与情感交融的指导方式带来的效果放大现象

梅奥(George Elton Mayo)认为,"人是社会人,而不只是经济人,人不仅有理性还有情感"。"管理的根本就是激发员工的士气,重视非正式群体、调动人的积极性,而人的积极性则主要受人际关系的影响。"[①]一般情况下,在进行研究、指导活动的设计时,不管是专家、教育行政,还是教研部门和学校领导,多从"做事"的角度来思考和安排学校特色发展的研究工作如何开展、人员如何安排、实践怎样更有效等问题,研究的实验设计和活动开展呈现出"理性"的特征,虽然在研究和活动开展时,教育行政、学校领导也会做相关的动员,激发学校教师参与的积极性,但大家彼此之间的关系是处于上级和下级、命令与执行的关系;大学专家、教研机构与学校、老师是处于指导与被指导的关系,所有的研究工作都按部就班地进行着。当实验研究顺利推进的时候,大家都没感觉到这样的过程中有没有不妥或者有需要改变的地方,但当项目开展研究过程中出现问题和变化的时候,"理性"的不足就开始显现。在我们的项目研究过程中,有一所实验学校的进展一开始是处在停滞状态的,我们分别了解了专家的指导思路和学校的想法,可以说专家是高水平的,他们对学校特色发展问题的诊断和指导也是比较到位的,课题组和学校的领导也做了多方的沟通和探讨,效果却不明显。恰巧负责指导该校的专家因工作需要必须暂时离开专家组,专家组另外指派其他的专家负责该校的指导工作,思路还是那个思路,方向也大概一致,但由于沟通方式的变化,这所学校的特色发展工作立竿见

---

① 邬志辉.现代教育管理专题[M].北京:中央广播电视大学出版社,2008:11-12.

影,顺利推进。我们经过研究发现,沟通方式不同这一表象背后的原因是情感这一因素在起着重要的作用。因为有情感这一因素的融入,所以极大地提升了学校领导和老师研究的积极性。我们分析了专家组中其他开展比较顺利、效果比较明显的专家团队的特点,发现在专家水平相当的情况下,专家与学校的沟通方式和彼此之间的情感融洽程度对学校特色发展的推进效果起了很大的促进作用。在这个课题完成后,我们区域也与其他的专家组合作开展了区域推进的实验工作。我们发现,整个项目开展的效果却没有学校特色发展这个项目研究来得有效,学校和老师的口碑和认可度也会差一些,虽然后面开展的项目研究已经有了比较雄厚的理论积淀和比较长时间区域推进的经验,但专家的高高在上和对学校的疏离感极大地影响了项目的开展,项目合作时间一到便草草收场了。两相比较我们发现,当理性主义与情感交融时,对研究指导效果的放大作用是呈几何级的。这样的效果变化如图 6.4 所示。

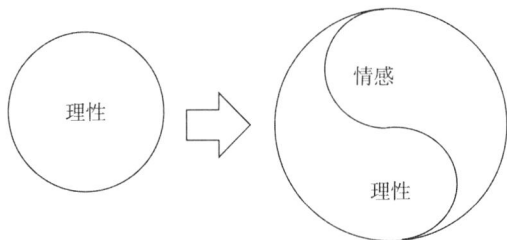

图 6.4　理性与情感交融的共同体动力模型

(三)理性与情感融合放大合作研究效果的机制

本书研究过程发生的现象和发生在同一个区域其他研究项目一比较,发现情感融洽对合作研究效果放大的作用确实是比较明显的,这种现象背后的机制是什么呢?

首先,情感的融入,能有效地激发和改变参与者与被指导者的做事动机。美国哈佛大学的奥尔波特(Gordon Willard Allport)教授认为:"人并不具有完全的理性,也无法依据自己的意志事先确定一个实现自我尊严的目的,恰恰相反,一个受他律支配的非自主行为(或者出于其他理由的行为)可以在自己的活动中逐渐形成属于人的尊严和目的,即理想的动机。"①人的行为的动机是多样的,一个人行动的理由可能与该行动的原发动机不同,甚至没有联系。一开始的时候,专家的指导,上级的工作安排,大家本着对学校特色发展研究的理性思考,都按部就班地进行着,这可能跟融洽的人际关系没有内在、必然的联系,但是有了融洽的人际关系,彼此形成朋友式的情感却能使实验校的校长和教师们由原来的"要我做"的外在动机转变为"做对的事情的义务"的内在动机,激发做事高涨的积极性。当动机成为自我统一体的一部分时,对这种动机的追求就不是为了外部的鼓励或奖赏,而是这种行动本身,这时的动机就完全是自主或自发的。这也就是"人本主义"教育管理学所说的"教育管理就是调动教育人员积极性"。

其次,情感的融入,能形成正向的理解和积极的关系。在区域推进学校特色发展过程中,我们建立了三个层级的共同体,参与这三级共同体的对象不仅有高校的专家学者还有教育行政领导、教研机构的研究人员以及实验学校的校领导、种子教师和一般的教师,人员成分复杂。一开始的时候,在这个多层级的研究共同体中,大多数的参与老师因为教育行政或学校工作的需要而被要求参与了项目研究。因此,不同的参与者参与的意愿是不同的,对参与研究和实践工作的理解也各不相同。高校的专家学者除了因为与地方教育行政部门签订协议、要落实协议规定的内容,还要立足于实际开展研究,丰富学校特色发展理论,促进理论建构;教育行政部门和教研机构、学校除了通过推进区域学校特色发展促进教育公平、满足老百姓对优质教育的需求,还有个人成长和获得各方认可的需要;基层学校的老师大多是按学校的要求参与项目的,他们中有的是为了自己的成长而加入的,也有的属于被动加入,处于观望和随波逐流的状态,没有什么明确的目标。不同的对象加入项目研究的意愿是不同的,既有让自己成长、发展的意愿,也有因为上级领导的要求不得已而为之的消极参与,这些为了某种目的或利益的人既有消极也有积极的。如果说,共同体内部成员参与的意愿仅仅是为了达到某种目的、获得某种利益,那么一旦项目结束了,利益追求的动力也就消失了,彼此的合作关系也就结束了,这样的

---

① 邬志辉,钱俊华,欧阳海燕.学校场域中教师自主发展的机制变迁与文化生成[J].东北师大学报(哲学社会科学版),2013(03):148.

合作方式和关系是工具性的和脆弱的,人们彼此之间的关系是"你多我少、你少我多"的关系,是竞争性的"零和博弈"的关系。但在区域推进学校特色发展的研究过程中,不同的对象因为研究项目而彼此建立了深厚的情谊,这种情感既与研究项目有关又超越了研究项目本身,在彼此互动和合作过程中,正是有了这种情谊的融入,人们彼此的关系从"我"变成了"我们",研究变成了大家共同的事。大家为了研究的目标形成了合力,这时共同体内全体成员由原来的心存自私的目的或利益,变成了激发个人联合的自然的意愿,研究参与的各方彼此间关系的联合纽带是价值性的和坚实的。共同体成员之间的关系由原来为了获得某种利益的具有功利性和竞争性的消极负向的意愿向"你荣我荣、你辱我辱"的关系转变,即变成了合作性的"正和博弈"式的积极正向的关系。各级共同体成员对彼此之间合作关系的正向理解使共同体内部的关系网络折射出一种道德的色彩和相互照料的道德义务感。

最后,情感的融入,能促进共同的信念与价值追求。在区域推进学校特色发展项目中,为实现区域学校特色发展,区教育行政部门、教研机构、学校和大学为了共同的研究目标,签订合作协议形成了一个新的契约组织。这样的契约组织以事先达成的大学与区域教育行政部门之间和区域教育行政部门与所属实验校之间彼此合作开展实验的协议作为纽带,把大学、区域教育行政部门、学校和教师等各种具有不同利益偏好和价值追求的人结合在一起,从而达到实现推进区域学校特色发展项目所预设的各种发展目标。在这个由各方共同形成的契约组织中,大学的专家、教育行政部门、教研机构和学校根据协议分别履行各自的契约义务,即给专家一定的指导费用,给学校一定的课题经费,给老师一定的工资或奖励,不同的对象按要求完成区域推进学校特色发展课题的研究任务,达成课题的研究目标,这样的工作动机是外在化的。而在共同体成员建立了深厚的友情后,在课题研究的多方合作中,有了情感融入,这时的共同体就由原来的契约组织蜕变成了盟约组织。这样的盟约组织是内团结的组织,是由大家共同认可的立项信念和价值追求维系的,大家都把自己当成了目的,而不只是为了实现个人目的和换取一定的个人利益。大家因为彼此的情感,在研究中,在做事中形成了融洽的氛围,对研究的思考和研究工作的开展由原来的指导与被指导的关系,变成了双向互动的主动作为的关系,大家开展研究的动力是内在化的,是一种出自各个不同成员内心的职责和义务,而不是来自外部利益的诱惑。这样比较容易在研究的信念和价值追求上形成共识,易于形成彼此认同,并以此为纽带把项目组的参与各方紧紧地团结在一起,共同完成大家一致认同的特色发展研究任务,完成学校特色发展的目标。即使在协议规定的课题研究合作关系结束之后,大家都还彼此保持着很好的互动,还关心对方的研究进展,专家对学校或区域的研究也保持着关注和指导状态。因此,情感的融入是这种建立在彼此融洽的内心的责任感,让共同体各方的参与者的研究行为有自主性和自觉性,使研究工作的效率大大提升。

四、抓好学校特色发展的关键人物和关键内容

唯物辩证法认为,在复杂事物的发展过程中,存在着许多矛盾,其中必有一种矛盾,它的存在和发展,决定或影响着其他矛盾。如前所述,学校特色发展是一个长期的发展过程,学校特色发展是一个复杂的工程。区域推进学校特色发展又更复杂,在各种纷繁复杂的学校特色发展工作中,如何抓住"牛鼻子",使学校特色发展有序推进是大家关心的问题。

(一)校长是学校特色发展的关键人物

关于校长在办学中的作用,有人认为"一所好学校必定有一位好校长",也有人认为"一位好校长就是一所好学校"。不同的说法反映出的是校长之于学校发展的重要作用。学校特色发展是学校整体的发展,有校长、教师、学生、家长和专家、学者等相关主体,但在这些主体中,校长所起的作用是关键性的。这是由校长在学校办学中所扮演的角色和特殊身份决定的。校长是学校特色发展的最高领导者,发挥着决策规划、领导组织、协调控制等作用,在学校特色发展过程中,担负着组织和实施的责任。

首先,校长的理论水平影响着学校特色发展的方向。学校特色办学理念是学校特色发展的核心要素,是学校特色发展走向整体、走向特色学校文化建设的关键,学校特色办学理念的凝练和表达深受校长理论认识水平的影响。这种影响表现在校长的教育情怀、对教育的理解、对学校历史和现状的认识和解读,以及校长凝练学校特色办学理念的策略等方面。学校特色办学理念事关学校发展方向,如何真正实现对学生全面而有个性地培养,需要校长具有一

定的教育理论修养;校长的教育情怀源于校长的教育价值判断,在于校长的眼中是否有人,学校特色发展的最终目的是学生全面而有个性地发展,而不只是学校的升学率或者知名度,这是判断学校是否真正实现了特色发展的根本价值标准。学校特色发展的前提是基于对学校实际的了解,只有扎根校情,学校特色发展才有生命力,因此校长对学校办学历史和现状的认识与解读得准确到位是学校特色发展、获得教师认同的关键;校长除了要读懂自己的学校、有自己独特的思考,还要懂得如何准确表达,使学校特色办学理念内涵丰富、简洁易懂,具有鲜明的学校个性。校长的文化底蕴和知识结构,决定了自己所提出的特色办学理念的通俗程度和寓意高度。

校长对学校特色发展的认知,决定着学校特色发展的层次,影响着学校特色发展理念的凝练。有的校长把学校特色发展当成是一种追赶时髦的行动,流于表面和形式化,也有校长将学校特色发展理解为局部的特色或特色项目,从而使学校特色发展狭隘化。同样一所学校经历不同的校长,学校特色发展就会呈现出完全不同的状态,学校还是那所学校,之所以不同,关键在于校长不同。

其次,校长的策略选择影响学校特色发展的进程。学校特色发展是学校整体改进的战略选择,不是校长一人或者学校领导班子及几个骨干教师的事,而是需要全员动员,有序推进。校长如何根据学校特色发展选择统筹配置各种教育资源,不断调动全体教职员工的积极性,让教师、学生和家长等不同主体理解和领会学校特色发展理念的要求,形成对学校特色发展的文化认同,直接决定着学校特色发展的进程。校长要及时根据出现的问题,调整和改进特色发展策略,有效促进学校特色发展工作的落实和推进。在实践中,可以明显看出不同的校长对待学校特色发展所采取的策略是不同的,所带来的学校特色发展效果也是有差异的。对学校特色发展认识不深,把学校特色发展当成穿衣戴帽的游离于学校日常教学常态之外的做法,学校特色发展的效果往往会差强人意,连学校特色办理理念都梳理不清,就很难谈教师、学生对学校特色发展的文化认同和自觉实践;尽管有的校长对学校特色发展理念认识很到位,对学校办学基础分析也很准确,也提出了符合学校实际的办学理念和规划方案,但在实施过程中,由于缺少宣传和发动,对实施过程中出现的问题也缺乏及时调整,抱着"静待花开"的消极心态,结果老师不认同,学校特色发展进程缓慢,效果不明显,而有的校长从一开始思考学校特色办学理念时就发动广大教职员工参与讨论,出谋划策,在凝练出学校特色发展理念、制订出学校特色发展规划后又采取几上几下的方式,让各个处室和教研组教师解读学校特色发展规划,制订出处室和教研组的实施计划,提出自己的看法和问题,学校在收集大家意见的基础上,进一步完善规划,由于有了群众基础,获得了教师的认同,并且知道自己该做什么、该怎么做,自觉实践学校的特色发展规划,学校特色发展活动因此开展得有声有色,效果明显,获得广泛赞誉。不同的校长采用不同的实施策略,带来了明显不同的成效,这背后实际上是校长在起作用,但表现出来的是学校特色发展的策略选择。

学校特色发展的引领、组织和推动要求校长具有创新能力和创新意识,只有这样学校特色发展的进程才能加快,质量才能提高;校长的创新素质在一定程度上说是影响学校特色发展成效的重要因素。学校特色发展是在教育改革不断走向深化的新形势下,学校主动超前、进行持续变革的表现。它涉及学校培养目标和办学方向,涉及学校管理机制改革、校本课程开发、教育教学模式变革、现代教育技术手段应用以及教育教学评价优化等多方面的内容。因此,校长是否具有与时俱进的创新素质,是决定学校能否引领学校特色发展的关键。学校特色发展要求校长能深入思考教育的意义,深刻认识儿童在学校教育中的地位,准确把握学校办学资源如何优化配置,为学生全面而有个性地发展提供条件,因此校长必须由被动执行型向创新发展型转变。学校特色发展是在学校原有基础上实现超越性发展的创造活动,没有一成不变的范式,也没有现成可以直接套用的模式,全靠校长在科学教育理念指导下进行大胆的实践探索。因此,推进学校特色发展,需要校长不断增强教育创新意识,提高创新能力,勇于创新实践,实现由被动执行型向创新发展型的转变。

(二)重点内容立足于抓住校本课程开发环节

在前面阶段成效中可以看出,学校特色发展实施一年半,学生在学业方面的变化不明显,有的中学甚至还出现了负向变化,这与学校对课堂教学和课程开发等中心工作关注不够有关,因此开展学校特色发展要重点关注校本课程开发。校本课程开发作为学校特色发展的重要抓手和关键路径逐渐为人们所认识,有学者认为"校本课程开发是特色学校建设题中应有之义",①"校本课程开发的重要目标是形成学校特色"。② 校本课程开发是为促进学校特色发展服务的,是学校主动、自觉的办学行为,这样的校本课程开发是在学校特色发展顶层设计基础上,以明晰的学校特色办学理念为指导,为了实现"培养什么样的人"并在人的培养过程中实现"办什么样的学校"的预期,使学校呈现出个性化的文化风貌。校本课程开发作为学校特色发展的主要内容、重要载体和实施抓手,其建设要遵循以下原则。

1. 系统认识原则

首先,格局要高远。要把学校办学和学生培养目标置于时代的宏大背景下来定位校本课程开发,校长作为学校的课程领导者,要以教育家的精神和教育家的情怀看待这项工作;要站在未来来看今天的教育,明确什么是对孩子的一生、未来的成长最需要的;要重视学生核心素养的培养,不仅关注校本课程开发对学校特色发展的作用,更要关注其对学生全面而富有个性地成长的促进作用,不仅关注学校自主课程的开发,更要重视国家课程的校本化研究与实施。

其次,重点要突出。仅占国家课程计划很小比例的学校"自留地"课程——校本课程很难承担起学校特色发展的重任,校本课程开发要把重点由关注学校自主开发课程转向关注国家课程校本化实施上来,重点思考国家的课程意志有没有得到贯彻,在实现国家课程计划的基础上,再根据学校的办学目标进行校本化实施,平衡国家课程与校本课程之间的关系;校本课程开发的着力点要从"办什么样的学校"转向"培养什么样的人",由学校整体转向一个个富有个性的生命个体,重视学生德智体美劳全面发展。

再次,态度要主动。校本课程开发作为学校特色发展的主要内容和重要抓手,应该依据学校特色发展、教师专业发展和学生可持续发展需要,把教师的课程意识、课程水平与社区资源利用相整合。不能有什么样的师资资源就开设什么课程,也不能上级领导要求或评比什么就开设什么,校本课程开发应该是学校自主和主动的办学行为,要深入分析学生的发展需求,以学生的个性

---

① 叶波.论校本课程开发与特色学校建设[J].教育发展研究,2011(20):11-14.
② 刘正伟,仇建辉.校本课程开发与特色学校建设:以宁波市江东区为中心的考察[J].教育发展研究,2007(05):77.

发展为出发点,把校本课程开发与教师专业成长、学校特色发展有机结合起来,形成学校独特的教育特色。

2. 协同构建原则

基于学校特色发展的校本课程开发,通过对学生施加有目的的教育影响,学生形成学校所期待的核心素养,也是学生、教师、课程和环境相互协同的过程。

首先,课程规划的整体性。基于学校特色发展的校本课程开发,学校课程规划方案的制订要明确回答"培养什么样的人"和"办什么样的学校"的问题,要体现出学校课程的构思和设计,要贯彻党的教育方针,落实立德树人根本任务。基于学校特色发展的学校课程建设方案要以体现学校教育哲学的核心——学校办学理念为主线并贯穿始终,要明确学校愿景、使命和办学目标以及学校先进的教育理念和对素质教育的追求,要在整体上规划和落实国家课程和地方课程的校本化以及学校的自主开发课程,重视学科课程的开发延伸及学校各种教育活动的整合提升。利用和开发校内外课程资源,实现国家课程、地方课程和学校课程三级课程的整合和人财物、时空、信息等资源的整合。基于学校特色发展的校本课程规划方案的制订要全盘考虑如何以校本课程开发为抓手,围绕学校办学的各种因素如教师专业成长、课堂教学改革、课程资源建设和配置优化、社区动员等全面带动,校本课程开发是核心与主线,串起了与学校特色发展相关的各项工作,推动了学校特色发展各项工作的开展。

其次,课程内容的层次性。从复杂科学的角度来看,基于学校特色发展的校本课程开发是以一种结构关系存在的,需要有面对全体学生成长要求的课程内容。对国家课程、地方课程的校本化实施要在完成国家课程计划要求的基础上,再根据学校的办学理念对学科课程进行挖掘,对课堂教学模式、教材内容进行整合、延伸和改造,对教学方式策略进行筛选和优化;在进行校本课程开发时,学校既要考虑到"培养什么样的学生"的共性需求,对学生统一规定课程学习内容,又要考虑学生的个性成长需求,体现出课程内容的基础性和选择性特点。以厦门市 YN 小学校本课程体系构建为例,学校在"让绿色点亮生命"的办学理念指导下,提出了"让生命更具智慧、让生命更显活力、让生命更加多彩"的课程目标。在这个课程目标之下,课程内容又分成了国家课程校本化实施的"扎根型课程",对学生发展有共性要求的"校本通识课程",对满足学生个性发展需求的"校本选修课程",以及整合学校各种主题活动和实践活动的"校本拔节课程",形成了结构清晰、层次分明的课程结构体系(见图6.5)。

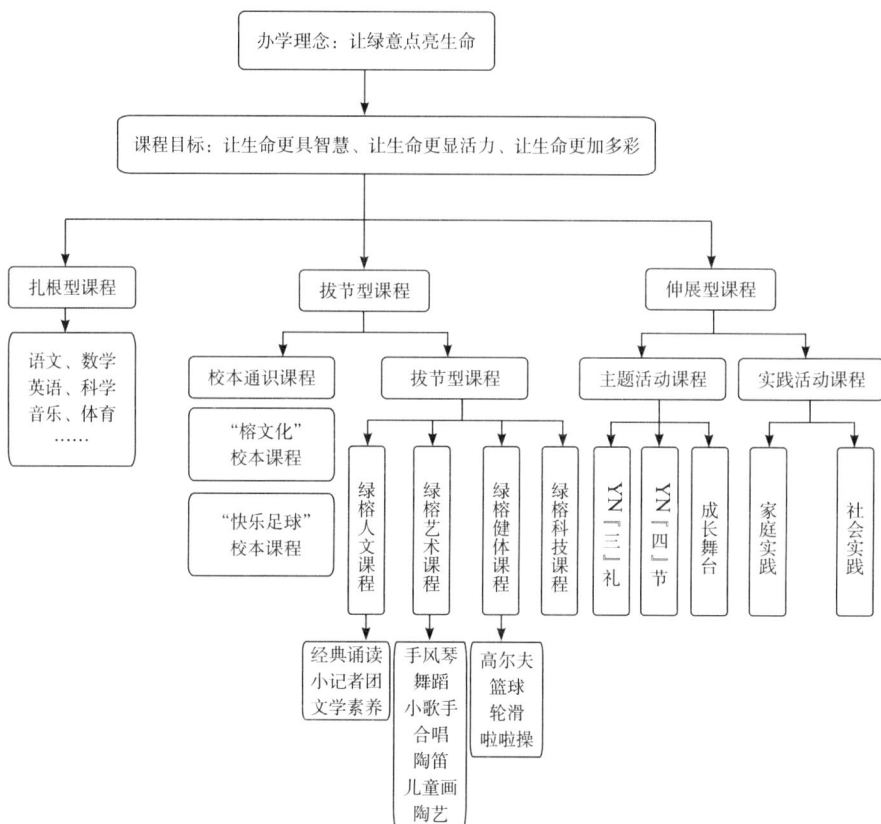

图6.5 YN小学生命化教育课程体系

再次,课程实施的协作性。校本课程开发各种影响因素的动力作用是非常复杂的,校本课程开发过程需要校长、教师、社区人士、学生、学生家长和课程专家等不同主体以研究为基础,一起参与制订学校课程方案、落实课程方案、整合和建设课程资源、反思与评价课程实施效果等过程。课程校本课程开发涉及如何选择和做决定的问题,各种内外因素的相互作用共同促进校本课程开发的有序进行。斯基尔贝克(Malcolm Skilbeck)认为,课程是学校教师、学生与环境之间的互动与沟通,校本课程开发的合作主要基于社会文化发展和学生发展的需要,"校本课程开发的合作主要应在学校与社区之间进行,校本课程的合作开发应充分利用校内外资源,共同发展适合本校学生学习的课程"。① 基于学校特色发展的校本课程开发不仅需要关注与以上所述的各种因素协作,还要考虑与学校特色发展相关的因素协作。因为校本课程开发在学校特色发展中处于"牵一发而动全身"的地位,学校特色发展的各个环节和相关因素围绕校本课程开发开展工作,校本课程开发反过来也要促进学校特色发展的各个环节和相关因素,各个校本课程开发的环节、要素与学校特色发展的环节要素协同互进,形成合力。

最后,课程评价的多维度。基于学校特色发展的校本课程开发"连续和动态的课程改进过程,评价要从学校课程开发背景、学校规划方案、课程实施过程、课程对学生、教师和学校等维度来制定和开展"②。基于学校特色发展的校本课程开发评价重点除了放在学生发展和课程建设本身,还应关注校本课程开发被赋予的学校特色发展内容、抓手的重要作用。因为基于学校特色发展的校本课程开发,在课程评价的价值取向上是为了学生、教师和学校三者整体性、共同性的持续发展,所以校本课程开发评价需要多维度。校本课程开发的评价不仅要关注学生的可持续发展,还要关注教师专业成长、关注学校特色发展。评价不是只面对少数学生而是要面向全体学生;评价不是只不按少数有特长的教师参与情况,而是要考察全体教师对校本课程开发的认同和参与情况;评价不是只关注为"特色而特色"的少数校本课程,更要着眼于国家课程、地方课程和校本课程三位一体地促进学校特色发展的效度,注重对学校整体课程开发的评价,只有这样,校本课程开发才能承担起学校特色发展的任务,才能真正促进学校特色发展。

3. 过程优化原则

基于学校特色发展的校本课程开发要求,学校要在充分尊重学校办学历史、学校师生情况、所处社区状况的基础上,分析学校办学的优劣势,结合校长的办学理想,明晰学校的教育哲学,围绕"办什么样的学校""培养什么样的学生"这一根本问题,使校长的办学理想得到实施、教师的专业特长得到发挥和学生的学习兴趣得到满足,进而促进校长、教师和学生的自主发展。

---

① 叶波.校本课程开发形成特色学校何以可能[J].中国教育学刊,2011(05):11-14.
② 李臣之.校本课程开发评价:取向与实做[J].课程·教材·教法,2004(05):19-24.

　　首先,坚持以人为本。基于学校特色发展的校本课程开发表面上是为了学校的特色发展,但实际上是为了人的发展,即在这个过程中学生、教师和校长等主体随着校本课程开发的实施而获得发展,因此以人为本的理念应该贯穿校本课程开发的始终。校长、教师和学生始终是校本课程开发的主体,其目的是促进不同主体共同发展,但首要的是学生的发展,并在这个过程中实现校长和老师的成长。因此,校本课程开发过程中的方案制订、实施和评价都应该以人的发展为本,在这个过程中,校长的课程领导力得到了提高,学校的办学水平得到了提升。学校除了要实现有助于学生发展的基础性课程目标,还要实现有助于学生个性成长的选择性课程目标,以尊重学生的自我选择和自我建构。教师作为校本课程开发的实施者,他们的课程意识、课程开发能力和课程实施水平起到至关重要的作用。但我们不能仅仅关注教师作用的发挥,还要关注教师的专业成长,两者之间是相互促进的关系,教师作用的发挥有助于促进校本课程实施,反过来校本课程实施也有助于校本课程开发和学校特色发展。

　　其次,重视动态生成。基于学校特色发展的校本课程开发,受社会宏观形势、教育课程政策、教育改革发展等外界因素的影响,以及学校内部办学理念的相应变化,如何保持校本课程开发的先进性和方向性,并体现学校办学理念的发展变化要求,是一个非常重要的课题。在校本课程开发实施过程中,随着校长对学校教育哲学认识的深化、学校内外部环境条件的变化等,这些都会对校本课程开发产生影响。在校本课程开发实施过程中,随着教师对学校办学理念的理解、课程意识的增强,课程开发能力的提升,他们逐渐由被动变为主动,积极影响着课程的改进和发展。学生作为课程的直接受体,在校本课程开发中处于被动接受的地位,但随着课程的实施,学生对校本课程开发的态度和学习的效果,以及学生在参与课程实施过程中生成的问题都会成为课程开发的资源,使课程时时处于动态完善之中。

　　再次,改变教与学的方式。基于核心素养的校本课程开发不仅需要构建课程体系和内容,还要整合课程资源和改变评价方式,更要注转变教与学的方式。学校要从核心素养的培养需要出发,关注课程内容"人际技能"和"个人技能"等"非认知学习"维度,结合个人、社会和学科需要,生成探究主题,围绕主题进行探究,开展"跨学科的主题学习",将学校课程与大学、职业生涯和公民生活有机联系起来开展"连接学习"。在课程设计和实施时,要把探究作为教与学习的基本方式,把学科知识问题化,让学生从社会现实生活中发现问题,围绕人与自然、人与他人或社会、人与自我、人与文化等维度自主提出学习主题,学生通过主题开展学习,教师由主题组织教学,用问题有机串起学和教的过程。学生和老师在提出、分析、解决主题的过程中,掌握知识、发展能力、形成素养,并把主题深入自然情境、社会背景或社会活动等领域,开展探究性和社会参与性体验、实践等学习活动,发展学生的核心素养。

第二节 学校特色发展研究反思

一、区域推进学校特色发展的"点"与"面"如何兼得?

在研究开始之初,我们的立意是区域全面推进,但在实施时,受时间和精力所限没有办法对全区所有学校都同时给予指导,所以课题组只选择了 12 所不同类型的学校作为实验校开展研究,期望在总结归纳这 12 所学校经验成果的基础上,再向更多的学校推广。在研究过程中,课题组也尽力把课题研究的阶段成果向全区所有学校开放,以带动区域所有学校。在课题研究的主要节点上,开展各种研讨、交流活动时也都考虑到了要向全区所有学校开放的问题,譬如课题开题、专家讲座、课题展示、研讨活动、教师交流、校长论坛、种子教师课题开题和结题等活动,都是面向全区所有学校的。这样的做法,在区域内营造了学校特色发展的良好氛围,几乎全区所有的学校都知道区域推进学校特色发展项目,有些学校尽管没有成为实验学校,但也自觉地开展了学校特色发展实践行动,甚至还取得了很好的成效,每次校长论坛、教师研讨活动都有很多来自实验校以外的校长和老师参与交流,畅谈他们自己的观点和实践经验。

尽管课题组在区域推进学校特色发展上做了很多工作,但离真正实现区域整体这个"面"上的学校特色发展还有很大的距离。毕竟,该项目是以课题研究的方式推进的,对于非实验校,我们更多的还是寄希望于营造氛围,提供示范和引领,非实验学校具体能做到什么程度还主要依赖于他们的主动性和积极性,积极主动的学校,即使不参加课题组的日常活动,学校特色发展依然会取得进展,而消极等待的学校,往往以为没有专家指导、没有课题组关注,就根本没有办法实现特色发展。必须承认的是,有课题组的持续介入和课题组专家的定期到校指导,对学校特色发展工作的开展是有明显促进作用的,学校会因此而更积极一些、主动一些,成效也更明显。但是,受到时间和资金等因素的制约,专家能到思明区开展指导活动的学校数量毕竟是有限的,因此,在"点"上取得突破的情况下,怎么实现"面"上的推进,是一个必须面对和值得探讨的课题。

二、怎样更好地提高研究成效?

我们主要是以课题研究为主要载体和形式来开展区域推进学校特色发展工作的,因此研究所处的地位和所起的作用是很重要的,应该说研究意识贯穿了整个区域推进工作的始终,特别是在专家的指导下,这样的研究变得更加严谨和科学。但是研究进行到现在,我们再回过头来反思发现,我们的研究还是存在一些瑕疵的,它们影响了研究成果的完美度。虽然在整体上这些瑕疵不影响区域推进工作的开展及我们的理论认识与总结,却给我们留下了今后进一步努力和提升的空间。

我们研究的瑕疵主要体现在课题研究的前测和后测环节上。我们在课题研究设计时,是设置了行动前测试和行动后测试的。我们聘请专家帮助我们设计了教师、学生和家长问卷,以及四年级和八年级学生阅读、英语和数学水平测试,问卷既有开放性问题,也有半开放性问题。但在后期数据统计时发现,由于自己没有学会 Nvivo 质性研究分析软件,后期对于开放性问题数据的统计分析挖掘遇到了较大困难。在学生水平测试上,虽然学科问卷的设计紧紧抓住了学生的阅读能力和数学思维能力等关键素养。但在组织测试时,只是想到了让不同的学生做同一套测试题目,而没有考虑到一年半以后虽然是同一套测试卷,但学生已经不同,数据可比性与前后测的准确度成为一个挑战。同时,在同一时间大面积地组织学生参加前后测,由于及时指导不够,有些问题没有及时发现、及时补救,在后期数据处理时才发现有的学校数据是无效的,却因时过境迁,没有办法再弥补。诸如此类瑕疵的存在,客观上影响了研究的完美度,留下了不少遗憾,但也为未来开展此类研究积累了不少经验和教训。

参考文献

毛泽东.毛泽东选集:第1卷[M].北京:人民出版社,1971.

肖前,黄楠森,陈晏清.马克思主义哲学原理[M].北京:中国人民大学出版社,2010.

阿马蒂亚·森.以自由看待发展[M].任赜,于真,译.北京:中国人民大学出版社,2018.

埃德加·莫兰.复杂性理论与教育问题[M].陈一壮,译.北京:北京大学出版社,2006.

保罗·西利亚斯.复杂性与后现代主义:理解复杂系统[M].曾国屏,译.上海:上海世纪出版集团,2007.

彼得·德鲁克.管理的实践[M].齐若兰,译.北京:机械工业出版社,2009.

陈丽,李希贵,等.学校组织变革研究:校长的视角[M].北京:教育科学出版社,2013.

陈向明.教师如何做质的研究[M].北京:教育科学出版社,2015.

陈向明.质的研究方法与社会科学研究[M].北京:教育科学出版社,2016.

程振响,季春梅,等.特色学校创建的理论与实践[M].北京:高等教育出版社,2012.

崔相录.特色学校100例:中学卷[M].北京:教育科学出版社,2002.

方铭琳.区域教育和学校发展的特色策划[M].北京:北京师范大学出版社,2011.

辜伟节.特色学校与校长个性[M].南京:南京师范大学出版社,2006.

国际21世纪教育委员会.教育:财富蕴藏其中(雅克·德洛)[M].联合国

教科文组织总部中文科,译.北京:教育科学出版社,2001.

国际交流问题研究委员会.多种声音,一个世界[M].中国对外翻译出版公司第二编译室,译.北京:中国对外翻译出版公司,1981.

胡方,龚春燕.学校变革之特色学校发展战略[M].重庆:重庆出版社,2008.

怀特海.教育的目的[M].徐汝舟,译.北京:三联书店,2014.

黄宁生,徐卫良.学校特色创建的N个问题:苏湘知名小学校长谈学校特色之创建[M].长沙:湖南教育出版社,2012.

Joanne M.Arhar,Mary Louise Holly,Wendy C.Kasten.教师行动研究:教师发现之旅[M].黄宇,陈晓霞,阎宝华,译.北京:中国轻工业出版社,2002.

李仁杰,罗猛.文化引领 特色发展[M].重庆:重庆出版社,2011.

林平,蔡道静.行走在特色发展的路上:重庆沙坪坝区整体推进特色学校建设的实践探索[M].成都:四川大学出版社,2010.

林志成,等.特色学校理论、实务与案例[M].台北:高等教育文化事业有限公司,2012.

马云鹏,金宝,等.三方合作与支持:学校改进的U-A-S模式探索[M].北京:教育科学出版社,2013.

潘慧玲.教育研究的取径:概念与应用[M].上海:华东师范大学出版社,2005.

乔治·梅奥.工业文明的人类问题[M].陆小斌,译.北京:电子工业出版社,2014.

孙孔懿.学校特色论[M].北京:人民教育出版社,2007.

孙绵涛.校长办学理念的价值取向研究[M].北京:高等教育出版社,2012.

王铁军,邬志辉.校长专业发展[M].长春:东北师范大学出版社,2009.

邬志辉.现代教育管理专题[M].北京:中央广播电视大学出版社,2008.

邢至晖,韩立芬.特色课程:机制与方略[M].上海:华东师范大学出版社,2013.

邢至晖,王榆敏.特色课程:一段温暖的记忆[M].上海:华东师范大学出版社,2013.

杨兆山.教与学:培养人的科学与艺术[M].长春:东北师范大学出版社,2009.

叶澜."新基础教育"探索性研究报告集[C].上海:三联书店,1999.

叶澜."新基础教育论":关于当代中国学校变革的探究与认识[M].北京:教育科学出版社,2014.

叶澜.教育概论[M].北京:人民教育出版社,1991.

余清臣,卢元锴.学校文化学[M].北京:北京师范大学出版社,2010.

詹姆斯·库泽斯,巴里·波斯纳.领导力[M].李丽林,张震,杨振东,译.北京:电子工业出版社,2012.

赵中建.教育的使命:面向二十一世纪的教育宣言和行动纲领[M].北京:教育科学出版社,1996.

赵中建.学校文化[M].上海:华东师范大学出版社,2010.

钟燕.特色学校:教育发展的内涵突破[M].重庆:重庆出版社,2010.

周成平.外国优秀教师的教育特色[M].南京:南京大学出版社,2009.

周成平.外国著名学校的管理特色[M].南京:南京大学出版社,2009.

李伟胜.学校文化建设新思路:主动生成[M].北京:北京师范大学出版社,2014.

范涌峰.学校特色发展测评模型研究[D].西南大学,2017.

何泽.高中英语文学阅读教学行动研究[D].华东师范大学,2017.

侯乃智.小学特色化发展策略研究[D].辽宁师范大学,2012.

吴洪明.区域推进特色学校建设的实践研究[D].辽宁师范大学,2011.

赵刚.中小学特色学校建设问题研究[D].辽宁师范大学,2014.

安德成,余绍平.论学校文化建设与特色发展[J].教育科学论坛,2015(16).

鲍传友.学校特色发展需要政府进一步简政放权[J].教育发展研究,2013(12).

鲍玉琴.关于创办特色学校的思考[J].教育理论与实践,2001(05).

曹大辉,周谊.英、美两国特色学校初探[J].天津市教科院学报,2006(02).

曾莉.偏远学校发展特色学校的质性研究[J].教学与管理,2012(24).

谌启标.美国"有效学校"述评[J].教育研究与实验,2003(01).

楚江亭.学校发展规划:内涵、特征及模式转变[J].教育研究,2008(02).

丁娴,徐士强.美国学校改进项目变革模式分析:基于有效学校改进综合框架[J].上海教育科研,2017(07).

段晓明.英国特色学校审视[J].教育评论,2009(06).

范涌峰,宋乃庆.学校特色发展:内涵、价值及观测要点[J].教育研究与实验,2017(02).

符太胜,严仲连.学校特色发展实践的不合理性与对策:基于 Y 省学校特色发展实践的调研[J].中国教育学刊,2014(06).

傅国亮.每一所学校都是潜在的特色学校:关于特色学校的七点认识[J].人民教育,2009(Z1).

高俊霞.全民优质教育均衡发展的理论与实践——评《学校文化建设:特色与品牌》[J].中国教育学刊,2015(08).

高月波.提升校长领导力引领学校特色发展[J].当代教育科学,2015(06).

龚春燕,胡方,程艳霞.创特色学校 育创新人才:全国中小学特色学校发展高峰论坛综述[J].中国教育学刊,2008(02).

顾明远.也谈特色学校[J].人民教育,2003(05).

顾新颖.中小学特色学校形成路径研究:上海市闵行区特色学校创建之路[J].基础教育研究,2011(5A).

何永红.学校"特色课程"的定位及其发展策略[J].教育科学研究,2011(10).

侯玉兰.创办特色学校的思考[J].中国教育学刊.1995(04).

胡定荣.协同论视域下的 U-S-A 校本课程合作开发案例研究[J].教育学报,2015(03).

胡定荣.学校改进:认识边界、历史逻辑与前进方向[J].中国教育科学,2016(03).

胡方,龚春燕,薄晓丽.特色学校建设:价值选择与实践创新——"第九届全国中小学特色学校发展论坛"综述[J].中小学管理,2017(02).

胡方.特色学校建设:学校文化的选择与建构[J].中国教育学刊,2008(04).

胡方.以特色教育科研推进特色学校建设[J].人民教育,2008(09).

胡文武.论校长的教学领导素养与学校的特色发展[J].教育科学论坛,2015(07).

黄建辉.莫让"特色"成为学校发展的绊脚石[J].教学与管理,2013(25).

黄解放.创建特色学校是每所学校都具有的发展潜质[J].中国教育学刊,2014(01).

黄学军.论学校特色发展的可能性及其局限:兼对"李希贵之问"的回应[J].教育发展研究,2015(24).

李臣之.校本课程开发评价:取向与实做[J].课程·教材·教法,2004(05).

李建国.区域推进学校特色发展的思考与实践[J].湖南教育,2012(05).

李松林,李燕,王伟.学校特色发展的四大问题[J].江苏教育研究,2011(16).

梁好.特色学校建设深入发展的思考[J].教学与管理,2013(10).

刘国飞,冯虹.核心素养视角下关于校本课程的几点思考[J].教学与管理,2016(07).

刘静波,鲍远根.特色学校创建:深圳龙岗区推进特色学校创建的系统思考[J].中小学校长,2012(01).

刘俊仁.台湾地区小规模学校发展特色学校的基本策略[J].教育评论,2017(03).

刘开文.区域性推进特色学校建设的研究与实践[J].教育理论与实践,2011(11).

刘延东.努力提高教育工作科学化水平,推动教育事业在新的起点上科学发展:在教育部2010年度工作会议上的讲话[J].人民教育,2010(05).

刘长海,刘冰雪.中庸原则对学校特色发展的指导意义探析[J].教育科学研究,2015(07).

刘正伟,仇建辉.校本课程开发与特色学校建设:以宁波市江东区为中心的考察[J].教育发展研究,2007(10).

卢盈.对特色学校的理性审视[J].现代教育论坛,2011(04).

路光远.构建文化体系视觉下的特色学校发展[J].中国教育学刊,2013(S2).

马联芳,宋才华.特色学校形成与发展的理论思考[J].上海教育科研,1997(10).

窜洪,唐永富.文化工程绘蓝图"博"之学校铸特色:以"博"之文化引领学校发展[J].教育科学论坛,2015(16).

秦玉友.高中学校特色发展的优势与限度[J].教育发展研究,2013(10).

秦玉友.教育发展浪潮与中国教育政策的多层设计[J].教育发展研究,2012(Z1).

屈智勇,邹泓,王英春.不同班级环境类型对学生学校适应的影响[J].心理科学,2004(01).

沈胜林,沈胜刚.学校特色建设及其发展动态述评[J].教育科学论坛,2015(17).

宋萑,王敬英,王晨霞.地方政府推动下的"U-S"伙伴协作关系的发展过程与角色建构:以邢台市桥西区区域推动特色学校建设为例[J].教育发展研究,2014(20).

孙河川.教育效能与学校改进研究的引领者和推动者:国际学校效能与学校改进学会[J].比较教育研究,2009(03).

孙艳霞.我国台湾小规模学校价值定位与特色发展研究[J].课程·教材·教法,2014(09).

田养邑.学校改进的"源"与"流"及其意义生成[J].教育探索,2015(06).

万华.促进学校特色发展的地方教育政策反思:以广东省 G 市为例[J].教育研究与实验,2015(03).

万明春,胡方.特色学校建设:凝练学校文化精神[J].人民教育,2010(3-4).

王承辉.特色学校管窥[J].中国教育学刊,1994(05).

王珺.学校特色发展的现状、困境与出路[J].教学与管理,2016(06).

王如信.加强区域推进 提升特色品牌[J].福建教育,2013(12).

王仕斌.创建特色学校的思考与实践探索:基于中小学的视角[J].四川文理学院学报(社会科学版),2008(11).

王帅.基于政府政策的英国特色学校发展及启示[J].外国教育研究,2011(11).

王伟,李松林.学校特色发展:内涵、结构、条件与状态[J].教育学术月刊,2009(07).

王伟,李松林.学校特色发展的主要途径[J].教育导刊,2009(08).

王伟.学校特色发展:内涵、条件、问题与途径[J].中国教育学刊,2009(06).

邬志辉,钱俊华,欧阳海燕.学校场域中教师自主发展的机制变迁与文化生成:以鞍山市钢都小学为例[J].东北师大学报(哲学社会科学版),2012(03).

邬志辉.发展性评估与学校改进的路径选择[J].教育发展研究,2008(18).

邬志辉.学校改进的"本土化"与内生模式探索——大学与中小学合作伙伴关系的维度[J].教育发展研究,2010(04).

邬志辉.学校特色化发展的重新认识[J].教育科学研究,2011(03).

武浩蔚.学校特色发展的感性认识和理性思考[J].教育科学研究,2011(03).

邢真.学校特色不等于特色学校[J].中小学管理,1999(01).

熊德雅,王海洋,余明海.质量与内涵:学校特色发展的系统整体性视角[J].教育科学研究,2015(09).

熊德雅,向帮华,贾毅.特色学校发展的要素关系及策略思维[J].教育科学研究,2012(11).

徐吉志.以课程建设引领学校特色发展[J].教育科学论坛,2015(16).

徐向阳.内涵式发展:区域学校特色创建新思路——以福建省厦门市思明区为例[J].中小学德育,2014(08).

杨银付.教育现代化的核心任务[J].人民教育,2015(16).

姚计海.中小学生考试态度与学业成绩和学校态度的关系[J].教育科学研究,2010(06).

姚忠俊.浅谈校长素养的提升与学校的特色发展[J].教育教学论坛,2013(37).

叶波.论校本课程开发与特色学校建设[J].教育发展研究,2011(20).

叶波.校本课程开发形成特色学校何以可能[J].中国教育学刊,2011(05).

袁顶萍.从重点学校到特色学校:基础教育价值取向转型的表征[J].重庆电子工程职业学院学报,2011(02).

张宏群.做智慧型校长引领学校特色发展[J].中国教育学刊,2012(S2).

张熙.为学校特色发展找一条合适的路径[J].人民教育,2014(09).

张兴慧,王耘.中国四—九年级学生学校态度影响因素多层线性分析[J].中国学校卫生,2017(06).

张羽寰,孟伟,李玲.从"特色学校"到"自由学校":英国多路径改进薄弱学校政策述评[J].上海教育科研,2012(06).

赵福庆.特色学校建设刍议[J].教育研究,1998(04).

郑志生,邬志辉.学校特色发展中的教师文化认同问题及解决[J].教育科学研究,2017(02).

郑志生.区域性推进学校特色创建的实践探索[J].中国教育学刊,2011(11).

郑志生.转变指导方式:专家与学校同成长——基于厦门市思明区中小学校特色发展策略的实践研究[J].中小学德育,2015(01).

钟燕.均衡视野下的特色学校建设研究:兼论重庆市特色学校发展战略[J].人民教育,2008(01).

周红军,谭小刚.加强课程文化建设促进学校特色发展[J].当代教育理论与实践,2014(11).

周勋林.走出校园文化误区促进学校特色发展[J].科学咨询(教育科研),2017(01).

朱华伟,李伟成.特色课程建设推动学校特色化发展:以广州市普通高中特色课程建设实践为例[J].中国教育学刊,2015(09).

朱新吉.论校本课程开发与学校特色的构建[J].新疆教育学院学报,2009(09).

朱忠琴.在平凡中超越:英国金斯福德社区学校特色发展及启示[J].教学与管理,2013(25).

卜玉辉.强内涵创特色实现学校跨越发展[N].中国教育报,2014-12-29(004).

成锦平.推动名校特色发展提升学校办学品质[N].江苏教育报,2017-03-29(003).

刘延东.优化资源 促进公平 加快义务教育均衡发展——刘延东国务委员在全国推进义务教育均衡发展经验交流会上的讲话[N].中国教育报,2009-12-01(001).

王建强,涂元玲.别滥用了特色学校这个"筐"[N].中国教育报,2009-07-28(005).

王丽英.内涵建设创特色实现学校跨越发展[N].中国教育报,2015-09-23(008).

习近平.决胜全面建成小康社会 夺取新时代中国特色社会主义伟大胜利:在中国共产党第十九次全国代表大会上的报告[N].人民日报,2017-10-28(001).

习近平.习近平致国际教育信息化大会的贺信[N].人民日报,2015-05-24(002).

许慈祥.走内涵发展之路 创特色品牌学校[N].中国教育报,2015-04-08(010).

A.Tibbenham,Juliet Essen,K.Fogelman.Ability Grouping and School Characteristics[J].British Journal of Educational Studies,1978,26(1).

Abe Feuerstein. School Characteristics and Parent Involvement: Influences on Participation in Children's Schools [J]. The Journal of Educational Research,2000,94(1):29-39.

Daniel U. Levine, Robert E. Leibert. Improving School Improvement Plans[J].The Elementary School Journal,1987,87(04).

David Hopkins. The Practice and Theory of School Improvement: International Handbook of Educational Change[M]. New York:Springer, 2005.

Donivan J.Watley,Jack C.Merwin.An Attempt to Improve Prediction of College Success by Adjusting for High School Characteristics[J].American Educational Research Journal,1967 4(03).

Edwin L. Herr, Howard R. Kight. The High School Characteristics Index:A Study of Scale Reliabilities [J]. The Journal of Educational Research,1967,60(07).

Jennifer C. Greene, Valerie J. Caracelli, Wendy F. Graham. Toward a Conceptual Framework for Mixed-method Evaluation Design[J].Educational Evaluation and Policy Analysis,1989,11(03).

Jeremy D. Finn, Kristin E. Voelkl. School Characteristics Related to Student Engagement[J]. The Journal of Negro Education, 1993, 62(03).

Julia Wilkins. School Characteristics That Influence Student Attendance: Experiences of Students in A School Avoidance Program[J]. The High School Journal, 2008, 91(03).

Karen Seashore Louis, Robert A. Dentler. Knowledge Use and School Improvement[J]. Curriculum Inquiry, 1988, 18(01).

Kathleen V. Hoover-Dempsey, Otto C. Bassler, Jane S. Brissie. Parent Involvement: Contributions of Teacher Efficacy, School Socioeconomic Status, and Other School Characteristics[J]. American Educational Research Journal, 1987, 24(03).

Lea Orr. The Dependence of Transition Proportions in the Education System on Observed Social Factors and School Characteristics[J]. Journal of the Royal Statistical Society, 1972, 135(01).

M. C. M. Ehren, A. J. Visscher. The Relationships between School Inspections, School Characteristics and School Improvement [J]. British Journal of Educational Studies, 2008, 56(02).

M. Murray, S. Kiryluk, A. V. Swan. School Characteristics and Adolescent Smoking. Results from the MRC/Derbyshire Smoking Study 1974-1978 and from a Follow up in 1981[J]. Journal of Epidemiology and Community Health, 1984, 38(02).

Marie-Christine Opdenakker, Jan Van Damme. Relationship between School Composition and Characteristics of School Process and Their Effect on Mathematics Achievement [J]. British Educational Research Journal, 2001, 27(04).

R. Burke Johnson and Anthony J. Onwuegbuzie. Mixed Methods Research: A Research Paradigm Whose Time Has Come[J]. Educational Researcher, 2004, 33(07).

Robert C. Pianta, Karen M. La Paro, Chris Payne, Martha J. Cox, Robert Bradley. The Relation of Kindergarten Classroom Environment to Teacher,

Family,and School Characteristics and Child Outcomes[J].The Elementary School Journal,2002,102(03).

Robert Coe.School Improvement:Reality and Illusion[J].British Journal of Educational Studies,2009,57(04).

Susan T.Ennett,Robert L.Flewelling,Richard C.Lindrooth,Edward C. Norton.School and Neighborhood Characteristics Associated with School Rates of Alcohol,Cigarette,and Marijuana Use[J].Journal of Health and Social Behavior,1997,38(01).

Theresa Barba, Keith Young. Implementing School Improvement Overseas[J].The Phi Delta Kappan,1998,79(07).

后　记

我人生中的第一本专著终于要出版了,这本书脱胎于我的博士论文,这是对我这辈子求学生涯的一个总结,也是自己这个阶段学习、研究过程的一个纪念。

当初完成博士学位论文撰写的时候,我自己特别地感慨,当年接到博士入学通知书的时候,没有料到随之而来的五年多攻读历程会是这样艰难,那时竟然有不真实的感觉,像在梦中,轻飘飘的。那瞬间,我想起了电影《阿甘正传》,因为有人这么评价阿甘,"阿甘在他生命的每一个阶段,只有一个目标在指引着他,他也只为此单纯地、不懈地、坚定地努力着,直到完成目标和新目标的出现。没有单纯的抉择就不会没有心灵的杂念,而没有心灵杂念的人,大概才能够在人生中举重若轻",我感觉这句话说的也是我,我就像那个一直奔跑着的阿甘。

一

我不止一遍地问自己,到底为什么要攻读博士学位？我也一再地试图回答这个问题。在很多人看来,在职攻读博士一定是有所图的,那我图什么呢？

有人知道我读博士,问我的第一句话就是:"你是不是想跑？"在他看来,我读博士大概是不满于现状,想借读博士调离现在的工作岗位。我不假思索,脱口而出,"都这个年纪了,还有什么可跑的？"

当时的我已届不惑之年,习惯和适应了现在的工作,确实没有借读博士给自己变动工作的想法。

更多的人得知我在职攻读博士时,一开口大概会问,"读完,升工资吗?""会提拔吗?""职称有没有变化?"在他们看来,既然这么辛苦地在职攻读博士,那一定是为了给自己带来各种利益和好处的,否则为什么要这么折腾,但当得知,读博士与所有的这一切所谓的名和利都没有直接的关系时,很多人脸上显现出来的是各种不可思议的表情,有一高中同学甚至当着我的面说:"你真傻!"

在职攻读博士,当初做这个决定更多的是想抓住继续读书的机会而已。回顾我的求学经历,可以发现我是属于思维和反应都比较迟钝的人,举个形象的例子,我是那种在人前听完一个笑话后,即时没有反应,等到过后琢磨很久,突然想明白是什么意思,才在人后自己笑出声来的人。我的思维和反应都慢,唯一可取之处是还愿意去琢磨思考。

我出生在一个农民家庭,父母没什么文化,但都把学习读书当作是一件神圣、高尚的事情,只要我愿意读书、愿意学习,再苦再累他们都永远支持,从没问过这么读下去是为了什么。我大学一开始读的是集美师专,专业是两年制的,两年后面临着就业,而这时有一个参加中期选拔继续到福建师大多读两年完成四年本科学习的机会,我没有征求父母的意见,就直接报考并被录取了。后来有人挤兑我的父母亲说:"孩子都可以出来工作赚钱了,你们让他再读这两年书,少赚了很多钱,你们是不是很有钱?"我父母听完后,只是淡淡地回答:"小孩子愿意读,就让他读吧。"实际上,我是家里的老大,妹妹和弟弟也在读书,父母的生活压力也挺大,父母实际上更希望我早点出来工作,为家里分担一点生活压力。

很幸运的是,我的太太出生在知识分子家庭,她的家人对我继续读书学习是持支持态度的。我读教育硕士的时候,正是我们刚组建自己的小家庭以及我太太怀孕生产的阶段,这个时候她以瘦弱的肩膀独自扛起了家庭生活的重担,让我安心学习,这样我才得以顺利完成硕士学业。我跟她商量攻读教育博士的事,她也非常支持,并给了我很多鼓励。2012年3月,我参加博士入学考试期间,在考最后一科英语的前一天晚上,我的小孩病重住院,生命垂危,即使是我当天晚上打电话回家,她和我的父母为了让我安心考试也没有告诉我真实情况,硬是熬到了第二天中午我英语考试结束后才告诉我,"儿子昨晚呼吸衰竭,做气切进了儿科重症室"。在之后的攻读期间,她和我那可怜的孩子,都成为我坚强的后盾,我们一起克服了很多困难,一起挺了过来。

我之所以能坚持不懈地抓住各种求学的机会,一是我家人的支持,以及我们从没想过要从读书中去获得什么实际的利益,朴素地认为读书求学是一件神圣的事,二是从小到大我发现能给自己带来自信和成长的都是读书学习,读书学习让我一个来自农村的孩子获得了充实感和成就感,这种感觉激励着我不断前行。

二

现在想来,我这辈子最庆幸的事是能成为邬志辉教授的学生,我深深地感佩于他的为人和学识,从他身上我感受到了他对学生的关心和爱护,以及他作为学者的严谨和谦逊,他的人格魅力和崇高的学术精神使我终身受用。

大概是2009年年底的时候,我看到《厦门日报》上有一则报道厦门大学招收第一届教育博士的新闻,因此我最初选择的是厦门大学。幸运的是当时思明区教育局张越局长获知我想继续进修攻读博士学位的想法后,对我说:"如果你想学到基础教育的真本事,我建议你去报考东北师范大学邬志辉教授的博士。"我就壮胆联系了邬教授,向他打听有关招生报考的条件,是否招收教育博士并表达了我想攻读的愿望,并获得了邬老师的认可。

实际上,早在2007年5月我就认识邬志辉教授了,当时我是厦门市"十一五"校长提高班的学员,在东北师大脱产学习了一个月,按学习安排,邬老师来给我们上了半天的课。邬老师以他丰富的学识、深入浅出的学理逻辑分析吸引了我们全体学员,学员们强烈要求邬老师再多给我们上几次课,在学员们的心目中他就像神一样的存在,那时的我还不敢想象能成为他的学生。

邬老师为人谦逊、低调,作为一位教育专家、长江学者,他总是彬彬有礼,低调平和。与他交往能让人如沐春风,感到轻松和温暖。在他与厦门市思明区合作开展"中小学特色发展策略的实践研究"项目时,面对一线教师提出的研究和实践问题,他都一一认真且不厌其烦地给予指导和解答,短短的几年间,他给所有的实验校校长和老师都留下了深刻的印象,每每谈到邬老师,大家都不由自主地赞不绝口,合作已经结束几年了,大家都还在念叨着他。在他的带领下,整个专家团队与全体项目实验校领导和老师结下了深厚的情谊,这个项目研究在以他为首的专家团队的指导下,取得了丰硕的成果,受到了各级领导和专家的赞赏。

在我博士学习期间,邬老师既要求我对别人的观点要持开放和敬畏的态度,又要求我不盲从,要有自己的见解和创新;要求我的研究态度要严谨,思考问题要找到问题的起点,文献要查找到最原始的出处。在我博士论文写作阶段,邬老师对我的论文结构和论述逻辑都做了细致的指导,特别是在我博士论文撰写的最后修改阶段,我的学校行政管理工作、家庭琐事交织在一起,弄得我焦头烂额,忙得头昏脑涨,每次面对屏幕撰写、修改论文的时候总是精神恍惚。论文存在很多问题,我每发给邬老师一章后,他从字、词、句和标点符号,到文字的格式及论证的过程等都做了细心的修改和指正,甚至其中的引文和注释他都亲自查找文献,进行核对。我的各种粗心、糊涂以及投机取巧、耍小聪明在邬老师的火眼金睛之下,无所遁形,每次收到邬老师返回的修改稿,看到整个页面红彤彤的修改标记及语气严厉的批注,我内心的惭愧和自责无以复加。我知道所谓的忙不能成为自己粗心、糊涂的借口和理由,因为我知道邬老师更忙、更累,他却能在百忙之中凝神静气对我的论文进行细致、认真的修改和指导,其中反映出来的是我与邬老师在为人为学的严谨程度和学术修养方面的差距,这是我未来要去学习、弥补和追赶的。邬老师的学术成就、为人处世也许是我永远的彼岸,却是我为之不懈奋斗的方向。遗憾的是,因为是在职攻读,没有更多机会在他身边多接受一些教诲和熏陶,"功夫"还没完全学到手,就毕业了。

在本书即将出版前,我电话告知邬老师并说明了想请他为我这本书作序,他很高兴并欣然答应,在"五一"劳动节假期的一个凌晨,我收到了老师发来的序言,给我很多鼓励和肯定,也提出了殷切的期许。我看完后,在微信上将千言万语凝结成"谢谢老师鼓励"回复给老师,师恩难忘!

三

回顾自己的博士求学历程,除了感谢我的导师和家人,要感谢的人还很多,他们给予了我各种帮助和支持,使我能顺利完成博士学位的攻读。

我首先要感谢的是厦门第一医院儿科副主任杨运刚博士、郭天兴主任和厦门市中山医院呼吸内科的吕智博士,他们都是我的好朋友、好兄弟,是我们全家特别是我儿子的贵人。在我儿子几次生命垂危的时候,他们全力以赴,以仁心仁术、至诚至善之心挽救了我的儿子,使我得以安心坚持,顺利完成这六年的学习。

我要感谢思明区教育局原局长张越先生和思明区教师进修学校原校长姚小萍女士。张越局长在关键时刻的指引使我找到努力的方向,每次外出学习的请假,他都没二话很爽快就批准了,并经常关心我的家庭和博士论文的进展,给予鼓励和鞭策;姚校长为了让我安心学习,帮我减轻了学校的很多工作负担,在我遇到人生最大的困难和打击的时候,给予了很多的关心和鼓励。

我还要感谢东北师范大学的李伯玲教授、秦玉友教授、于海波教授、王向东教授、秦德生教授、姜荣华博士、杨卫安副教授、刘善槐教授、梁红梅副教授、孙颖副教授、李涛副教授和中国农村教育发展研究院的齐海鹏等老师,以及吉林省教育质量评价中心的蔡京玉主任,我们亦师亦友,他们为我的研究和论文写作出谋划策,给出了各种好的意见和建议,需要什么材料都会抽空帮忙查找,远程传递给我,无私地提供各种帮助,使我的学习和博士论文撰写得以顺利完成。特别是李伯玲教授,我们都亲切地称呼她为"李姐"。她是位智商和情商都很高的人,为人热忱,乐于助人,善于协调和沟通,很多人际难题在她那里都能迎刃而解。她以大姐的身份对我在学习期间遇见的各种难题帮忙协调解决,让我在东北的学习生活多了一种家的温暖。不仅是我,项目组的其他老师、校长到长春出差,都会有一种即将见到亲人的激动。

我还要感谢"中小学校特色发展策略的实践研究"项目组的研究伙伴们,来自思明区12所实验校的校长、老师,我们一起走过了将近四年的研究历程,共同经历了各种酸甜苦辣,大家的辛勤付出使我们这个课题得以高质量地完成,也为我后来的论文写作奠定了坚实的基础。

我的博士论文能成书顺利出版,要感谢厦门市教育局和厦门市思明区教育局的大力资助。厦门市教育局多年来,持续致力于对本土的优秀科研专著成果给予资助,思明区教育局方勇财局长对区内教师的科研成果专著的扶持也是不遗余力,我相信有这样浓厚的科研氛围和这样具有教育科研情怀的领导,我们的教育会发展得越来越好。

我当年博士报考时,需要有两位本地的教育名家帮忙写推荐书,厦门市教育科学研究院原院长、特级教师苏宜尹老师与厦门市教育局原副局长、特级教师、当代教育名家任勇老师当时帮我写了热情洋溢的推荐信,在本书出版之际任勇老师欣然为本书作序,在这里向两位名家表示深深的谢意。

要感谢的人很多,限于篇幅,不再一一列出,大家对我成长的无私帮助和付出,我感念于心。

最后,我还是以《阿甘正传》中的台词来勉励自己,"世界上有一条唯一的路,除你之外无人能走,它通往何方? 不要问,走便是了"。

郑志生

2020 年 4 月 30 日改于厦门